AF533894

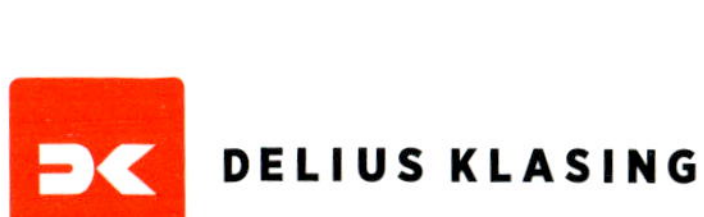
DELIUS KLASING

WILFRIED KRUSEKOPF

EINFACH SEGELN

RÜCKKEHR ZUM WESENTLICHEN

DELIUS KLASING VERLAG

Inhalt

Vorwort

Die Entwicklung des Segelsports geht in weiten Bereichen immer mehr in Richtung High-Tech-Lifestyle-Cruising. Damit verbunden ist leider auch eine wachsende Abhängigkeit von komplizierter Bordtechnik und fachlich gut geschultem Wartungspersonal im Hafen. Das Segel-Naturerlebnis rückt immer weiter in den Hintergrund. Brauchen wir wirklich Laminatsegel, Plotter am Doppel-Steuerstand, Bussysteme in der Bordelektronik, Kap-Hoorn-taugliches 3-Lagen-Ölzeug und andere Lifestyle-Attribute an Bord, um sicher, entspannt, verantwortungsvoll und vor Allem mit viel Vergnügen zu segeln? Warum gehen wir eigentlich segeln? Ist es nicht in erster Linie der Wunsch nach etwas mehr Unabhängigkeit, mehr Naturnähe? Abstand zum computergeprägten Arbeitsalltag? Aktiv gelebte Auseinandersetzung mit Wind, Wellen und Wetter? Lässt sich wahre Freude am Segeln nur mit einem High-Tech-Boot erreichen? Der Regattasegler wird diese Fragen anders beantworten als der Fahrtensegler, doch wendet sich dieses Buch an Letztere, die Segeln als möglichst weitgehende Befreiung vom Land-Alltag erleben wollen.

Rückkehr zum Wesentlichen

Nach einer kritischen Analyse der Entwicklung des Segelsports wird in diesem Buch sehr konkret und pragmatisch dargestellt, wie der Segler mit weniger moderner Technik, weniger Materialeinsatz und auch weniger finanzieller Belastung, dafür aber mit mehr Unabhängigkeit, mehr Naturnähe und mehr Nachhaltigkeit seinen Segelgenuss steigern kann. Aber keine Sorge: Hier soll nicht das Leben des postmodernen Segelhippies verherrlicht werden, der an Deck Kräuter züchtet, Konsumverzicht predigt, Pi mal Daumen ohne GPS navigiert und sich auf seinem 8 m langen, alten Seelenverkäufer nur mit Mühe über Wasser halten kann.

Vielmehr wollen wir – nicht zuletzt auch dem jüngeren, vielleicht weniger erfahrenen, aber umso intensiver von Segelreisen träumenden Segler – konkret zeigen, dass es möglich ist, bei geschickter Planung, sinnvoller Wahl des Bootes und der Ausrüstung und einer auf Naturnähe und Nachhaltigkeit zielenden Grundhaltung mehr Unabhängigkeit, mehr Freude am Segeln zu erzielen, ohne dabei an Bord einen kultivierten Lebensstil aufgeben zu müssen.

Einen Schwerpunkt bildet die Frage, wie sich der Traum der großen Seereise unter selbst gesetzten Segeln auch heute noch ohne größere finanzielle Lasten mit einem sicheren und zuverlässigen Boot in naturnaher Haltung verwirklichen lässt. Darum beinhaltet das letzte Kapitel konkrete Hilfestellungen bei der Suche nach einer älteren, aber soliden und zuverlässigen gebrauchten Yacht.

1. Unsere »moderne« Segelwelt

Wir beginnen mit einer kritischen Bestandsaufnahme der neueren Entwicklungen in Yachtbau und Ausrüstung und der sich daraus ergebenden Konsequenzen für den Fahrtensegler. Keine Sorge: »Früher war alles besser« ist keineswegs Grundtenor dieses Buches. Für Captain Cook wären reißfeste Segel und ein nicht leckender Schiffsrumpf erstrebenswerte High-Tech-Produkte gewesen. In diesem Sinne gibt es auch für uns Segler des 21. Jahrhunderts sicherlich etliche wertvolle Neuentwicklungen. Allerdings soll hier im ersten Kapitel auf diejenigen Entwicklungen im Segelsport aufmerksam gemacht werden, die den Segelgenuss in der Regel nicht vergrößern, sondern eher einschränken.

Große Yachten und Hafenstress

Beginnen wir mit einer Situation, die wohl fast jeder Segler kennt:
Eine modern gestylte 16-m-Yacht läuft mit sieben Leuten an Deck in den Hafen ein. Skipper und Mannschaft versuchen so gut sie können, das Anlegemanöver vorzubereiten, aber man sieht es den Leuten an, dass sie etwas verunsichert sind.

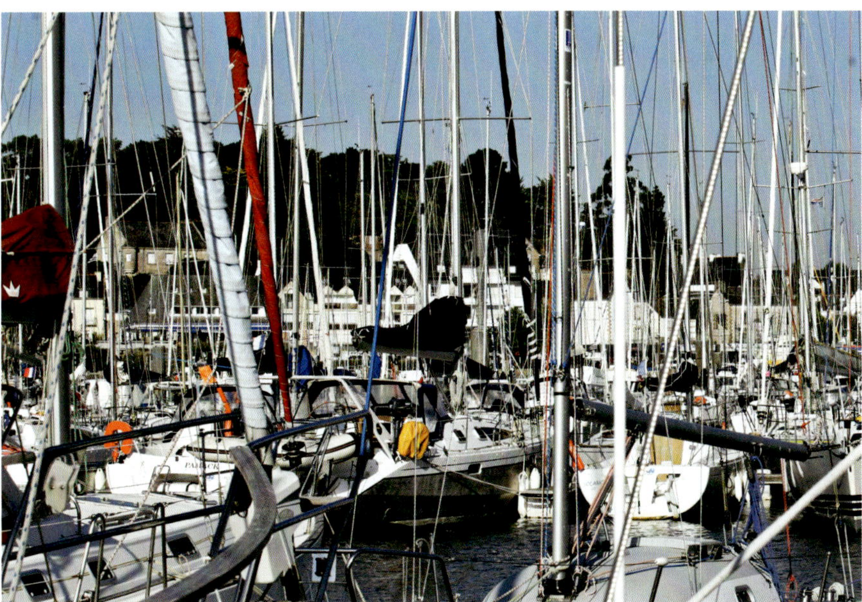

Normalzustand in vielen Häfen im Hochsommer: Kein einziger Liegeplatz ist frei.

Der Hafenassistent kommt in seinem Außenborder-Schlauchboot angerauscht und weist einen Liegeplatz zu, leider etwas spät, denn die zugewiesene Box ist dummerweise bereits passiert und liegt achteraus. Ein mittelkräftiger Wind steht quer, sodass das Schiff nach dem Aufstoppen trotz Bugstrahlruders unkontrolliert schräg wegtreibt. Maschine achteraus, doch der Radeffekt zieht das Heck genau zur falschen Seite und statt rückwärts geradlinig Fahrt aufzunehmen, dreht und treibt die Yacht quer in der schmalen Gasse zwischen den bedrohlich nahekommenden anderen Schiffen. Der Anker im Bugbeschlag verhakt sich im Heckkorb einer anderen Yacht und reißt diesen halb heraus. Fender werden vergebens hektisch hin- und herplatziert. Es kracht ein zweites Mal, diesmal am Heck. Der Rudergänger versucht verzweifelt mit Maschine Vorwärts-Rückwärts und Bugstrahlruder die Situation in den Griff zu bekommen – vergeblich. Endlich schafft es das Hafenschlauchboot mit heulendem Außenborder, das große Schiff mit seiner gestressten Mannschaft aus der Notlage zu befreien.

Erstes Problem: Die Yacht ist gemessen an den Manövriermöglichkeiten im Hafen viel zu groß. Unter dem Windeinfluss von der Seite wird der Rudergänger in die Enge getrieben und ist überfordert.

Weiteres Problem: Die Kommunikation zwischen Skipper und Crew über Bug und Heck funktioniert nicht; kein Wunder bei 16 m Länge über Deck und sieben Leuten Besatzung.

Verfolgt man die Produktpaletten der großen Yachtwerften im Laufe der letzten drei Jahrzehnte, wird sofort deutlich, dass die Entwicklung zu immer größeren und komfortableren Yachten kein Ende nimmt. Inzwischen haben praktisch alle großen Werften ein mindestens 60 Fuß langes Schiff im Programm. Und diese großen Boote werden zahlreich verkauft! Einige als Eigneryachten, viele für den Charterbetrieb. Im Jahre 1980 war das größte Schiff in der Großserienwerft Jeanneau die Mélodie mit 34 Fuß. Heute ist das größte Schiff dort mit 64 Fuß fast doppelt so lang. Gleiches gilt für die anderen Großserienwerften. Vor 35 Jahren war es nichts Ungewöhnliches, mit einer Monsun 31 (Länge 9,40 m) mit vier Personen von Hamburg in die Karibik zu segeln. Heutzutage werde ich mit meinem 40-Fuß-Schiff in Madeira gefragt, ob es denn nicht viel zu gefährlich sei, mit einem so kleinen Schiff so weit zu segeln.

Die Schiffslänge scheint eine Schraube ohne Ende zu sein. Nur sind die Häfen im Laufe der Zeit nicht mitgewachsen. Zwar wurden in den letzten 30 Jahren zahlreiche neue Marinas angelegt, aber die alten, historisch gewachsenen Häfen – und das sind die wegen ihrer Atmosphäre beliebtesten – platzen dennoch aus allen Nähten. Zudem sind die Liegeplätze in den vor 20 Jahren neu gebauten Marinas heute auch schon wieder zu klein, weil die Yachten inzwischen noch einmal 50 % länger geworden sind. Im Mittelmeer, wo es vielerorts üblich ist, römisch-katholisch anzulegen, also mit dem Heck an die Pier und den Bug gesichert durch den eigenen Anker oder durch eine Mooringleine, ist der Andrang in der Hochsaison in den alten und neuen Häfen inzwischen so groß, dass zum Beispiel in Griechenland

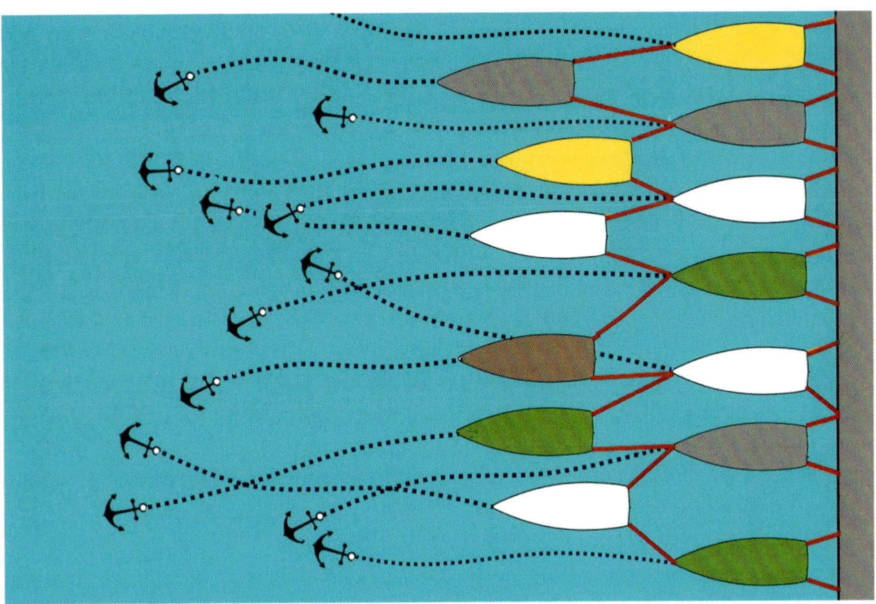

Stress durch Überfüllung: Yachten in zwei Reihen hintereinander römisch-katholisch festgemacht. Programmierter Ankersalat.

mancherorts in zwei Reihen hintereinander römisch-katholisch festgemacht wird. Der daraus resultierende »Ankersalat« ist oft unvermeidlich.

In Häfen mit Schwimmstegen wie beispielsweise in Süd-England, am französischen Atlantik oder an der Algarve wurde beim Bau der Breitenabstand zwischen den Fingerstegen in der Regel so gewählt, dass er für zwei »normale« 11-13-m-Yachten voll ausreichte. Macht dort heute aber beispielsweise eine »Flunder« wie die Pogo 12.50 mit 4,5m Breite fest, passt als Nachbarschiff nur noch eine Jolle daneben. In einigen Häfen wird darum die Liegegebühr nicht mehr nach Bootslänge, sondern nach belegter Quadratmeterzahl festgelegt, was sinnvoll erscheint.

In vielen Häfen wurden die Gassen zwischen den Stegen einst in den 80er- und 90er-Jahren so angelegt, dass bei 9-11 m Bootslänge genügend Raum zum Manövrieren blieb. Heute liegen aber 12-14-m-Schiffe an denselben Fingerstegen, sodass in der Gasse zwischen den voll belegten Pontons der Raum zum Manövrieren gefährlich knapp wird. Kollisionen beim An- oder Ablegen sind daher praktisch vorprogrammiert. Nicht zuletzt dann, wenn ein steifer Wind weht und es sich um eine Charteryacht handelt. Denn die Chartercrew ist häufig nicht mit dem Manövrierverhalten der Yacht vertraut. Wie denn auch bei nur ein oder zwei Segelwochen im Jahr?

Die Hafenbetreiber sind sich dieser Probleme bewusst, und es wird inzwischen in vielen Häfen erwartet, dass sich eine einlaufende Yacht über UKW anmeldet, sodass sich die Einparkhilfen-Hafenbarkasse früh genug zum Einsatz klarmachen kann.

Viele der Liegeplätze in alten, historisch gewachsenen und deshalb besonders attraktiven Häfen werden umgebaut und aus kommerziellen Gründen bevorzugt an große Luxusyachten vermietet. Die Restplätze gehen an Einheimische. Für die übrigen Wassersportler wurden außerhalb der Stadt neue künstliche Marinas mit viel Beton und hohen Steinschüttungen angelegt. Aber auch diese Häfen sind meist - nicht nur in der Hochsaison - rappelvoll. Im Mittelmeer in Spanien, Italien und Kroatien konnten es sich deshalb die Hafenbetreiber in den letzten Jahren aufgrund der großen Nachfrage erlauben, die Liegegebühren skrupellos explodieren zu lassen.

In den beliebtesten Häfen der Côte d'Azur und auch auf Korsika sowie vielerorts in Italien ist es inzwischen notwendig und üblich, bereits viele Monate im Voraus die Hafenplätze für den geplanten Sommertörn zu reservieren. Nicht Windrichtung und Wetter oder die spontane Idee, einfach aus Lust einen bestimmten Hafen anzulaufen, entscheiden über den Törnverlauf, sondern die zu Weihnachten wetterunabhängig festgelegten Reservierungen. Kommentar überflüssig ...

Fragwürdige Entwicklungen im Yachtbau

Schauen wir uns die in den letzten Jahren für den Großserienbau neu entwickelten Yachten einmal etwas detaillierter an:

Egal ob es sich um die preislich für den Chartermarkt optimierte Yacht aus der Großserienwerft handelt oder um eine auf das Eigner-Segment zugeschnittene skandinavische Hochpreisyacht, die Schiffe zeigen überwiegend folgende Baumerkmale:

Die Rümpfe werden nicht nur immer größer, sondern im Verhältnis zur Länge auch überproportional breiter. »Breit bedeutet sportlich.« So sehen es jedenfalls viele. Denn auffällig breite Schiffe werden in den publikumswirksam vermarkteten Ozeanregatten wie Vendée-Globe, Volvo-Ocean-Race und anderen eingesetzt. Der Grund für die Breite: Die Schiffe sind für Regatten gezeichnet, auf denen Raumschotskurse vorherrschen. Dank ihrer großen Breite kommen die Rümpfe schneller ins Gleiten, insbesondere unter Gennaker. Für den Fahrtensegler wäre dies nur von Vorteil, wenn er ebenfalls überwiegend raumschots segeln würde. Doch ist dies - wie jeder erfahrene Segler weiß - ja leider nicht die Regel.

Warum bauen die Werften dann so breite Rümpfe auch für den Markt der Normalsegler? Dafür gibt es im Wesentlichen zwei Gründe. Der erste ist eher irrational, aber verkaufsfördernd: Das Schiff soll Sportlichkeit ausstrahlen und regattaorientiert jung und dynamisch erscheinen. Der zweite Grund ist rationaler: Bei betont breiten Schiffen erstreckt sich die maximale Breite etwa von der Mitte bis zum Heck. Dies ermöglicht es, achtern nicht nur eine, sondern zwei breite Doppelkabinen einzubauen. Und da es auf einer Charteryacht den meisten Crews darum geht,

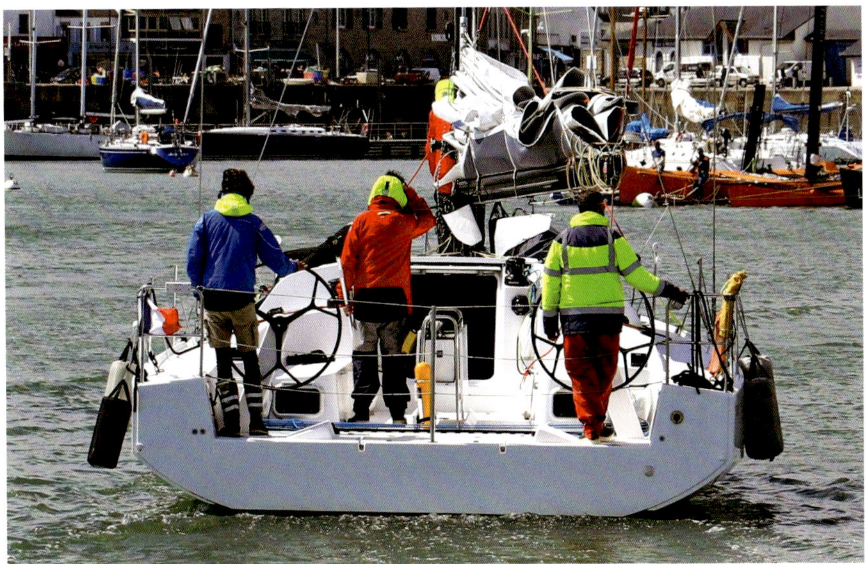

Moderne, sportliche Yacht mit extrem breitem Heck.

den Pro-Kopf-Preis möglichst gering zu halten, ist es finanziell von Vorteil, wenn auf eine 12-m-Yacht nicht nur zwei, sondern drei Doppelkabinen gebaut werden. Dass aber die sechs Leute an Bord auch sechs Mal Stauraum benötigen, wird von den Verkäufern gern in den Hintergrund geschoben.

Viele Werften kombinieren ein breites Achterschiff mit offenen Hecks. Der Heckspiegel wird auf Höhe des Cockpitbodens in der vollen Cockpitbreite einfach weggelassen. Regattatechnisch gesehen ist das sinnvoll, weil es im Heck überflüssiges Gewicht einspart. Außerdem erleichtert diese Bauweise insbesondere den Badesegeln-orientierten Crewmitgliedern den Sprung ins Meer und das Zurückkommen ins Boot, was natürlich in warmen Segelrevieren wie dem Mittelmeer besonders geschätzt wird.

Doch wie sieht diese Bauweise aus der Perspektive des Fahrtenseglers aus? Bei ruhiger See wird der Rudergänger vielleicht die Nähe zum Wasser als sportlich-prickelnd empfinden, doch spätestens ab 6 Bft. raumschots verwandelt sich das Vergnügen in Verunsicherung. Und im Passat auf dem Weg in die Karibik ist es so gut wie sicher, dass hin und wieder eine besonders hohe Welle von achtern einsteigen wird und bis in den Niedergang hinunterrollt. Mit anderen Worten: Die Schotten am Niedergang müssen dann trotz der brütenden Hitze fast ständig eingesteckt bleiben.

Der Fahrtensegler braucht zuerst einmal ein bei jedem Wetter sicheres Schiff mit ausgeglichen guten Segeleigenschaften, und zwar auf allen Kursen. Betont breite Rümpfe erkaufen sich die Raumschotsvorteile durch schlechtere Segeleigen-

schaften hoch am Wind. Sie laufen weniger Höhe, laufen in der Böe schneller aus dem Ruder und setzten am Wind in grober See sehr hart bis brutal mit dem Bug in die Welle ein. Ab 5–6 Bft. hoch am Wind kommt es mit jeder größeren Welle zu nervtötenden Schlägen in den Rumpf, verbunden mit bedrohlichen Vibrationen im Rigg. Warum laufen die in der Ostsee so bekannten Schärenkreuzer so eine unglaubliche Höhe und setzen so weich in die Welle ein? Weil sie schmal sind und der Rumpf im Bug nicht flach, sondern aufgekimmt ist. Allerdings sind sie unter Spi zugegebenermaßen längst nicht so schnell wie eine »breite Flunder«. Der Fahrtensegler sucht allerdings den optimalen Kompromiss (mehr dazu in Kapitel 3).
Seit einigen Jahren haben neue Yachten auffallend steile Steven, viele sind vollkommen senkrecht. Der Grund hierfür ist die Tatsache, dass ein Boot umso schneller segelt, je länger die Wasserlinie ist – unveränderte Rumpfkonzeption vorausgesetzt und frei nach der alten Regel »Länge läuft«. Auch dieses Phänomen kommt aus der Regattawelt: Bei den 6,50 m langen Mini-Transat-Rennern genauso wie bei den Open 40 und den Open 60 ist die maximale Rumpflänge exakt begrenzt. Somit ist es sinnvoll, die Länge der Wasserlinie maximal auszureizen. Also Länge Wasserlinie gleich Länge über Deck.

Doch ist diese Konstruktionsidee auch für den Normalsegler von Vorteil? Dem zwar vorhandenen, aber geringen Geschwindigkeitsvorteil (bei einer 12-m-Yacht sind es ein bis zwei Zehntel Knoten) steht ein gravierender Nachteil entgegen: In bewegter See taucht der Bug in den Stampfbewegungen tiefer ein als bei einem Rumpf mit deutlich positiv angewinkelten Steven und sich nach oben hin verbreiterndem Bugvolumen. Dies lässt sich leicht dadurch veranschaulichen, dass man die Auftriebskraft (Archimedisches Prinzip) eines Kegels mit Spitze unten und eines Quaders mit gleicher Höhe, eingetaucht in eine Flüssigkeit, vergleicht. Während die Auftriebskraft beim Quader proportional zur Eintauchtiefe wächst, vergrößert sich diese beim Kegel überproportional.

Am Wind kommt deshalb bei modernen Booten – trotz in letzter Zeit auch bei Cruiser-Racern immer höherem Freibord - bei schneller Fahrt in grober See erheblich mehr Wasser über Deck und die Bootsbewegungen sind heftiger. Die Besatzung im Cockpit ist dadurch hoch am Wind in bewegter See stärker der fliegenden Gischt ausgesetzt. Hinzu kommt ein weiterer Nachteil: Beim Ankern, insbesondere beim Ankerhieven, schlägt der Anker unweigerlich an den Rumpf und beschädigt die Außenhaut. Aus diesem Grunde baut man in letzter Zeit häufig eine Art Bugspriet vorn an, um den Anker vom Rumpf frei zu halten. Aber dies bedeutet wiederum mehr Länge über alles, also auch höhere Hafengebühren.

Immer mehr moderne Yachten haben einen Doppel-Steuerstand. Der Ursprung dieser Entwicklung kommt ebenfalls aus der Regattaszene: Die Siegeryacht im America's Cup 2000, Team New Zealand, hatte erstmalig einen doppelten Steuerstand. Der Konstrukteur hatte die Yacht mit zwei Steuerrädern entworfen, um sicherzustellen, dass der Rudergänger auf allen Kursen immer einen optimalen Blick in das Profil des Vorsegels haben kann. Dabei muss aber bedacht werden,

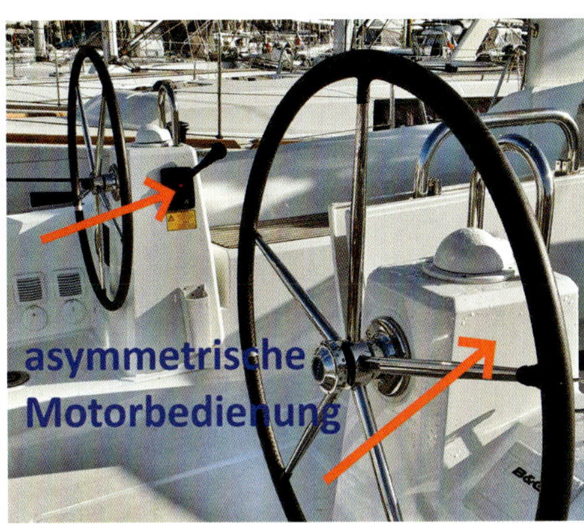

Asymmetrische Motorbedienung auf nur einer Seite.

dass die Yacht sehr breit war und 16 Mann Besatzung hatte, was den Blick in die Segel nicht gerade erleichterte.

Dass diese im Regattasegeln auf großen Yachten vorteilhafte Konstruktion im Serienyachtbau für den Wochenendskipper in ein perverses Extrem verdreht werden kann, zeigt sich beispielsweise bei Bénéteau, wo inzwischen ein 30-Fuß-Boot mit zwei Steuerrädern angeboten wird.

Paradox wird der doppelte Steuerstand dann, wenn – wie auf den meisten Yachten mit doppeltem Steuerstand – nur eine einzige Motorschalteinheit installiert ist. Der Rudergänger muss bei Hafenmanövern dann zwangsläufig das Rad auf der Seite wählen, auf der die Motorbedienung angebaut ist. Mit einer Chance von 1:2 ist das dann aber nicht die Seite, an der angelegt werden soll.

Der doppelte Steuerstand wird heute sehr häufig mit einem ebenfalls gedoppelten Ruder kombiniert. Das Doppelruder ist eine fast zwingend notwendige Konsequenz aus der extremen Rumpfbreite am Heck. Denn hoch am Wind wird durch die Keilform des Rumpfes das Heck stark aus dem Wasser gehebelt. Ein einzelnes Zentralruder müsste extrem tief ins Wasser eintauchend konstruiert sein, um unkontrolliertes Anluven (»Sonnenschuss«) zu verhindern. Bei der Doppelruderanlage kann das Boot mit dem leeseitigen Ruder hingegen auch auf Amwindkursen mit viel Krängung besser auf Kurs gehalten werden.

Ein großer und für den Fahrtensegler schwerwiegender Nachteil hingegen liegt dabei in der Tatsache, dass ein Schiff mit Doppelruder in der Regel erheblich schlechtere Manövriereigenschaften im Hafen hat. Nur ein zentral eingebautes Ruder kann vom Propeller aus dem Stand heraus angeströmt werden. Darüber hinaus gilt grundsätzlich: Je mehr bewegte Teile in ein Boot eingebaut werden, desto höher wird die Wahrscheinlichkeit eines Defektes. Keep it simple!

Bei aller hier formulierter Kritik an modernen Bootsrümpfen soll allerdings nicht unerwähnt bleiben, dass aufgrund des erheblich vergrößerten Gesamtvolumens über der Wasserlinie der unter Deck nutzbare Raum ebenfalls erheblich vergrößert werden konnte. Auch im Hinblick auf die Segeleigenschaften muss zugegeben werden, dass moderne Rümpfe mit Doppelruder und breitem Heck weniger gieren und geigen als traditionellere Entwürfe. Segelyachten hatten bis in die späten 90er-Jahre fast immer eine Bilge, um eingedrungenes Wasser am tiefsten Punkt im Boot zu sammeln und dort auspumpen zu können. So wurde insbesondere verhindert, dass Wasser (oder schlimmer: ausgelaufener Diesel) unter den Bodenbrettern und in den Stauräumen unter den Kojen hin- und herschwappen konnte. Auf modernen, flachen Rümpfen fehlt diese Bilge in der Regel, sodass sich die Crew nicht selten über durchnässtes Staugut unter den Kojen ärgert.

Großserienwerften sind gezwungen, ihre Produktionsprozesse unter dem Gesichtspunkt der Kostenreduzierung zu optimieren. Das ist verständlich und führt schließlich auch zu einem günstigeren Preis für den Käufer. Fragwürdig wird dies allerdings, wenn es unter dem Deckmantel der Sportlichkeit verkauft wird. Für viele, vielleicht sogar für die meisten Bootskäufer ist es wichtig, dass ihr Schiff schnell segelt. Denn Schnelligkeit ist Sportlichkeit. Und wer will schon unsportlich erscheinen? Folglich muss das Schiff leichter werden, denn leichter heißt weniger benetzte Fläche, folglich weniger Reibung, folglich mehr Geschwindigkeit. Auf einer Regattayacht, bei deren Bau primär auf technische Effizienz und nicht in erster Linie auf Kostenreduzierung geachtet wird, lässt sich Gewichtsreduzierung durch Einsatz von teuren High-Tech-Materialien wie Spectra, Carbon und Kevlar erreichen. Im Großserienbau hingegen wird Gewichtsreduzierung nur allzu oft einfach durch Verringerung der Materialstärken bis an die Grenze des eben noch Vertretbaren erreicht. Manche etwas dünn gebaute Polyesterrümpfe verziehen sich auf Amwindkursen derart, dass sich auf diesen Booten Türen nicht mehr öffnen lassen. Die Einbauten knarren im Seegang, Tischbefestigungen wackeln, Scharniere reißen schon nach kurzer Nutzungszeit aus ... Aber auf der Bootsmesse wird das Boot als besonders sportlich ausgewiesen, denn es ist ja 400 kg leichter, folglich schneller als das der Konkurrenz.

Die Argumentation setzt sich im Rigg fort: Jedes Kilogramm, das im Rigg und bei den Segeln gespart werden kann, zählt mindestens drei- bis vierfach, denn entsprechend der Gewichtsreduzierung im Rigg kann im Kiel ein Vielfaches dessen an Gewicht eingespart werden. Das aufrichtende Moment bleibt unverändert. Doch welche Konsequenzen ergeben sich daraus? Gewichtsreduzierung im Rigg ist nur möglich mit einem leichteren Mast und dünneren und/oder weniger Wanten. Der leichtere Mast könnte ein Carbon-Mast sein, doch ist dieser für Fahrtensegler meist einfach zu teuer. Bleibt der Alu-Mast mit dafür schmalerem Profil und geringerer Wandstärke übrig, was wiederum die Sicherheitsreserve reduziert.

Die Salinge werden oft so weit angepfeilt, dass auf doppelte Unterwanten verzichtet werden kann. Bei weiterer Steigerung der Anpfeilung der Salinge kann sogar das Achterstag weggelassen werden, ohne dass – unter Normalbedingungen – die Belastbarkeit des Riggs bedrohlich eingeschränkt ist. Doch dies gilt nur für Normalbedingungen! Doch niemand garantiert uns, dass wir immer unter solchen segeln. Der Fahrtensegler muss sich auch dann noch auf sein Rigg verlassen können, wenn es mal unvorhergesehen stürmisch kommt. Außerdem ist es auf tiefen Raumschotskur-

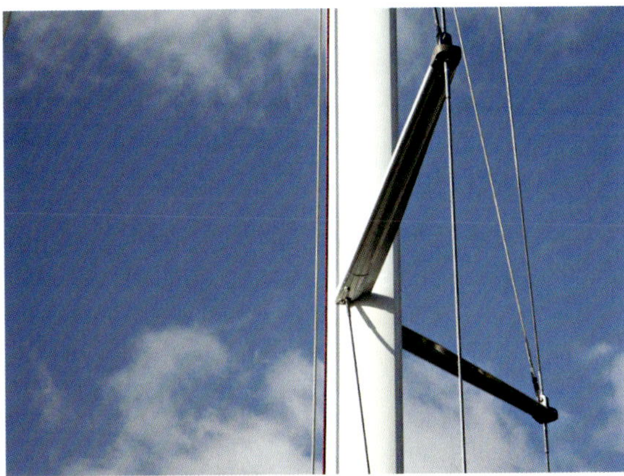

Rigg mit extrem nach achtern gepfeilten Salingen.

sen oder gar vor dem Wind bei stark angepfeilten Salingen nicht mehr möglich, das Groß weit genug aufzufieren, ohne mittelfristig durch das ständige Scheuern – früher sagte man Schamfilen – an der Salingsnock die Segel zu beschädigen. Stark angepfeilte Salinge kommen ursprünglich aus der Highspeed-Regattaszene und sind dort durchaus sinnvoll, denn bei sehr hohen Bootsgeschwindigkeiten wird ein wahrer Wind von raumschots zu einem scheinbaren Halbwind, ja selbst ein Am-Wind-Kurs wird möglich bei ausreichend schneller Fahrt.

Der kostengünstige und dennoch sicher verstagte Mast auf einer Fahrtenyacht, ist darum nach wie vor der ausreichend dimensionierte Alu-Mast mit nur leicht angepfeilten Salingen, mit doppelten Unterwanten und einem Vorstag, das etwa in 9/10 der Mastlänge unter dem Topp angeschlagen ist. So wird in Verbindung mit den leicht angepfeilten Salingen auch ein Masttrimm in für Fahrtensegler sinnvollen Grenzen möglich.

Zu den Segeln: Die Standard-Garderobe einer neu ausgelieferten Yacht aus einer Großserie ist in der Regel aus zu leichtem Tuch gefertigt. Nicht leicht, weil aus teuren Kevlarfasern bestehend, sondern leicht, weil bewusst kostenorientiert aus viel zu dünn gewähltem Standardtuch. Die Segel werden schon nach kurzer Zeit ihr Profil verlieren, es sei denn, man segelt nur bei Leichtwind. Aber der Verkäufer auf der Bootsmesse wird den Vorteil des leichten Tuches insbesondere bei Leichtwind betonen, denn leichtere Segel stehen in der Tat schon bei wenig Wind besser als schwere Tücher. Und vielleicht wird er sogar etwas provozierend fragen, wie oft denn der Kaufinteressent gedenkt, im Sturm zu segeln ...

Auch unter Deck in der Konzeption des Innenausbaus setzt sich die Vernachlässigung der Interessen eines ambitionierten Fahrtenseglers auf vielen neuzeitlichen Yachten fort: Während einer Seereise kommt es vor, dass nachts durchgesegelt werden muss. Raumschots schläft die Freiwache dann recht gut in den Kojen im Vorschiff. Auf Amwindkurs bei etwas mehr Wind verwandelt sich die Vorschiffs-

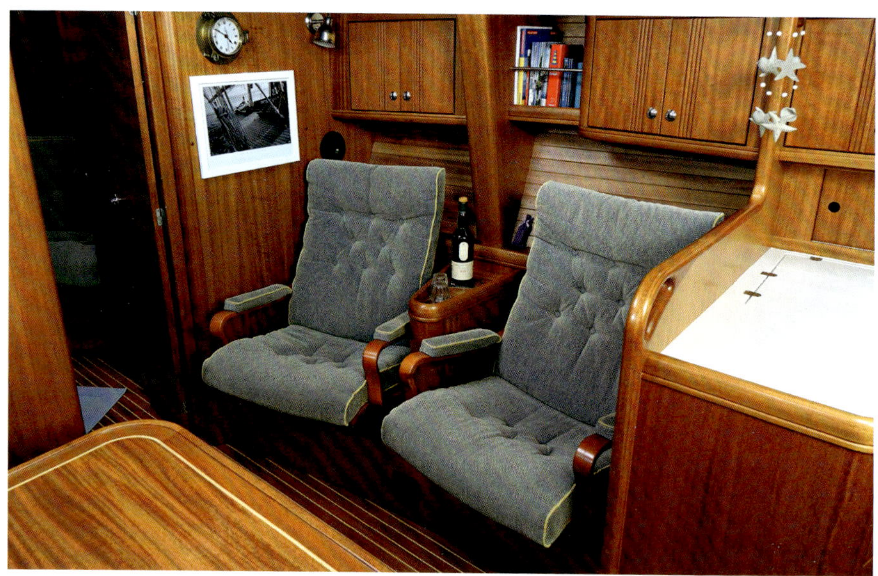

Sessel im Salon statt Sitzbank, die auch als Seekoje nutzbar wäre.

kabine hingegen in eine Folterkammer, denn in der heftigen Auf- und Abwärtsbewegung des Bugs ist an Schlafen nicht mehr zu denken. Die besten Schlafplätze sind – wenn denn vorhanden – im Salon, da sie nah am horizontalen und vertikalen Drehpunkt des Schiffes liegen. Auch die Achterkajüten sind in bewegter See meist kein guter Schlafplatz. Die Frage ist nur, ob denn bei der Raumaufteilung unter Deck überhaupt vorgesehen wurde, im Salon schlafen zu können? Die Mehrzahl der heute neu gebauten 40-42-Fuß-Yachten hat nahe am Drehzentrum, also im Salon, keine Liegemöglichkeiten für eine Person von mehr als 1,6 m Größe. Es gibt zwar Drehsessel, Sitzbänke, halbrunde Sofas, nur keine schlafgeeigneten Seekojen. Und von Leesegeln gar nicht zu sprechen. Dahinter steht die nicht ganz unrichtige Überlegung, dass ohnehin die allermeisten Crews nachts im Hafen oder vor Anker schlafen. Nur gilt das eben nicht für den reiseorientierten Fahrtensegler.

Dass auf vielen neuen Yachten der Kartentisch – falls überhaupt noch vorhanden – zu einem minimalisierten Vielzweckbrettchen verkommen ist, wird inzwischen schon von vielen Seglern als fast normal hingenommen. Schließlich gibt es ja den Kartenplotter oben in der Plicht am Steuerstand. Und das Radarbild, die AIS-Positionen eventueller Kollisionsgegner und sogar die Grib-Files für das Wetter kommen ja auch alle aus dem Bildschirm des Plotters. Ist das sinnvoll? Die Hafenhandbücher kann man ja auch schließlich am Salontisch lesen. Auf vielen Yachten ist das Minimalbrettchen zwar noch ausreichend groß, um einen Laptop abzustellen, doch um ihn sitzend auch benutzen zu können, muss der Skipper auf vielen Schiffen seinen Oberkörper wegen der ergonomisch wenig durchdachten

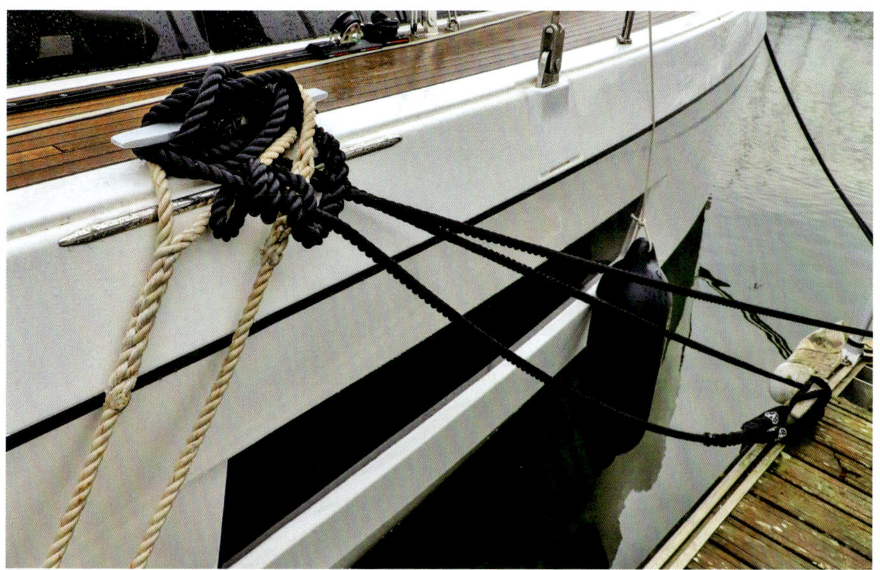

Große Fenster im Rumpf, nahe der Wasserlinie.

Anbauposition so verdrehen, dass er vorsichtshalber die Telefonnummer eines guten Orthopäden aus dem nächsten Hafen gespeichert haben sollte.

Auch über die immer größer werdenden Fensterflächen, die je nach Mode mal schmal, mal breit, mal rund, mal eckig, bei fast allen modernen Yachten oft bedrohlich nahe der Wasserlinie in die Bordwand eingesetzt werden, lässt sich diskutieren. Die Fenster sind heutzutage allesamt von außen eingeklebt. Unter mitteleuropäisch nicht extremer UV-Belastung hält der Kleber auch sehr lange. Wird eine solche Yacht aber viele Jahre lang in tropischen Gewässern gesegelt, ist die Haltekraft des Klebers bald dahin, und es kann in bewegter See (Atlantikwelle) zu einem schweren Wassereinbruch kommen. Hinzu kommt, dass sich bei zahlreichen großen Fenstern der Innenbereich der Yacht in sonnenreichen Segelrevieren extrem aufheizt, was oft nicht einmal mit geöffneten Luken ausgeglichen werden kann.

Ebenfalls abzulehnen sind Decksluken, die mit Rücksicht auf den sonnenbadenden Teil der Crew so perfekt bündig ins Deck eingesetzt wurden, dass sie nach einem Regenschauer nicht mehr geöffnet werden sollten, weil sich sonst das um den Rand angestaute Wasser auf den Salontisch ergießt. Decksluken sollten aus diesem Grund etwas nach oben hochstehend ins Deck eingebaut werden.

Daneben sind Skipper und Crew in bewegter See für jeden festen Griff und jeden Handlauf dankbar, der verhindern kann, dass man rutscht oder stürzt. Das gilt sowohl an Deck als auch unter Deck. Ebenso auf der Toilette. Wenn man sich unter diesem Gesichtspunkt die neueren Yachtkonstruktionen ansieht, stellt man leider oft fest, dass viele Werften tatsächlich ihre Schiffe nur für ruhiges Wetter gebaut haben. Das gilt auch für die Einbauten unter Deck wie Pantry, Salontisch, speziell an den Ecken der Einbauten unter Deck: Wenn nicht nur bei ruhiger See gesegelt wird, so ist es - selbst bei vorhandenen Handläufen - fast unvermeidlich, hin und wieder irgendwo mit dem Körper anzuecken. Wenn man sich aber die betont eckig-modische Bauweise des Innenausbaus der meisten neuen Yachten anschaut, dürfen wohl Zweifel angemeldet werden hinsichtlich der Seetauglichkeit in bewegter See.

Fragwürdige Entwicklungen in der Ausrüstung

Eine direkte Konsequenz immer längerer Rümpfe ist natürlich die notwendige Vergrößerung der Segelflächen. Eine 50-m²-Genua einer 44-Fuß-Yacht lässt sich gerade noch mit einer manuell betriebenen Mehrgangwinsch dichtholen, wenngleich auch nicht von jedem Crewmitglied. Ab einer 50-Fuß-Yacht wird dafür ein sehr gut trainierter Mann benötigt. Folgerichtig reagiert die Ausrüstungsindustrie mit Elektrowinschen, die das Dichtholen und neuerdings sogar das Fieren auf Knopfdruck erledigen. Problematisch ist bei Elektrowinschen, dass im Gegensatz zu einer manuellen Winsch bei der Bedienung kein Gefühl mehr für die Dosierung der Kraft vorhanden ist. Manche Winschen sind so stark, dass sie Beschläge ausreißen oder gar ein Segel zerreißen können. Wie paradox diese Entwicklung sein kann, konnte ich vor einiger Zeit auf einer voll elektrifizierten 56-Fuß-Yacht sehen, auf die ich von ihrem betont sportlichen Eigner zur Besichtigung eingeladen wurde: In die großvolumige Achterkajüte hatte er ein komplettes Fitnessstudio einbauen lassen. Aber nicht etwa, um die Schoten mit besserer Muskelkraft dichtholen zu können, denn alle Winschen waren elektrisch angetrieben.

Thema Navigation: Mit der Einführung des GPS als Navigationshilfe auf See wurde in den 90er-Jahren eine wahre Revolution am Kartentisch ausgelöst. Auf Knopfdruck die Schiffsposition ermitteln zu können, bei jedem Wetter und an jedem Ort, das war die Erfüllung eines langgehegten Traums eines jedes Navigators. Ohne Frage wurde durch dieses geniale Navigationswerkzeug die Schiffssicherheit erheblich gesteigert, und in der Tat gingen nach flächendeckender Einführung des GPS die Zahl der Havarien, Seenotfälle und Totalverluste jahrelang deutlich zurück. In der Kombination mit AIS wurde diese positive Entwicklung weiter gesteigert.

Wie ist es dann aber zu verstehen, dass beispielsweise die Zahl der Havarien durch Grundberührung (Auflaufen auf Felsen und Sandbänke) nach einer Statistik der schwedischen Behörde für Schiffssicherheit aus dem Jahr 2017 in den letzten Jahren wieder deutlich gestiegen ist? Eine Untersuchung der Havarie-Ursachen hat ergeben, dass es sich überwiegend um »programmierte« Unfälle gehandelt hat. Programmiert, weil die Skipper allzu unbedacht ihren Kartenplotter mit dem Autopiloten gekoppelt hatten und dann per Wegpunktnavigation unkritisch und ohne Konzentration auf navigatorisch wichtige Details ihr Schiff »automatisch« auf einen Zielpunkt zufahren ließen, ohne in der Planung zu bemerken, dass auf

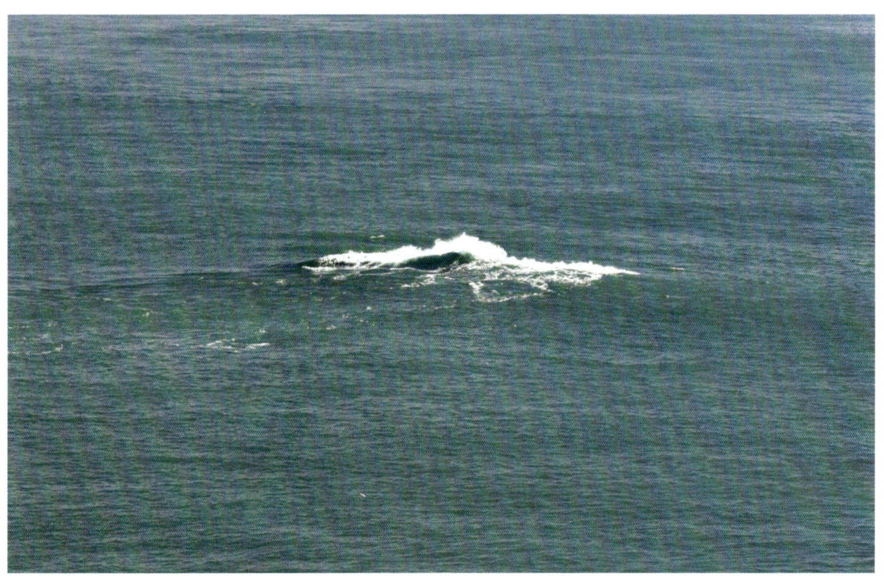

Kleine, aber gefährliche Untiefe in offener See, auf dem Plotter leider nur gezoomt sichtbar.

dem Weg zum Zielpunkt eine Untiefe lauerte. Das Problem entsteht dadurch, dass auf dem Display eines Kartenplotters der mit Vektorkarten programmiert ist nicht in jedem Zoombereich alle Details der Karte mit eingeblendet werden können. Bei kleinem Maßstab werden Detailinformationen ausgeblendet, die erst dann auf dem Bildschirm sichtbar werden, wenn auf einen entsprechend größeren Maßstab gezoomt wird. »Das weiß doch heute jeder Skipper«, wird der Leser einwerfen. Nun, wenn die richtige Bedienung des Kartenplotters tatsächlich so selbstverständlich wäre, dann wäre die Vestas im Volvo-Ocean-Race 2014-15 mit professioneller Besatzung nicht mitten im Indischen Ozean auf ein Korallenriff gekracht. In der Tat hatte der Profi-Navigator den Fehler gemacht, über viele Tage und Nächte hinweg einfach nur dem Kurs nach Plotter zu folgen, ohne zwischendurch immer mal wieder in einen größeren Maßstab hinein zu zoomen, um zu prüfen, ob denn nicht vielleicht ein Korallenriff auf der Kurslinie liegt. Mit einer Papierkarte wäre das nicht passiert.

Aufschlussreich sind auch die Statistiken der Deutschen Gesellschaft zur Rettung Schiffbrüchiger aus den letzten Jahren: Von 2012 bis 2018 ist die Zahl der Skipper, die aus einer Situation der Orientierungslosigkeit (Schiffsposition unbekannt) auf See gerettet werden mussten, um 50 % gestiegen (s. Yacht 25 / 26, 2018).

Zugegeben, diese Probleme entstehen nicht durch den Kartenplotter als solchem, sondern durch falsche Bedienung. Nur wird der naive, blauäugige Umgang mit dem Plotter durch die ignorierte Papierkarte begünstigt. Er verführt dazu, die eigenen Sinne immer weniger zu benutzen und auf eine gründliche Navigationsausbildung

zu verzichten. Die menschlichen naturbezogenen Wahrnehmungsfähigkeiten verkommen zunehmend (Alternativen s. Kapitel 4).
All diesen Feststellungen zum Trotz werden von der NOAA (National Oceanic Atmospheric Administration) in den USA seit 2020 keine Seekarten in Papierformat mehr gedruckt oder vertrieben. Erfahrungsgemäß schwappen mit einigen Jahren Verzögerung solche Entwicklungen aus den USA in der Regel über den Atlantik nach Europa. Auch das BSH (Bundesamt für Seeschifffahrt und Hydrographie) in Deutschland druckt Papierseekarten nur noch auf Anforderung in Papierform. Ein privater deutscher Seekartenverlag hat diese Marktlücke allerdings inzwischen erkannt und bietet regional ausgewählte Seekartensätze in Papierform als Folio zu einem erstaunlich günstigen Preis an.
Auf Yachten mit zwei Steuerständen im Cockpit sieht man immer häufiger auch zwei Kartenplotter. Das erscheint nur konsequent, wenn denn der Rudergänger auf jedem Bug immer einen Bildschirm vor sich haben soll. Aber ist das sinnvoll? Oder gar notwendig? Heutzutage hat fast jedes Auto ein »Navi« eingebaut. Sinnvollerweise befindet sich dessen Bildschirm nahe an der Windschutzscheibe, also in Fahrtrichtung, grob im Blick nach vorn. Da die meisten Segler gezwungenermaßen erheblich mehr Stunden in ihrem Auto verbringen als an Bord, haben sie sich daran so gewöhnt, dass es ihnen selbstverständlich erscheint, an Bord diese Gewohnheit fortzusetzen. Dafür gibt es aber keine Notwendigkeit, denn eine Segelyacht bewegt sich in der Regel mit weniger als einem Fünftel der Geschwindigkeit eines Autos. Der Segler hat somit sehr viel Zeit, seinen visuellen Eindruck der Realität mit der virtuellen Darstellung auf dem Kartenplotter zu vergleichen. Wenn man ferner bedenkt, dass ein Kartenplotter am Steuerstand ständig in der Gefahr steht, mechanisch beschädigt zu werden und seine Kabelkontakte auch nicht unbegrenzt im Salzwassermilieu überleben werden, ist es nur sinnvoll, das Gerät unter Deck am Kartentisch einzubauen. Das einzige mir einsichtige Argument für einen Kartenplotter am Steuerstand ist der für Seekrankheit anfällige Rudergänger, der in bewegter See nicht hinunter zum Kartentisch gehen möchte. Doch welcher Skipper wird sein Schiff in bewegter See und navigatorisch schwieriger Umgebung einem solchen Crewmitglied längere Zeit das Ruder überlassen? So sind dann die beiden Kartenplotter im Cockpit möglicherweise in erster Linie ein Statussymbol ...
Ohne Zweifel ist der Kartenplotter in engen Fahrwassern, insbesondere wenn nahe an Untiefen navigiert werden muss, sicherheitstechnisch von Vorteil gegenüber einer Papierseekarte. Ein vieljährig erfahrener und regelmäßig segelnder Skipper wird zwar den Plotter nicht benötigen, solange ihm eine aktuelle Papierseekarte mit passendem Maßstab zur Verfügung steht, aber dem wenig segelnden Novizen gibt der Plotter zusätzliche Sicherheit (mehr dazu in Kapitel 3).
Äußerst fragwürdig ist hingegen die Tendenz, mehrere Funktionen auf nur einem Bildschirm darzustellen. Seekartendarstellung, Navigationsprogramm, Tidenkalender, AIS-Infos, Radar, Echolot, Logge, selbst die Tankanzeige, alles wird auf ein und demselben Display abrufbar. Manche Skipper bevorzugen dies wegen Platz-

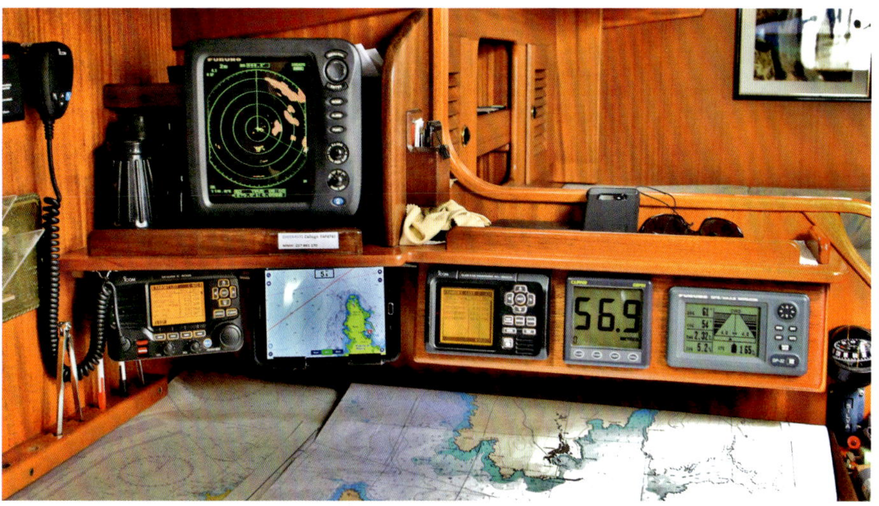

Übersichtlicher, großer Kartentisch mit bewusst voneinander getrennten Geräten und Platz für Papierseekarten.

mangels (nicht vorhandener Kartentisch, s.o.), aber mit dieser Funktions-Konzentrierung geht man ein nicht akzeptables Risiko ein: Fällt der Bildschirm aus, sind sämtliche Navigationsinformationen gemeinsam verschwunden. Keine Karte, keine Position, keine AIS-Infos, kein Echolot, kein Radar, keine Logge. Aus diesem Grunde ist es unbedingt wünschenswert, die wichtigen Navigationsgeräte (GPS, Kartenplotter, AIS, Radar, Logge und Echolot) möglichst auf getrennten Bildschirmen separat darzustellen oder redundant auszulegen.

Eine diskutable Frage ist es, ob ein Tablet-Computer wie beispielsweise ein iPad mit einer Navigationsapp als Plotter nicht ausreicht? Sofern parallel dazu gute Papierseekarten zur Verfügung stehen, ist nichts dagegen einzuwenden. Insbesondere wenn das iPad nur am Kartentisch eingesetzt wird. Zwar gibt es gute wasserdichte Schutzhüllen für Tablet-Computer, doch bleibt das Risiko, dass in bewegter See vielleicht dummerweise die abgerutschte Winschkurbel darauf fällt. Hinzu kommt die begrenzte Betriebsdauer im Batteriebetrieb (mehr dazu in den Kapiteln 3, 4 und 6).

Computer an Bord: Der Laptop an Bord gibt uns Seglern an Bord unter verschiedenen Gesichtspunkten ohne Frage eine Freiheit, von der wir vor 30 Jahren nur träumen konnten. Manch eine Segelreise wird überhaupt erst möglich dank des Laptops an Bord (mobiles Arbeiten, Kommunikation mit der Familie etc.). Für Wetterdaten ist der Laptop eine umfassendere Informationsquelle als das Seefunkgerät. Aber: Brauchen wir wirklich beispielsweise eine Törnplanungsapp? Und vor allem: Vermittelt etwa die Törnplanung mit einer vorgefertigten App-Struktur mehr Freude bei der Planung? Ist nicht das Schmökern in einem Hafenhandbuch

für den erträumten Törn abends im Bett für jeden Segler ein höherer Genuss als das Ausfüllen von Leerstellen in einer App?
Seekarten auf dem Laptop sind ebenfalls zweifelsohne eine gute Grundlage für die Törnplanung. Hingegen überflüssig, ja manchmal sogar gefährlich ist eine »Dock-to-Dock-Autorouting-App«, also eine fertig präsentierte, automatisch ablaufende Folge der verschiedenen Kurse, die uns – vielleicht sogar mit dem Autopiloten vernetzt – von Wegpunkt zu Wegpunkt bis hin zum Ziel steuert. Quasi das Segel-Videospiel an Bord. Aber gehen wir dafür segeln? Der Berufsfischer, der seine an verschiedenen Orten platzierten Netze schnell wiederfinden will, ist dankbar für eine solche Funktion, aber beim Segeln geht es doch in erster Linie um Spaß! Steigert die elektronische Seekarte tatsächlich den Spaß am Segeln in der Freizeit?
Nur am Rande und mit einem Lächeln möchte ich eine Beobachtung erwähnen, die man in letzter Zeit abends in manch einer Schönwetter-Ankerbucht oder auch in vielen Häfen machen kann: Es gibt einige Yachten, die abends und manche auch die ganze Nacht hindurch eine ganz spezielle Beleuchtung besitzen: Blau, rot, grün oder lila leuchtend verwandeln in das Unterwasserschiff eingebaute Spots das Wasser um die Yacht in eine spektakuläre Lightshow. Na wer's denn braucht ...

Crewprobleme auf großen Yachten

Unter dem Begriff »große Yacht« soll im Folgenden von Segelyachten gesprochen werden, die 45 Fuß (etwa 13,5 m) und länger sind.
Nicht nur Charteryachten, auch Eigneryachten sind im Mittelmeer und in der Karibik inzwischen im Mittel um die 13 m lang und viele auch größer. Bei Charteryachten erklärt sich dies leicht durch die verständliche Forderung nach möglichst geringen Charterkosten pro Person. In der Tat ist eine mit acht Leuten belegte 15-m-Yacht pro Kopf billiger zu chartern, als eine mit vier Besatzungsmitgliedern belegte 12-m-Yacht. Doch ist es auch unmittelbar einsichtig, dass es umso mehr Interessenkonflikte geben muss, je größer die Crew ist. Manche möchten in der Kürze der Segelwoche möglichst viele verschiedene Häfen und Ankerbuchten kennen lernen, während andere entspanntes Badesegeln bevorzugen. Einige Crewmitglieder möchten ständig den Segeltrimm optimieren, während andere sich lieber an Deck lang machen und sich durch die ständige Aktivität an den Schoten, Fallen und Trimmleinen beim Anbeten ihres Sonnengottes gestört fühlen. Die Liste der möglichen Konflikte ist endlos. Wer schon häufiger mit unterschiedlicher Crewgröße auf verschiedenen Yachten unterwegs war, wird zustimmen, dass in der Regel die Bordatmosphäre auf den Yachten mit kleinerer Crew besser war. Es sei denn, dass der Törn von vornherein mit einem klar definierten Profil gesegelt und die Crew dementsprechend ausgesucht wird.
Neben menschlichen Problemen im Bordleben ist bei großer Crew natürlich auch der Koordinierungsbedarf an Deck für den Skipper erheblich größer. Wer macht was beim Ablegen, bei Segelmanövern, beim Anlegen? Nicht selten kommt es zu

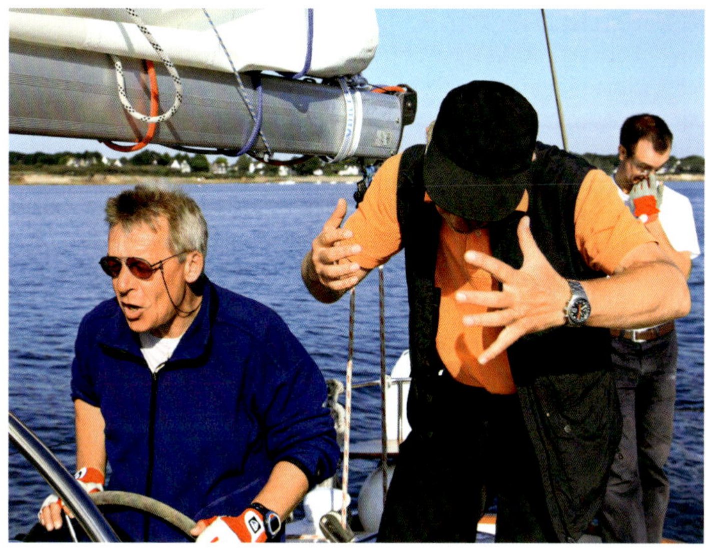

Ärger in der Crew.

Konflikten bei der Frage, wer das Ruder übernimmt. In kitzligen Situationen wird der Skipper einen möglichst erfahrenen Rudergänger wollen. Möglicherweise ist dann aber ein anderes, hochmotiviertes, jedoch weniger kompetentes Crewmitglied beleidigt, dass der Skipper den Rudergänger wechseln lässt.

Verwirrungen gibt es insbesondere bei Anlegemanövern, wenn mehr Leute an Deck sind, als Aufgaben verteilt werden können. Auf einem 16-m-Schiff mit 7-Leute-Crew kann nicht jedem eine sinnvolle Aufgabe beim Anlegen gegeben werden. Manche stehen dann einfach störend im Weg oder verwirren die Kommunikation an Deck durch gut gemeinte, aber überflüssige Bemerkungen und Zwischenrufe. Der Skipper und der Rudergänger haben es in dieser Situation besonders schwer, das Anlegemanöver nicht zu verpatzen.

Es gibt allerdings einige, eher im Hochpreissegment angesiedelte Werften wie Amel oder Oyster, die auch große Yachten gezielt für kleine Crews bauen. Dass dabei dann nicht nur kräftige Bugstrahlruder, sondern auch Heckstrahlruder, beide über Joystick koordinierbar, voll elektrifizierte Rollanlagen und Elektrowinschen selbst zum Dichtholen der Festmacher notwendig sind, versteht sich von selbst. Dennoch rufen die Skipper einer solchen High-Tech-Yacht in der Regel vor dem Einlaufen in den Hafen die Hafenverwaltung an, um sicherzustellen, dass am Ponton helfendes Personal bereitsteht, um die Yacht ohne Kollision mit anderen Schiffen am Ponton festzumachen. Auf See lassen sich allerdings heutzutage dank High-Tech-Ausrüstung selbst diese großen Yachten mit kleiner Besatzung segeln. Problematisch bleibt es hingegen trotz aller Ausrüstung bei Hafenmanövern, insbesondere bei viel Wind. Der gesteigerte Komfort an Bord wird erkauft durch neue Abhängigkeiten, die in erster Linie aus der enormen Bootslänge resultieren.

Retroentwicklungen

Recht aufschlussreich ist es zu sehen, wie sich immer wieder Segler dort sammeln, wo ein gepflegtes älteres Schiff, vielleicht sogar ein edel restauriertes Holzboot am Steg liegt. Die Eigner einer gut restaurierten alten Yacht können ein Lied davon singen, wie sie oft mit Fragen zu ihrem nicht alltäglichen Schiff geradezu gelöchert werden. Manch einer hängt darum ein kleines Informationsschildchen an die Seereling mit Kurzinfos zum Schiff, um nicht ständig wieder die gleichen Fragen beantworten zu müssen.

Keine Frage: Das Interesse an guten gebrauchten Booten und Yachten und deren Pflege oder gar Restaurierung nimmt zu. Das ist auch nicht weiter verwunderlich, denn in Stil und Ausrüstung gleichen sich seit mehr als einem Jahrzehnt die meisten Neuerscheinungen der großen Werften wie ein Ei dem anderen. Es muss nicht gleich die äußerst arbeitsintensive Restaurierung eines alten Holzbootes sein. Auch etliche attraktiv gezeichnete und in ihrer Struktur gut gebaute GFK-Yachten aus den 70er-, 80er- und 90er-Jahren finden fachkundige Liebhaber und schwimmen inzwischen gut gepflegt, renoviert oder auch total restauriert als Blickfang an so manch einem Steg.

Auch auf Bootsmessen ist seit einigen Jahren ein neuer Trend zu beobachten: Neben den großen Yacht- und Wassersportausstellungen, auf denen vor allem Neuentwicklungen vorgestellt werden, entwickeln sich einige kleinere Bootsmessen, deren Hauptanliegen nicht im Verkauf von neuen Booten liegt, sondern die den Markt der Pflege, Renovierung und Restaurierung von älteren, gebrauchten

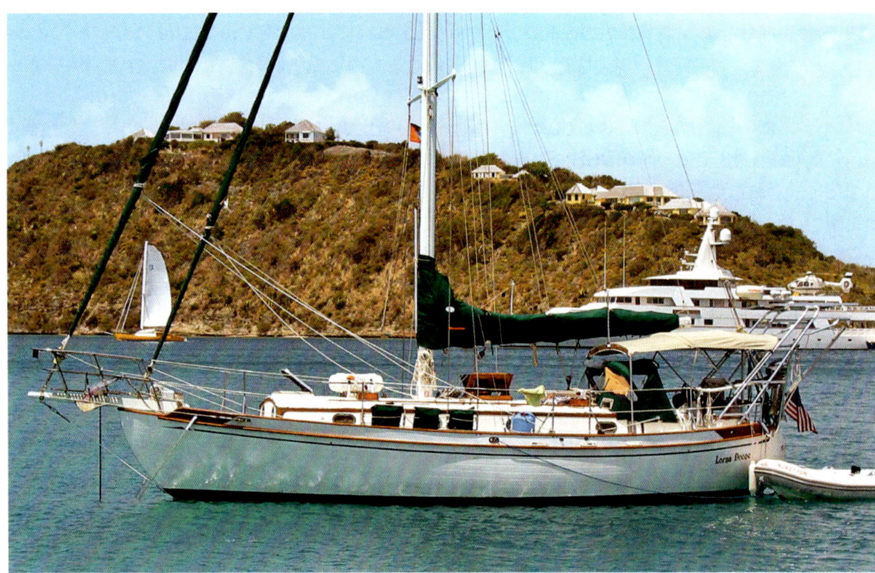

Gut gepflegte, über 40 Jahre alte Fahrtenyacht (Tayana 37).

Booten im Auge haben. Auffällig ist auch, dass in den führenden Segelzeitschriften seit einigen Jahren regelmäßig in einer speziellen Rubrik auf besondere ältere Serienyachten aufmerksam gemacht wird, die für solide Bauqualität und gute Segeleigenschaften bekannt sind. Sie sind als Gebrauchtboote oft günstig zu kaufen und oft in ihrer Struktur und Substanz so gut, dass es sich lohnt, sie mit etwas Eigenarbeit auch optisch wieder in Bestzustand zu bringen.
Neben diesen »modernen Klassikern« in GFK-Bauweise gibt es parallel dazu in einer anderen Nostalgie-Nische die Szene der Holzbootsegler. Eingefleischte Idealisten scheuen weder Kosten noch Mühe, alte Holzboote in gut besegelbarem Zustand zu halten, zu restaurieren oder gar neue Boote nach alten Plänen zu bauen. Das ist nicht jedermanns Sache, denn der Arbeitsaufwand ist häufig doch immens. In Norddeutschland sind beispielsweise die Museumshäfen in Flensburg und Oevelgönne Brennpunkte dieser Szene. Dass diese Schiffe nicht nur nostalgisch gepflegt und zur Schau gestellt, sondern tatsächlich auch ambitioniert gesegelt werden, beweist sich alljährlich auf verschiedenen Regatten: Zu nennen sind in diesem Zusammenhang zum Beispiel in Deutschland die Rum-Regatta auf der Flensburger Förde, in England die Falmouth Classics oder in Frankreich die Semaine du Golfe du Morbihan.
In den Segelmedien liest man recht viel über High-Tech-Regatten auf den Weltmeeren wie beispielsweise dem Vendée-Globe-Rennen, einhand und nonstop um die Welt, mit Schiffen, deren Bauweise und Ausrüstung in jeder Hinsicht das höchste Maß an moderner Technik darstellen. Interessant ist, dass es aber auch dazu inzwischen seit dem Jahre 2018 eine im zweijährigen Zyklus gesegelte »Gegenveranstaltung« gibt: das »Golden Globe-Race«. Es handelt sich zwar ebenfalls um eine Einhand-um-die-Welt-Regatta, allerdings auf Booten und mit einer Ausrüstung, wie sie vor einem halben Jahrhundert zu Zeiten von Bernard Moitessier und Robin Knox-Johnston gesegelt wurden. Auch die Navigationstechnik darf technisch nicht anders sein als die von 1968: Sextant, Chronometer, Logge, Barograph, Kompass, Echolot, Papier, Bleistift. Elektronische Hilfsmittel, welcher Art auch immer, sind nicht zugelassen (zu den nicht-elektronisch unterstützten Navigationsmethoden, wie sie für einen Fahrtensegler interessant sind, der mehr Naturnähe sucht, mehr in Kapitel 3).
Vielleicht meint der eine oder andere Leser nach der Lektüre dieses ersten Kapitels, dass hier ein zwar erfahrener, aber griesgrämiger alter Segler frustriert über die moderne Seglerwelt herzieht und seinen Blick nur noch nostalgisch zurück richtet. Dass dem keineswegs so ist, soll in den Kapiteln 3 bis 6 deutlich werden. Denn dort werde ich konstruktiv zeigen, wie naturnäheres, weniger von Elektronik geprägtes und damit unabhängigeres Fahrtensegeln nicht nur machbar und gut finanzierbar ist, sondern auch wirklich mehr Segelspaß bringen kann als »modernes Konsumsegeln«.
Doch sollen zuvor im nächsten Kapitel ein paar Überlegungen angestellt werden, warum wir überhaupt segeln gehen.

2. Warum segeln wir eigentlich?

Thomas war zu einem Wochenendtörn auf der Ostsee eher zufällig eingeladen worden und hatte dabei Geschmack am Segeln gefunden. Er war begeistert von der Erfahrung, wie schnell man auf dem Wasser – zumindest vorübergehend – den Alltagsstress hinter sich lassen konnte; begeistert von dem Gefühl, nur vom Wind angetrieben, ein in einem natürlichen Rahmen gesetztes Ziel erreichen zu können. Er abonnierte eine Segelzeitschrift und schnell wurde der Segelvirus so wirksam, dass er sich entschloss, als Greenhorn an einem Kojenchartertörn auf den Kanaren teilzunehmen. An Bord bemerkte er aber recht schnell, dass ihm doch die Kompetenzen fehlten, um effektiv als Crewmitglied eingesetzt werden zu können. Und so entschloss er sich, den Sportbootführerschein und den SKS-Schein abzulegen. Er lernte Gleichgesinnte kennen, mit denen er im Laufe der Zeit einige Törns auf der Ostsee und im Mittelmeer als Crew auf verschiedenen Charterbooten segelte. Inzwischen gelangen ihm sogar immer häufiger Hafenmanöver als Rudergänger und so reifte langsam der Wunsch in ihm, irgendwann einmal selbst als Skipper

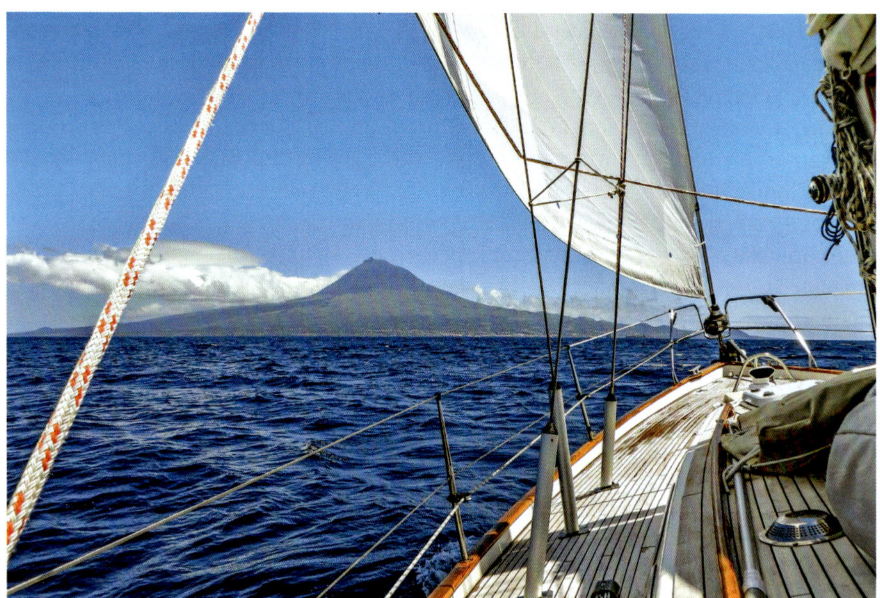

Segelgenuss mit allen fünf Sinnen statt Displayherrschaft.

eine Yacht zu führen. Der Wunsch konnte schneller als gedacht in die Realität umgesetzt werden, denn er machte eine Erbschaft, die es nicht nur ermöglichte, die Restschulden seines Eigenheims mit einem Schlag zu tilgen, sondern es blieb sogar noch genug übrig für die Anschaffung einer mittelgroßen Segelyacht.
Aber damit begannen die Konflikte. Was für ein Schiff sollte er sich für die zur Verfügung stehenden 90.000 Euro kaufen? Eine nagelneue 34 Fuß Oceanis, mit der Erwartung, keine Probleme mit unzuverlässigem Motor, rotten Segeln und veralteter Ausrüstung zu bekommen? Oder eine 25 Jahre alte Hallberg-Rassy 36? Bekanntermaßen ein sicheres, wertstabiles Schiff, in der Regel von gewissenhaften Eignern penibel gepflegt, aber eben doch ein Vierteljahrhundert alt. Oder gar eine richtig geräumige, vielleicht 10 Jahre alte, 14 m lange Sun Odyssey 45, die umfassend ausgerüstet und vielleicht in ihren besten Jahren ist?
Seine Frau Susanne tendierte zu dem nagelneuen 34-Fuß-Schiff, vor allem wegen des hellen, modernen Interieurs und der Sauberkeit. Schließlich sollten die Wochenenden an Bord keine Putz- und Reparaturveranstaltungen auf einem alten Kahn werden, sondern der Erholung dienen. Thomas selbst hatte – unausgesprochen – bereits einige weiter gesteckte Reiseziele im Hinterkopf und träumte im Stillen eher von einem stäbigen skandinavischen Reiseschiff mit Hochseeausrüstung um die 40 Fuß. Doch wurde nach seinem ersten Eindruck sein Budget damit überzogen. Die Kinder, 15 und 16 Jahre alt, würden gern Freunde mit aufs Boot einladen und waren daher eindeutig für die große 45-Fuß-Yacht mit den zwei großen Achterkabinen.
Die Entscheidung wurde vorerst aufgeschoben. Die Familie einigte sich darauf, vor der Kaufentscheidung in jeder der drei in Frage kommenden Bootsgrößen zuvor einen Chartertörn zu segeln.
Mit der Segelwoche als Familie auf einer tatsächlich nagelneu in die Charterflotte übernommenen 34-Fuß-Yacht in Kroatien begann eine steile Lernkurve: Schon der erste Eindruck war zwiespältig. Zwar war das Schiff schick und sauber, aber in den Kabinen roch es intensiv nach Styrol, einem Lösungsmittel, das sehr langsam aus dem Polyester eines neu gebauten Rumpfes ausdampft. Dies sei normal, meinte der Vercharterer, schließlich sei die Yacht brandneu. Lüftung half ein wenig, aber als es dann zwei Tage regnete und damit die Belüftung schwierig wurde, war es drinnen kaum auszuhalten. Schließlich wurde das Wetter besser, der Wind frischte auf und endlich konnte ein längerer Schlag gesegelt werden, aber echter Segelspaß kam dennoch nicht auf: Die Doppelruderanlage war sehr schwergängig, die Genua konnte hoch am Wind nur von einem Muskelprotz dichtgeholt werden, weil die Winschen in Bezug zur großen Segelfläche viel zu klein waren, und als dann in einer Böe die Hälfte der im Salon verstauten Sachen durch die Gegend flog, weil bei der Krängung die Verschlüsse der luvseitigen Schapps aufsprangen, begannen die Zweifel, ob denn schick und neu immer auch gut ist. Immerhin brachten zwei ruhige Nächte vor Anker in einer wenig besuchten Bucht die erhoffte Entschleunigung, was man vom letzten Abend in der lauten, rappelvollen Marina nicht sagen konnte.

Im darauffolgenden Herbst wurde der zweite Versuch gestartet. Thomas hatte ein sehr attraktives Nachsaison-Charterangebot an der Côte d'Azur gefunden: eine etwa drei Jahre alte, 49 Fuß große Jeanneau mit vier Doppelkabinen, vier Nasszellen, einer riesigen Pantry. Insgesamt also richtig komfortabel für seine vierköpfige Familie, wenngleich doch ein bisschen groß. Aber ein befreundetes Seglerpaar ließ sich ebenfalls für den zweiwöchig geplanten Törn an der Côte d'Azur begeistern, was ja auch unter Kostengesichtspunkten von Vorteil war. Vor dem Törn hatten sich alle zusammengesetzt, ihre Wünsche und Erwartungen an den Törn besprochen und überlegt, wie denn alle Erwartungen unter einen Hut gebracht werden könnten. Thomas hielt sich erst einmal zurück mit seinem Wunsch, bis nach Korsika und zurück zu segeln, denn er wollte nicht gleich einen Konflikt riskieren. Die anderen waren sich einig, dass sie ganz entspannt die Küste entlang zwischen Toulon und Cannes segeln und abends in der Regel in einer Marina übernachten wollten. Eventuell zwischendurch ein paar Ankernächte in den Iles d'Hyères vor Porquerolles oder Port-Cros. Thomas fand diese Planung in Ordnung, erwähnte allerdings dann doch beiläufig, dass bei zwei Wochen Charterzeit vielleicht – günstige Wetterlage vorausgesetzt – auch ein kleiner Sprung nach Korsika und zurück machbar wäre. Als besonderen Köder, adressiert in erster Linie an seine Tochter und seinen Sohn, erwähnte er, dass in diesem Seegebiet zeitweise Pottwale gesichtet worden seien. Ein echtes Naturerlebnis im Blauwasser. Doch auch ohne Worte war aus der Mimik der beiden Frauen zu entnehmen, dass dies für sie wohl keine Priorität haben würde.

Die ersten drei Törntage verliefen zur Zufriedenheit von Crew und Skipper. Gutes Wetter, entspanntes Sonnensegeln, keine technischen Probleme und gutes Essen abends im Hafenrestaurant. Und als die Crew nach zwei sternenklaren Ankernäch-

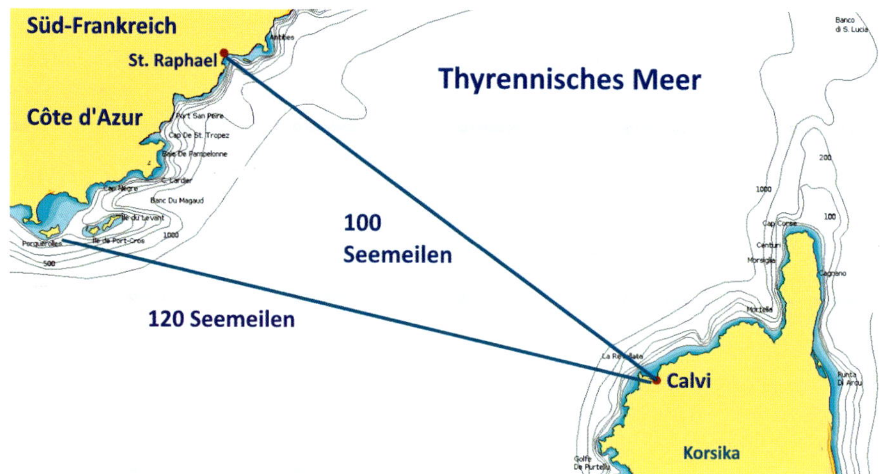

Von der Côte d'Azur nach Korsika.

ten vor Port-Cros nach wie vor gut gelaunt war, prüfte Thomas insgeheim für sich die Großwetterlage unter dem Gesichtspunkt, ob der Wind denn günstig bleiben würde für den 120-Meilen-Schlag bis Calvi auf Korsika. Die Isobarenkarten von Wetterzentrale.de machten Mut: Eine stabile Hochdrucklage über dem westlichen Mittelmeer war ein starkes Argument. Und mit Mistral war – zumindest in den folgenden sechs Tagen – nicht zu rechnen. Also aktivierte Thomas all seine rhetorischen und diplomatischen Fähigkeiten, erklärte der Crew die Großwetterlage und schaffte es mit einer überzeugenden Beschreibung der attraktiven historischen Altstadt von Calvi und den Naturschönheiten des Golfes von Porto tatsächlich, dass sein Vorschlag ohne Diskussion angenommen wurde. Das Wecken zwei Stunden vor Sonnenaufgang passte nicht so ganz in das Erholungskonzept eines Teils der Mannschaft, aber so würde es möglich sein, nur etwa eine bis zwei Stunden nach Sonnenuntergang in Calvi anzukommen. Thomas war begeistert. Das Marina-Badesegeln hatte erst einmal ein Ende und wurde endlich durch richtiges Seesegeln ersetzt. Leider bekam seine Segelbegeisterung schon auf der Hälfte der Strecke bis Korsika einen deutlichen Dämpfer durch die Tatsache, dass Sohn und Tochter und auch die zwei Segelfreunde recht arg seekrank wurden. Aber der »Point of no return« lag im Kielwasser und so wurden die verbleibenden 50 Meilen eben leidend ertragen. Drei der vier Seekranken hätten sich gern im Cockpit oder auch im Salon, nahe am Drehzentrum des Schiffes, lang gemacht, doch im Cockpit war in Lee und geschützt nahe am Niedergang unter der Sprayhood nur für einen Platz. Im Salon unter Deck gab es ärgerlicherweise auf der Leeseite überhaupt keine Koje, denn da war die Pantry in Längsrichtung eingebaut. Und von der Sitzbank in Luv würde der Ruhesuchende in der nächsten höheren Welle herunterfallen. Dass es keine Leesegel auf dem Charterschiff gab, war nicht weiter verwunderlich. Der Gang zur Toilette ist bei bewegter See nicht immer ganz einfach, denn gerade auf großen Yachten gibt es zwar viel Platz im Salon, nur leider kaum Möglichkeiten, sich festzuhalten. So holten sich denn auch beim Gang zum Örtchen einige Crewmitglieder etliche blaue Flecken, denn die Ecken von Tisch, Sitzbank und Pantry waren zwar markant mit schicken Leisten rechtwinklig eingefasst, nur leider nicht genügend abgerundet.

Immerhin ermöglichte die tatsächlich sich stabilisierende Schönwetterlage zwei phantastische Tage und Nächte in den malerischen Buchten der Nordwestküste Korsikas, aber der Gedanke an die Rückfahrt lag einem Teil der Mannschaft quer im Magen. Was sich leider auch auf die Bordatmosphäre auswirkte.

Der 100-Meilen-Blauwasserschlag zurück nach Saint-Raphael gestaltete sich dann aber zum Glück doch entspannter als befürchtet, denn der Wind war schwach, der Seegang hatte nachgelassen, und es waren zwar keine Wale zu sehen, wohl aber ein gutes Dutzend Delphine, die stundenlang die Yacht begleiteten und die Besatzung bei guter Laune hielten. So waren kurz vor Mitternacht mit belegten Festmachern doch alle wieder voll zufrieden und durchaus auch etwas stolz auf ihre erste Blauwasserfahrt. Der Abstecher nach Korsika hatte aber doch gezeigt, dass

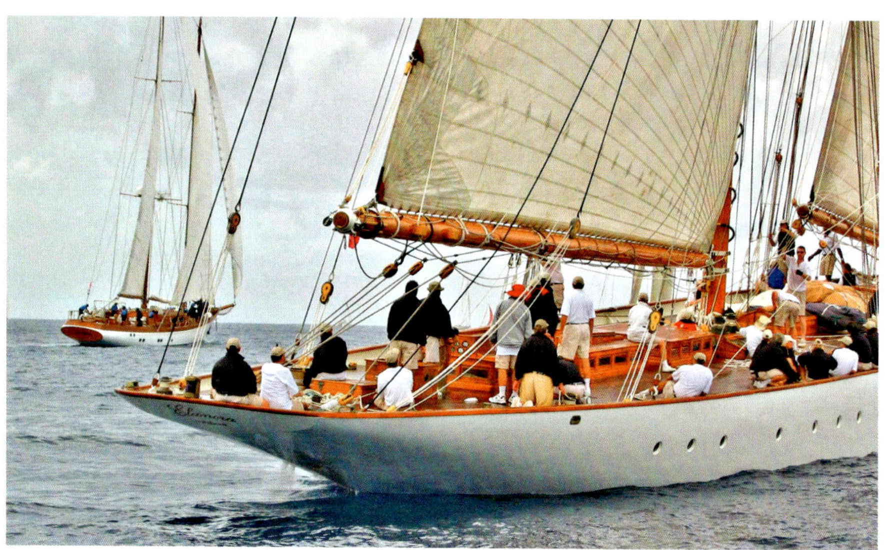

Klassische, perfekt restaurierte Yacht.

die unterschiedlichen Erwartungen an den Törn die Bordatmosphäre zeitweise sehr belasten konnten.

Ein Höhepunkt ganz anderer Art zeigt sich am nächsten Tag in der Bucht von Saint-Tropez: Drei majestätisch große, aber durch die langen Überhänge dennoch elegant schlanke Yachten mit gigantischem Rigg, ziehen dicht beieinander segelnd erhaben durch die Bucht: Endeavour, Ranger und Shamrock V, ehemalige America's-Cupper von Camper & Nicholsons aus den 30er-Jahren, die jedem historisch interessierten Seesegler Tränen in die Augen treiben.

Als ob Rasmus unserer Chartercrew zum Abschluss doch noch einmal zeigen will, wer denn eigentlich das Sagen hat auf See, verkündet Météo France am vorletzten Abend über den UKW-Seewetterbericht eine Starkwindwarnung – klassische Mistral-Lage: Zwischen einem Tief über dem Golf von Genua und einem sich verstärkenden Hoch über den Balearen sind 7–8 Bft., evtl. Böen mit 9 Bft. aus Nord für übermorgen und die folgenden Tage angesagt. Das hätte die Stimmung zum Törnende garantiert verhagelt.

Aus der Geschichte wird deutlich, wie verschieden die Motivationen sein können, in der Freizeit zur See zu fahren. Wenngleich es natürlich zahlreiche weitere Gründe gibt, vom Landlebewesen zum temporären Wasserbewohner zu wechseln.

Die Segler teilen sich selbst gern in zwei Kategorien ein: die Fahrtensegler und die Regattasegler. Während die Letzteren die sportlich-konkurrenzorientierte Auseinandersetzung auf geschwindigkeitsoptimierten Booten suchen, bevorzugen es die Fahrtensegler – und um die geht es in diesem Buch in erster Linie – in entspannter Haltung zur See zu fahren.

Kontrast zum stressigen Alltag

Es müssen nicht gleich in etwas plakativer Weise Begriffe wie »Freiheit der Meere« oder »Kampf mit den Naturgewalten« in den Vordergrund gestellt werden. Ein Großteil der Freizeitsegler sucht zuerst einmal einfach Stressabbau und Entschleunigung. Die Gedanken des Landes bleiben an Land. Er und sie nutzen das Boot in erster Linie für einen radikalen »Tapetenwechsel«, um gedanklich das oft stressige Alltags-Landleben hinter sich zu lassen. Das beginnt schon mit der Törnplanung. See- und Hafenhandbücher werden gelesen, Wetterberichte analysiert und Ausrüstungslisten gecheckt. An Bord wird anschließend der direkte, positiv erlebte Zusammenhang zwischen Törnvorbereitung, Tätigkeit als Skipper oder Crew und erfolgreich gesegeltem Törn erkennbar. Ganz im Gegensatz zum oft durch Entfremdung geprägten beruflichen Alltag vieler Menschen.

Leider wird dieses positive Erlebnis hin und wieder durch technische Pannen oder menschliche Probleme in der Crew etwas getrübt. Doch diese Risiken lassen sich minimieren: Je mehr komplexe Technik an Bord verbaut ist, umso höher ist auch das Risiko des Nicht-Funktionierens. Die Forderung nach funktioneller Einfachheit in der Konzeption des Bootes genauso wie bei der Ausrüstung ist daher einleuchtend. Bezüglich des Konfliktrisikos in der Crew ist ebenso klar, dass dies mit der Crewgröße steigt. Also kurz gesagt: einfaches Boot und kleine Crew.

Realität gestalten und erleben

Unser Leben ist immer stärker von abstrakten, zum Teil rein virtuellen Vorgängen oder Tätigkeiten geprägt. In Zukunft noch stärker als heute schon. Künstliche Intelligenz wird uns in manchen Bereichen Analysen und Entscheidungen abnehmen oder sogar aufzwingen. Demnächst werden wir »autonom« Auto fahren. Das Entscheiden und die Verantwortung werden dem Computer übergeben.

Nur wenige Menschen haben das Glück, selbst entscheiden zu können, was sie wie wann tun wollen. Und das Produkt ihrer beruflichen Arbeit wird nicht mehr direkt erlebt. Positive oder negative Konsequenzen des eigenen Handelns sind oft nicht mehr für den Handelnden erkennbar. Der Tischler, der einen Schrank baut, sieht sofort die Konsequenzen jeder seiner Handbewegungen. Hingegen erlebt der Bankangestellte, der am Computer Buchungsstatistiken auswertet, in der Regel weder kurz-, noch mittel- oder langfristig die Auswirkungen seines Handelns. Das ist beim Segeln in der Tat anders.

Auf dem Segelboot ist das Verhältnis zwischen ausgeführter Tätigkeit und sich daraus ergebender Konsequenz, positiv wie negativ, in der Regel sehr direkt erlebbar: Die frühzeitig getroffene Entscheidung, beim Heraufziehen einer dunklen Wolkenwand am Horizont ein zweites Reff einzubinden, wird direkt belohnt mit angenehmerem Segeln im Starkwind. Was aber natürlich auch andersherum gilt: Der Skipper, der sich naiv optimistisch sagt »Es wird schon gutgehen!«, um so lange wie möglich das Geschwindigkeitspotenzial des Schiffes auszureizen, wird höchstwahrscheinlich von der Natur bestraft. Denn wenn erst einmal die ersten Regen-

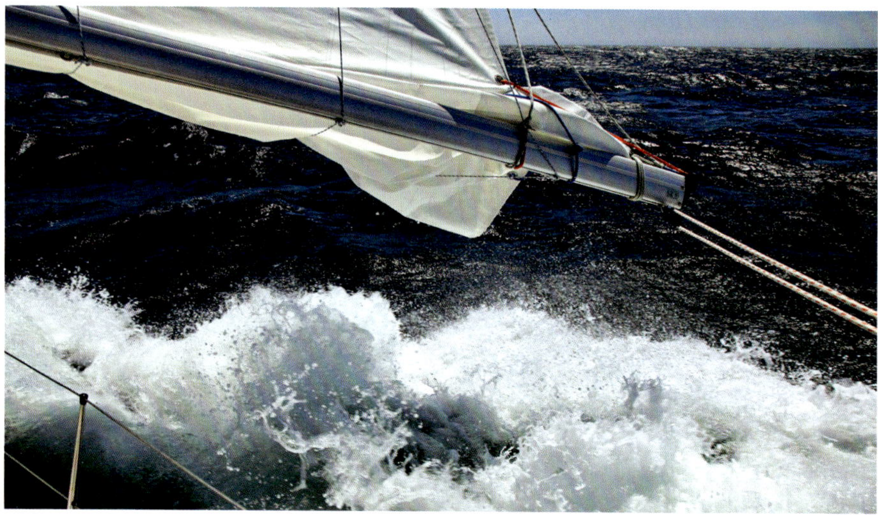

Reff 2 im Groß bei Starkwind auf hoher See.

böen mit 7 oder 8 Bft. ins Rigg einfallen und die bis dahin voll gefahrene Segelfläche unter Starkwindbedingungen reduziert werden muss, wird es in der Regel stressig. Nicht selten funktioniert dann die meist so hoch gelobte, mit allen Leinen ins Cockpit geführte Refftechnik plötzlich nicht mehr, weil irgendeine Leine in der fliegenden Gischt an einem Umlenkblock einen Kinken gebildet hat und somit ein Crewmitglied in der schweren See ohne Routine an Deck muss, um das Reff einbinden zu können. Hoffentlich hat er seinen Lifebelt eingepickt!
Segeln bedeutet, die Situation selbst zu analysieren, die Handlungsmöglichkeiten selbst einzuschätzen, die der Situation angemessene Handlung selbst zu entscheiden, diese selbst auszuführen oder durch die Crew ausführen zu lassen und dann schließlich auch für die richtige oder falsche Entscheidung sehr schnell und direkt von der Natur und dem Bootsverhalten belohnt oder bestraft zu werden.
Wer segeln geht, will Realität erleben. Virtuelles haben wir an Land genug um uns herum ...

Die ästhetische Seite des Segelns

Viele Fahrtensegler suchen in erster Linie Naturnähe. Ruhe und Entschleunigung vom Alltag in einer nur wenig vom Menschen geprägten Umgebung sind wesentliche Ziele. Ein einsamer Ankerplatz ist ihnen mehr wert als eine an Infrastruktur reiche Marina mit Duschen und Shoppingmeile. Und wenn der Wind abflaut, wird nicht gleich der Motor gestartet, sondern mit der größtmöglichen Segelfläche möglichst lange auch der letzte Hauch von Wind genutzt, um weiterzukommen. Auch wenn es nur noch mit 1–2 Knoten weitergeht. Allerdings nicht aus öko-

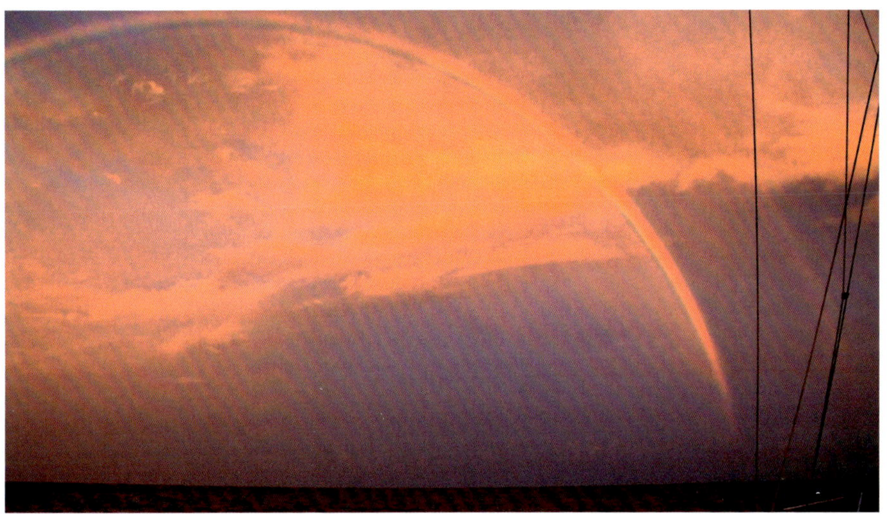

Imposanter Regenbogen auf See kurz vor Sonnenuntergang.

nomischen Gründen, sondern aus der ästhetischen Freude an der Bewegung des Segelbootes im Wind, sanft durch das Wasser zu gleiten oder auch kraftvoll hoch am Wind durch die hohe Windsee zu stampfen. Der Alptraum eines solchen Seglers sind Motorboote, die mit viel zu geringem Abstand bei Schwachwind vorbeidonnern.

Der Segel-Ästhet verfolgt die Veränderungen der Wolkenformationen nicht nur, weil sie Aufschluss geben über die Wetterentwicklung, sondern auch – und vielleicht sogar in erster Linie – in einer Art kontemplativer Meditation, weil er sie einfach schön findet. Genauso erlebt und genießt er das bewegte Gleiten durch die See, die Wellenbilder und die Lichtreflexionen an der Wasseroberfläche. Lichterscheinungen sind ohnehin ein ganz wesentliches Erlebnismoment auf See. Der Halo-Ring um die Sonne herum als Hinweis auf höhere Luftfeuchtigkeit in der oberen Atmosphäre ist auch ohne meteorologisches Hintergrundwissen ein Augenschmaus. Und wer sieht schon an Land einen vollständigen Halbkreis als Regenbogen? Auf See ist das keine Seltenheit. Nach manch einem kräftigen Regenschauer in der Ferne kann ein Wassersportler sogar manchmal einen doppelten Regenbogen sehen. Und für Segler mit Sinn für die Schönheit der maritimen Umgebung ist kein Sonnenuntergang wie ein anderer. Es gibt sogar Segler, die sammeln Sonnenuntergangsfotos.

Apropos Schönheit: Seltener unter den Charterseglern, aber umso verbreiteter unter den Eignern ist natürlich der Genuss beim Betrachten des eigenen Bootes. »Was ist das doch für ein schönes Boot!«, sagt sich insgeheim so manch ein Segler, wenn er mit dem Beiboot von Land zurückkommt und sein Boot aus einigen Metern Abstand bewundert. Da darf das ganz spezielle Holzpflegemittel für die Zierleisten auch gern mal etwas teurer sein ... Und wo kann man sein eigenes Schiff am besten aus allen Perspektiven betrachten? Natürlich an einem ruhigen Ankerplatz.

Nur mit der Ruhe gibt es dort leider ein zunehmendes Problem. Die Zahl der Ankerbuchten ist nun mal begrenzt. Hingegen scheint die Zahl der Boote auf dem Wasser in manch einem beliebten Revier fast grenzenlos zu steigen. Darüber hinaus sind speziell im Mittelmeer in der Hochsaison die Marinapreise derartig hoch, dass sich viele Segler oft für das Übernachten vor Anker entscheiden. Dummerweise berücksichtigen viele dabei aber nicht, dass ein für das Wohlbefinden wünschenswerter Abstand zum Nachbarn eingehalten werden sollte. Ganz zu schweigen von alkoholgeprägten Ankerpartys, die manch eine Ankerreede in eine Diskothek verwandeln.

Segeln als gesellschaftliches Erlebnis

Nicht jeder Segler sucht Einsamkeit. Für manch einen kann Einsamkeit auf dem Boot sogar beunruhigende, ja bedrohliche Züge annehmen. Eine Einhand-Atlantiküberquerung ist mit Sicherheit nicht der Traum eines jeden Fahrtenseglers. Viele fühlen sich als Teil einer eingespielten Besatzung wohler als allein mit dem Skipper oder gar völlig allein und suchen an Bord wie auch im Hafen eher Geselligkeit. Segelvereine und Regatta-Veranstaltungen können dafür die gesuchte Umgebung bieten. Etwas überraschend erscheint allerdings in diesem Zusammenhang, dass trotz steigender Zahl von Segelscheininhabern die Mitgliederzahlen in vielen Segelclubs sinken. Es gibt einerseits immer mehr Segler, doch treten prozentual immer weniger in einen Segelverein ein, wenngleich der seglerische Gedanken- und Erfahrungsaustausch sicherlich in einem Segelclub mit Gleichgesinnten besonders leicht wäre. Eine Folge des Informationsangebotes im Internet?

Mit zunehmender Erfahrung und dem einen oder anderen Törn hinter den Horizont wächst in manch einem Fahrtensegler der Traum oder gar reale Wunsch nach einer Atlantiküberquerung. Doch erfordert eine solche mehrwöchige Ozeanreise langfristige, intensive Vorbereitung und ausreichende Kenntnisse und Erfahrung in Navigation und Seemannschaft sowie in Meteorologie, Motorenkunde und allgemeinen Reparaturarbeiten. Viele erfahrungsvermittelnde Jahre im Leben eines Seglers sind notwendig, um gut vorbereitet, autonom und verantwortungsvoll die große Ozeanreise zu bewältigen. Häufig lässt jedoch Berufstätigkeit und Familienleben dafür keine Zeit. Mit genau diesem Punkt im Blick hatte ein segelbegeisterter englischer Geschäftsmann im Jahre 1986 eine geniale Idee: Die Vorbereitungszeit auf eine Atlantiküberquerung muss durch wenige, aber konzentrierte Wochenendseminare drastisch reduziert werden und die Überquerung muss in Form einer Sicherheit suggerierenden Rally / Regatta als Gruppe gesegelt werden. Die ARC (Atlantic Rally for Cruisers) war geboren. Heute nehmen jährlich zwischen 200 und 300 Hochseeyachten an dieser Veranstaltung teil. Den Skippern wird angeboten,

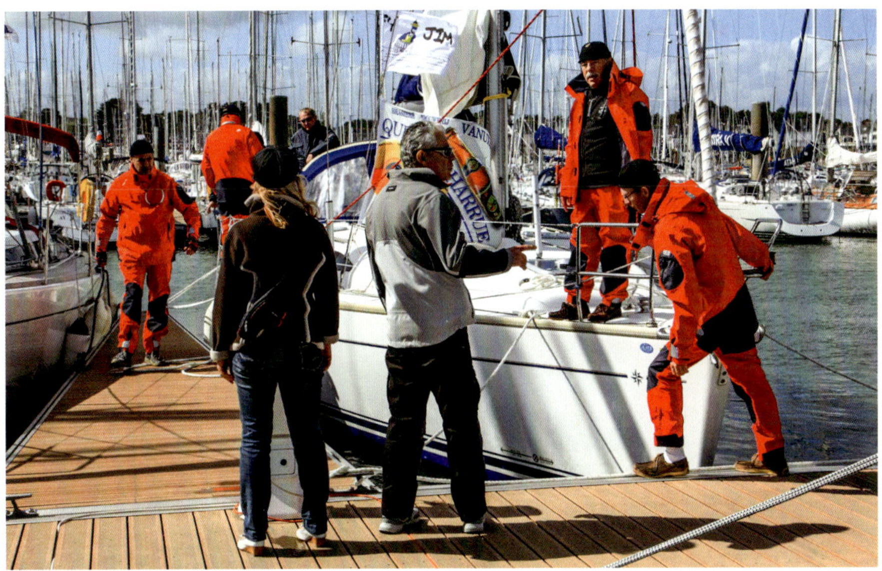

Segeln als »Social Event«.

die Vorbereitung auf die Gruppenreise in vier Wochenendseminaren zu den Themen Schiffssicherheit, Motorenkunde, Meteorologie und Kommunikation pragmatisch-konzentriert durchzuführen. Die Yachten müssen im Hinblick auf Größe und sicherheitstechnische Ausrüstung einen überprüften Standard erfüllen. Zudem gibt es vor und nach der Atlantiküberquerung ein unterhaltsames Rahmenprogramm von Landausflügen und Partys. Der Transatlantiktörn wird in zwei Gruppen gesegelt: einerseits die Cruiser mit Familiencrew und andererseits die regatta-ambitionierten Racer. Dass das Ganze seinen Preis hat, versteht sich ...

Unter den teilnehmenden Familiencrews wird als Hauptmotiv für die Teilnahme gern betont, dass die ARC während der Überquerung mehr Sicherheit biete, weil man ja nicht allein segele und über UKW-Funk oder Satellitentelefon ständig jemand in der Nähe erreichbar sei. Ob es sich dabei nicht eher um eine Scheinsicherheit handelt, mag den Teilnehmern überlassen bleiben. Wie auch immer: Die gesellschaftliche Seite der Veranstaltung hat bei allen Crews Priorität: »A great social event!«

Zum Thema »social event« gehören leider auch ein paar Beobachtungen, die ich nicht vertiefen, aber zur kritischen Reflektion beispielhaft erwähnen möchte: Eine Yacht läuft in den Hafen ein. Nahe am zugewiesenen Liegeplatz wartet die Crew an Deck mit Fendern und Leinen in den Händen mehr oder weniger nervös auf die Anweisungen des Skippers. Auf dem Steg und im Cockpit der schon festgemachten Yachten gibt es zwar etliche Zuschauer, die auf die neue Episode im Hafenkino gespannt sind, doch gibt es allzu oft keine wohlwollenden, mitdenkenden Segler, die sich bemühen, der ankommenden Besatzung beim Festmachen am Steg zu helfen. Eine andere Beobachtung: Manch eine traumhafte Ankerbucht, manch ein beliebter Bootssteg verwandelt sich im Sommer abends in ein Klamauk-Theater, weil zu fortgeschrittener Stunde einige Crews unter zunehmendem Alkoholeinfluss ihre Geselligkeit rücksichtslos über die Nachbarschaft hinweg grölen müssen. Dass es neben den Partyseglern auch noch andere Crews gibt, Familiencrews, ältere Seglerpaare, die dieses rüde Verhalten meist mit grenzwertiger Toleranz hinnehmen, wird einfach ignoriert.

Die Suche nach Unabhängigkeit

Selbstverständlich ist Unabhängigkeit immer relativ. Auch der bestmöglich vorbereitete und perfekt ausgerüstete Segler lebt in gewissen Abhängigkeiten. Insbesondere in meteorologischer und ozeanographischer Hinsicht. Wind, Gezeiten, Seegang, Sicht, aber auch Zollvorschriften, administrative Vorgaben - vieles wirkt auch im Leben eines Seglers begrenzend. Nicht zuletzt auch die eigenen seglerischen und navigatorischen Fähigkeiten sowie die Konstruktion des gesegelten Schiffes. Dennoch vermittelt der Segelsport und insbesondere das Ozeansegeln das Gefühl, in etwas mehr Selbstbestimmung zu leben. Grenzen, die die Natur dem Segler setzt, werden leichter akzeptiert als die von anderen Menschen gesetzten. Während im Alltag an Land meist nur geringe oder gar keine Möglichkeiten bestehen, die Einschränkungen an Unabhängigkeit zu verändern, bietet das Segeln mehr Gestaltungsfreiraum: Wahl des Bootstyps und der Ausrüstung, Entscheidungen im Hinblick auf Zeiteinsatz und Gestaltung des Törns, optimale Nutzung der Großwetterlage und vieles mehr. Selbstbestimmung heißt das Zauberwort und entwickelt sich zunehmend zu einem neuen Statussymbol im positiven Sinne.

In diesen Zusammenhang gehört auch die Maxime »My boat is my castle«: Autonomie in der Schutzburg, selbstverwaltete Zeiteinteilung, ich habe alles an Bord, was ich brauche, mein Schneckenhaus ist immer bei mir.

Viele Segler sind beseelt von dem Wunsch nach weitestgehender Unabhängigkeit. Dass diese nur mit einer zweckmäßig ausgestatteten Werkzeugkiste und einem gut sortierten Ersatzteillager an Bord erreicht werden kann, versteht sich von selbst. Doch muss der Skipper auch damit umgehen können. Selbstständiges Reparieren wird natürlich umso schwieriger, je komplexer die eingebauten technischen Systeme sind. Wem Ungebundenheit ein Leitmotiv ist - und das gilt wohl für die meisten Segler -, der wird versuchen, seinen Bootstyp und seine Ausrüstung so zu wählen, dass er möglichst selten Hilfe von Werften oder Reparaturbetrieben anfordern muss. Dies kann verständlicherweise nicht im Interesse der Bootsindustrie sein. Aber ist diese möglichst weitgehende Autonomie nicht gerade die Würze, die das Reisen unter Segeln so wertvoll macht?

Mit welchen Voraussetzungen, mit welchem Bootstyp, mit welcher Ausrüstung diese Eigenständigkeit erreicht werden kann, wird in Kapitel 3 erläutert.

Segeln als Herausforderung

Gerade im Segelsport ist das Spektrum an Aktivitätsmöglichkeiten extrem breit: Es reicht vom Sonntagsnachmittagsausflug mit der Jolle auf einem kleinen Binnensee bis zur Einhand-nonstop-Weltumsegelung von Ost nach West gegen die dominierenden Windsysteme. Jeder Segler sucht sich seinen eigenen Horizont. So wie in anderen Sportarten und Lebensbereichen der Fall ist, gibt es natürlich auch bei der Segelei einige, die ihre Herausforderungen etwas weiter hinter dem Horizont suchen als andere. Womit nicht unbedingt die Ozeanreise nach Grönland gemeint sein muss. Eine Umrundung von Irland auf einer Jolle, in Tagesetappen gesegelt, ist unter Umständen härter als die Überquerung des Atlantiks von Kanada nach Gibraltar auf einer 10-Meter-Yacht. Ihnen gemeinsam ist die Herausforderung, sich selbst ein nur mit hoher Anstrengung zu erreichendes Ziel zu setzen, mit hohem Einsatz die eigenen Grenzen zu suchen und – hoffentlich – am Ende die einzigartige Befriedigung zu erleben, wenn denn das selbstgesetzte Ziel erreicht wurde. »Selbstverwirklichung« wird manchmal etwas kritisch gesehen, weil sie nicht selten auf Kosten von Interessen anderer Mitmenschen erst möglich wird. Im Segelsport kann diese Selbstverwirklichung – sofern sie denn verantwortungsbewusst angestrebt wird – ohne Nachteile für andere erreicht werden. Problematisch wird die Sache dann, wenn hohe Risiken wissentlich eingegangen werden, weil man sich darauf verlässt, dass Rettungsdienste ja dank moderner Technik praktisch überall zur Verfügung stehen und im Fall der Fälle angefordert werden können. So segelten beispielsweise in den ersten Vendée-Globe-Einhand-nonstop-um-die-Welt-Rennen in den 90er-Jahren einige Regattasegler südlich der großen Kaps bewusst extrem weit nach Süden bis jenseits der statistischen Eisberggrenze,

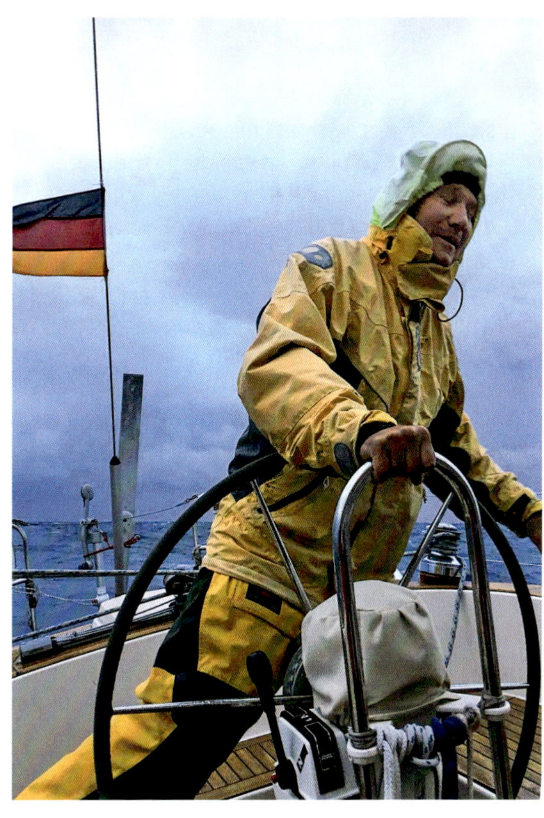

Seesegeln als Herausforderung.

denn dort ist der Kringel um die Erde etwas kürzer als weiter nördlich, was die Siegeschancen erhöht. Doch gab es auch immer wieder lebensbedrohliche Havarien mit Growlern (kleine Eisbergreste, die kaum aus dem Wasser herausragen). Schließlich wurde es den australischen und neuseeländischen Search-and-Rescue-Diensten verständlicherweise zu bunt und zu teuer, immer wieder unter hohem technischen Einsatz extrem risikofreudige Einhandsegler aus Lebensgefahr retten zu müssen. Die Behörden entschieden, in Zukunft die bei der Rettungsaktion tatsächlich entstehenden Kosten den Seglern (bzw. ihren Sponsoren) in Rechnung zu stellen. Seitdem werden diese Hochseerennen in den hohen Breiten der Südhalbkugel verpflichtend deutlich nördlich der Eisberggrenze ohne Havarien mit Eis gesegelt.

Ein verantwortungsbewusster Hochsee-Fahrtensegler wird seinen Bootstyp und seine Ausrüstung so auswählen, dass er ein Maximum an theoretisch möglichen Problemen auf See mit Bordmitteln selbstständig in den Griff bekommt. Die Seereise wird so geplant, dass das nie ganz auszuschließende Risiko, unterwegs in schlechtes Wetter zu geraten, statistisch möglichst klein gehalten wird. Dank Internet sind dazu heutzutage die Informationsmöglichkeiten über Wind-, Wetter- und Strömungsbedingungen weltweit und meist kostenlos abrufbar, sodass eine große Seereise auf der Grundlage wissenschaftlich erstellter Statistiken verantwortungsvoll geplant werden kann. Dass es in jeder Statistik Ausreißer gibt, ist davon unbenommen. Somit wird dank guter Informationssysteme »der Kampf mit den Naturgewalten« in der Weite des Meeres weitgehend kalkulierbar und das Suchen der eigenen Grenzen verantwortbar. Konkrete Tipps zu diesen Informationsquellen sowie zur Wahl des Bootes und dessen Ausrüstung finden Sie in den Kapiteln 3 und 6.

Das Boot als technisches Spielzeug

Segeln ist ein technischer Sport. Je nach Bootstyp und Segelprogramm werden mehr oder weniger technisch ausgefeilte Systeme eingesetzt, die es zu beherrschen gilt. Und es gibt durchaus Segler, die von moderner Technik und deren Gebrauch stärker fasziniert sind als von einer Planung für eine lange Seereise. Die Technik wird zum Selbstzweck. Aber warum eigentlich nicht? Schließlich geht es in erster Linie darum, in der Freizeit vom Alltag auszuspannen, etwas völlig anderes als an Land zu tun und dabei möglichst viel Spaß zu haben. Wenn das denn beim Einbau eines NMEA-vernetzten Systems zwischen Kartenplotter, Lot, Logge, Windmessanlage, Autopilot, AIS-Transponder, Radar, Sonar, Verbrauchsmessern für Wasser und Diesel und Warnmeldern für Fehlfunktionen erreicht wird, erfüllt es ja auch seinen Zweck.

Ich muss zugeben, dass auch ich in jedem Frühling mit dem gerade neu erschienenen Katalog eines großen Yachtausrüsters in der Hand durchaus Freude daran habe, zu schauen, mit welchem neuen Ausrüstungsteil oder »Spielzeug« ich mei-

nem geliebten Schiff - und natürlich auch mir selbst - eine Freude machen kann. Das Boot zur Befriedigung des Spieltriebes, um es verkürzt zusammen zu fassen. Und das ist nicht abfällig gemeint! Denn: »Jedem Tierchen sein Pläsierchen!«
Der Technikfreak wird in der Tat von der modernen Ausrüstungsindustrie umschwärmt und immer wieder mit neuen Ideen verwöhnt. Wem die Realität der maritimen Umgebung nicht reicht, dem wird neuerdings auch »Augmented Reality« (erweiterte Realität) geboten. Konkret: Eine Kamera an Deck wird an einen Kartenplotter angeschlossen, der auf der Grundlage eines hochpräzisen Navigations- und Seekartenprogamm die Perspektive der Kamera kombiniert mit den Informationen des Seekartenprogramms auf einem Bildschirm gemeinsam darstellt. Der Segler sieht also nicht nur die reale Fahrwassertonne, sondern, eingeblendet in das Bild, auch ihren Namen und ihre Lichterkennung bei Nacht. Natürlich lässt sich der Bildschirm durch eine spezielle Brille ersetzen, die statt der Sonnenbrille aufgesetzt wird. Reale und virtuelle Objekte, dreidimensional zueinander in Bezug stehend, werden kombiniert sichtbar. Dem Spaß an moderner Technik sind keine Grenzen gesetzt.

Die Liebe zum Schiff

Manch ein Segler scherzt: »Mein Boot ist meine zweite Frau.« Aber wenn man seine Frau dazu befragen würde, wäre die Antwort: »Nein, seine Erste!«

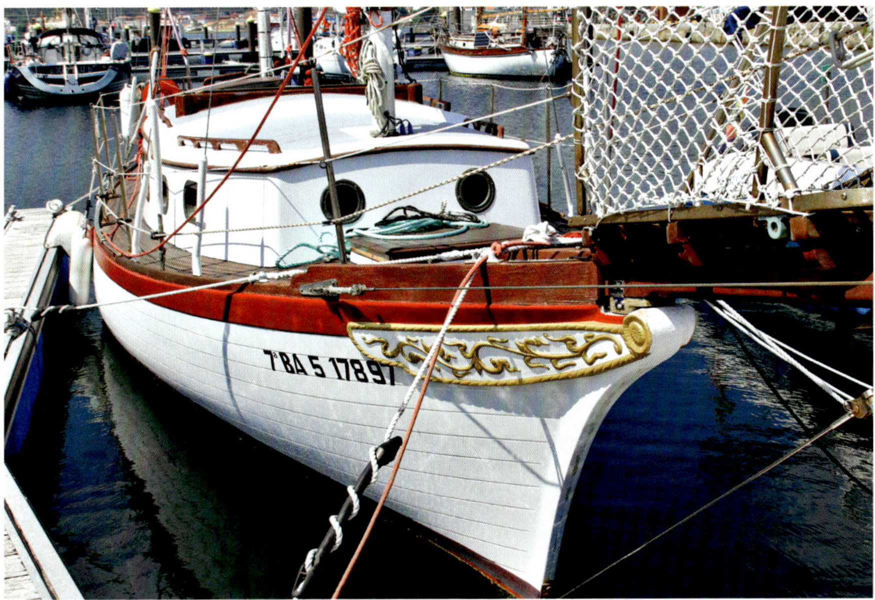

Die Liebe zum Schiff treibt manchmal interessante Blüten ...

In der Tat ist das Angebot der Yachtausrüster an Weihnachts- und Geburtstagsgeschenken für die schwimmende Lebenspartnerin annähernd unbegrenzt. Natürlich lässt es sich technisch gesehen irgendwie immer begründen, dass unbedingt das gerade neu auf den Markt gebrachte Radargerät tatsächlich gebraucht wird. Und auch das außerordentlich breite Angebot an Holzpflegemitteln, Polierpasten und Oberflächenversiegelungen kann problemlos konkurrieren mit dem Sortiment an Reinigungslotionen und Hautcremes einer mittelgroßen Parfümerie.
Das Schöne an einem Boot ist eben, dass der Eigner den Erfolg seiner Hingabe sofort sieht und er selbst entscheidet, was gefällt und was nicht. Zugegeben, eine etwas einseitige Liebe.

Segeln als Lifestyle

Zuletzt sei eine Motivation, segeln zu gehen, erwähnt, die weniger technisch, dafür umso gesellschaftlicher orientiert ist und die nicht zuletzt auch ökonomisch von Bedeutung ist. Segeln ist »in«, und zwar als Ausdruck eines Lebensstils mit hohem gesellschaftlichen Ansehen. Allerdings ist dieser Aspekt selten der primäre Grund, seine Freizeit auf dem Boot zu verbringen. Meist vermischt sich dies mit anderen, schon oben erwähnten Motivationen.
Dass diesem Aspekt von der Bekleidungsindustrie genauso wie von den Designern für den Innenausbau moderner Yachten besondere Beachtung geschenkt wird, ist nicht von der Hand zu weisen. Im Laufe von zwei Jahrzehnten hat sich nicht nur die dominierende Farbe der wasserfesten Segelbekleidung (früher sagte man »Ölzeug«) mindestens fünfmal geändert, sondern es werden sogar Handtaschen, Portemonnaies und Rucksäcke aus alten Segeln hergestellt und von Modehäusern erfolgreich verkauft. Und der Innenausbau der meisten Yacht-Neubauten orientiert sich in der Regel weniger an maritimer Tradition als an Loft-ähnlich gestylten Designerküchen und hellen Salons mit großen Fenstern an allen Seiten im Rumpf, auch nah an der Wasserlinie.
In speziell auf maritimen Lifestyle orientierten Magazinen wird das Leben auf einer Yacht in Text und Bild auf Hochglanz zelebriert.

3. Was braucht der Segler wirklich? Das primäre Ziel lautet: Unabhängigkeit!

Guadeloupe, Pointe-à-Pitre, April 2015:

Die Wasser- und Dieseltanks sind randvoll, vier Einkaufswagen mit Lebensmitteln unter Deck verstaut – und das Beste: Der Passat hat tatsächlich, so wie von Météo France vorhergesagt, auf Südost gedreht, sodass wir nicht gegen den Passat und seine hohe Dünung kreuzen müssen, um Kurs auf die Azoren zu nehmen. 2300 Meilen Blauwassersegeln liegen vor uns. Der Ventilator im Hafenbüro läuft auf Hochtouren, um die feucht-warme Karibikluft erträglich zu machen. Ein wenig ungeduldig warte ich darauf, endlich ausklarieren zu können. Ungeduldig, denn ich warte nun schon fast eine halbe Stunde wegen eines völlig entnervten englischen Seglers, der vor mir die Sekretärin als Übersetzerin voll in Beschlag nimmt. Er sucht einen Elektroniker, eine Werft, irgendjemanden, der ihm seine komplizierte Elektro-Ladetechnik an Bord reparieren kann. Eigentlich wollte er – wie wir – heute Morgen den günstigen Südostwind nutzen und gen Heimat in Richtung Azoren auslaufen. Im April ist es in den französischen Antillen eher selten, dass der Passat

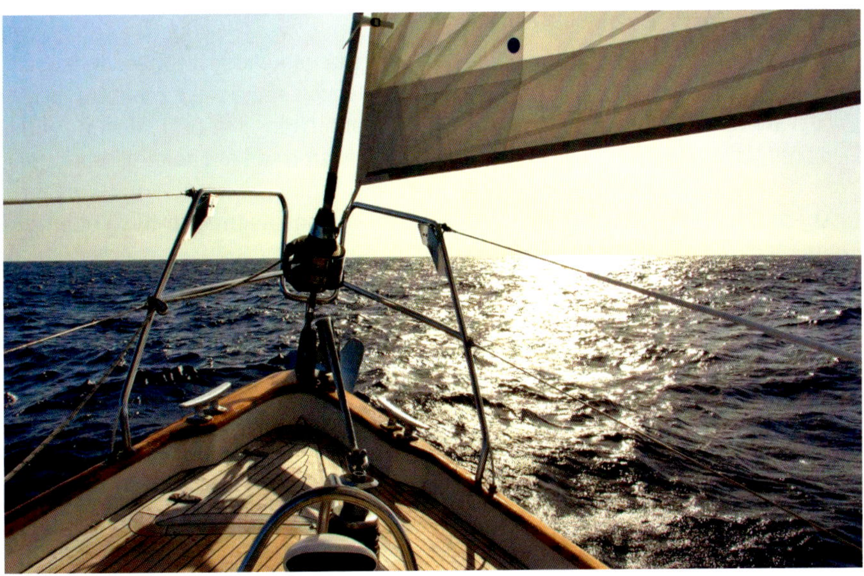

Auf der Suche nach mehr Unabhängigkeit hinter dem Horizont ...

für mehrere Tage auf Südost dreht. Für Segler mit Kurs Nordost ist dies deshalb ein höchst willkommenes Geschenk des Himmels. Nur als unser englischer Skipper heute Morgen seine Maschine startete, leuchteten völlig unerwartet gleich mehrere Warnlampen rot. Seine noch recht neue 14-m-Aluyacht ist mit allem ausgerüstet, was einem verkaufsmotivierten Yachtausrüster in den Sinn kommen kann. Mit durchgeschwitztem T-Shirt erklärt der Skipper, dass es irgendwo zwischen seinen zwei Lichtmaschinen, den vier Solarpanels, den zwei Windgeneratoren und den verschiedenen Ladereglern, über welche die drei Batteriebänke gespeist werden, ein elektronisches Problem gäbe, das im Moment nicht genauer lokalisierbar sei. Er möchte verständlicherweise nicht im Hafen liegend die selten günstige Wetterlage ungenutzt lassen, aber mit defekter Ladetechnik kann er nicht auslaufen. Sein elektrischer Autopilot braucht Strom, und weder er noch seine Besatzung sind willens oder in der Lage, das Schiff tagelang, nächtelang unter Segeln als Rudergänger die 2300 Meilen bis zu den Azoren auf Kurs zu halten. Am Telefon gibt es auch keine guten Nachrichten: Die ersten drei angerufenen Elektronik-Betriebe sind überlastet und können frühestens nach dem nächsten Wochenende einen Fachmann an Bord schicken. Und die vierte Firma wollte zurückrufen, hat es aber bisher nicht getan.

Irgendwann bemerkt die Sekretärin endlich, dass ich mit meinen Pässen hinter dem schwitzenden Engländer schon längere Zeit warte und schlägt netterweise vor, zwischendurch mein Ausklarieren zu erledigen. Eine Viertelstunde später werfen wir die Leinen los und trinken 17 Tage später, so wie es Tradition unter Atlantikseglern ist, in Horta auf den Azoren in Peter's Café Sport unseren langersehnten, eiskalten Gin-Tonic.

Die Azoren haben viel zu bieten, und so tingeln wir entspannt etwa zwei Wochen lang von Insel zu Insel bis Ponta Delgada, dem Haupthafen auf der Insel Sao Miguel, von wo wegen der guten Versorgungsmöglichkeiten meist die zweite, letzte Etappe des Heimweges zum europäischen Festland gestartet wird. Deshalb bin ich schließlich gar nicht so überrascht, auf dem Ponton im Hafen von Ponta Delgada unseren gestressten Engländer aus Guadeloupe wiederzutreffen. Trotz der erheblich größeren Rumpflänge seines Schiffes hat er mit seiner schicken, neuen Alu-Yacht 21 Tage bis zu den Azoren gebraucht – und damit vier Tage mehr als wir mit unserem 24 Jahre alten 12-m-Reiseschiff, denn er musste die ersten 800 Meilen gegen den Passat kreuzen. Die Reparatur seiner technisch hochentwickelten, aber für die Langfahrt in den Tropen viel zu komplizierten und damit empfindlichen Ladetechnik konnte erst vier Tage nach seinem großen Schweißausbruch beginnen, und es dauerte dann noch weitere drei Tage wegen fehlender Ersatzteile, bis er endlich ablegen konnte. Inzwischen hatte der Passat wieder auf Nordost gedreht, sodass unser entnervter Skipper anschließend tage- und nächtelang gegen eine hohe Atlantikdünung im Passat kreuzen musste.

Um Missverständnissen vorzubeugen: Es ist nicht beabsichtigt, in diesem Kapitel bedingungslos das Credo »Zurück zu den Wurzeln« zu predigen. Es soll auch nicht

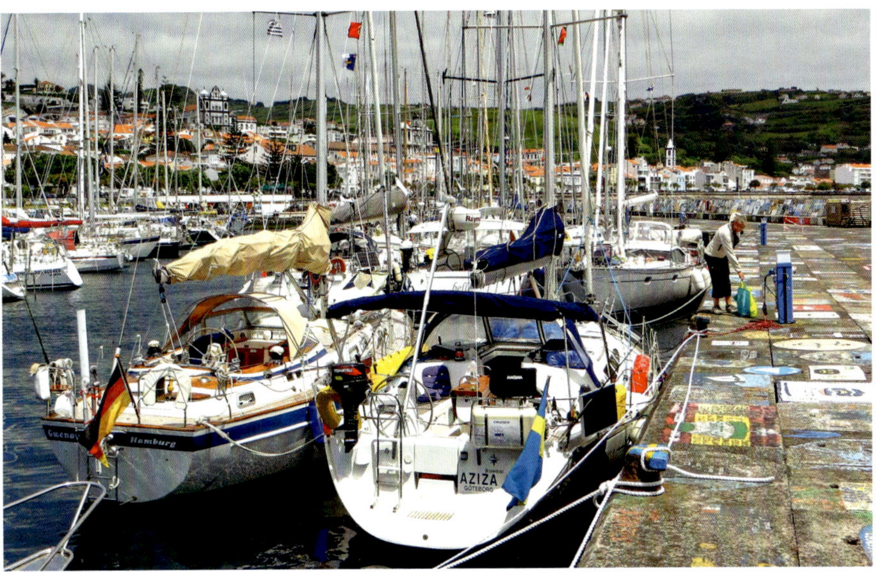

Den halben Atlantik im Kielwasser, festgemacht in Horta auf den Azoren.

das Leben und Segeln auf einem alten Holzboot mit leckenden Decksbalken, stinkendem Bilgenwasser, Petroleumlaterne und verschlissenen Baumwollsegeln verherrlicht werden! Auf keinen Fall wollen wir das Kind mit dem Bade ausschütten. Es geht nicht darum, den Wert der Elektrik oder gar die Vorzüge des GPS in Frage zu stellen. Doch gibt es seit vielen Jahren eine Tendenz, dem Segler den Eindruck zu vermitteln, dass man nur mit leichten, breiten Rümpfen, Laminatsegeln, Carbonmasten, elektrischer High-Tech-Ausrüstung und Kartenplotter am Steuerstand zufriedenstellend segeln kann. Aus der Interessenlage der Ausrüstungsindustrie heraus ist es selbstverständlich wünschenswert, dass immer neue Produkte auf den Markt gebracht und verkauft werden. Die Frage ist nur, ob aus der Perspektive des Seglers, der doch überwiegend Unabhängigkeit, Zuverlässigkeit und Zweckdienlichkeit als primäre Werte schätzt, die angebotenen Innovationen wirklich einen Vorteil für ihn bringen. Verallgemeinernd: Es darf nicht sein, dass die Technik den Menschen beherrscht. Der Mensch muss die Technik beherrschen. Die völlige Unabhängigkeit gibt es natürlich ebenso wenig wie die grenzenlose Freiheit. Aber dennoch beseelt die meisten Segler der Wunsch nach weitestgehender Unabhängigkeit. Dass dies nur mit einer gut gerüsteten Werkzeugkiste und einem gut sortierten Ersatzteillager an Bord geht, versteht sich von selbst. Doch muss der Skipper auch damit im Hinblick auf die eingebauten Geräte umgehen können. Und genau dies wird natürlich umso schwieriger, je komplexer die eingebauten technischen Systeme sind. Gute Ausrüstung sollte die Unabhängigkeit verbessern und nicht die Abhängigkeit von Servicebetrieben vergrößern!

Gerade jüngere, oft weniger erfahrene Segler haben es meist schwerer zu beurteilen, ob die Neuerungen in Yachtbau und Ausrüstung immer praxisorientiert sinnvoll sind. Sie sollten sich nicht von den verführerischen Exponaten auf Bootsmessen hypnotisieren lassen! Statt dem Zeitgeist hinterherzulaufen, ist es im Hinblick auf mehr Unabhängigkeit und mehr Segelspaß sicherlich förderlich, das Schiff und seine Ausrüstung im Hinblick auf Zuverlässigkeit, Zweckdienlichkeit und Autonomie auszuwählen. Reduzierung auf das Wesentliche ist hier die Maxime. Was brauche ich wirklich, was ist überflüssig?
Im folgenden Kapitel soll konkret beschrieben werden, wie sich das unter allen wichtigen Aspekten auf Zuverlässigkeit, Unabhängigkeit, Nachhaltigkeit und Wirtschaftlichkeit optimierte Fahrtenboot vom modernen High-Tech-Performance-Cruiser unterscheidet. Es soll in diesem Zusammenhang auch auf moderne Entwicklungen aufmerksam gemacht werden, die für Fahrtensegler keineswegs immer einen Vorteil bringen.

Der Rumpf

Der für den Fahrtensegler optimale Bootsrumpf kann nur ein optimierter Kompromiss sein. Die »eierlegende Wollmilchsau« wäre ein Schiff, das für Langfahrt ausreichend groß und komfortabel ist, mit guten Segeleigenschaften auf allen Kursen zum Wind segelt, viel Stauraum hat, möglichst wenig Tiefgang besitzt, und dabei mit ruhigen Bewegungen auch in schwerer See möglichst schnell segelt. Bei alledem soll es maximale Sicherheit im Schwerwetter genauso wie bei einer Kollision bieten. Leider schließen sich einige dieser Forderungen gegenseitig aus: Gute Höhe am Wind lässt sich nur mit relativ viel Tiefgang erreichen. Schnelles Segeln ist in der Regel eher mit einem leichteren Rumpf möglich, was aber wiederum ruhigere Bootsbewegungen auch in schwerer See ausschließt. Wer viel Stauraum will, braucht ein Schiff mit relativ viel Verdrängung und folglich einem großvolumigen Unterwasserschiff, denn die Stauräume sollten ja im Hinblick auf einen möglichst tiefliegenden Schwerpunkt auch möglichst tief unter der Wasserlinie liegen. Viel Verdrängung bringt aber wiederum mehr benetzte Fläche, was wiederum die maximale Geschwindigkeit reduziert.
Schaut man sich moderne Yachten aus Großserien unter diesen Gesichtspunkten an, fällt Folgendes auf: Die Schiffe sind relativ leicht, haben mittleren bis großen Tiefgang , sind über der Wasserlinie recht großvolumig und meist sehr breit, was für eine große Zahl an Kojen vorteilhaft ist, haben aber aufgrund ihrer geringen Verdrängung wenig Volumen unter der Wasserlinie. Sie segeln auf Halbwind- und Raumschotkursen recht schnell, haben hingegen Schwächen auf Amwindkursen, was oft dazu führt, dass am Wind gar nicht gesegelt, sondern direkt zum Ziel motort wird. Im Vergleich zur maximierten Kojenzahl haben sie aufgrund ihrer geringen Verdrängung (wenig Volumen unter Wasser) relativ wenig Stauraum und damit meist auch nur kleine Tanks für Wasser und Diesel. Kurz gesagt: Für den

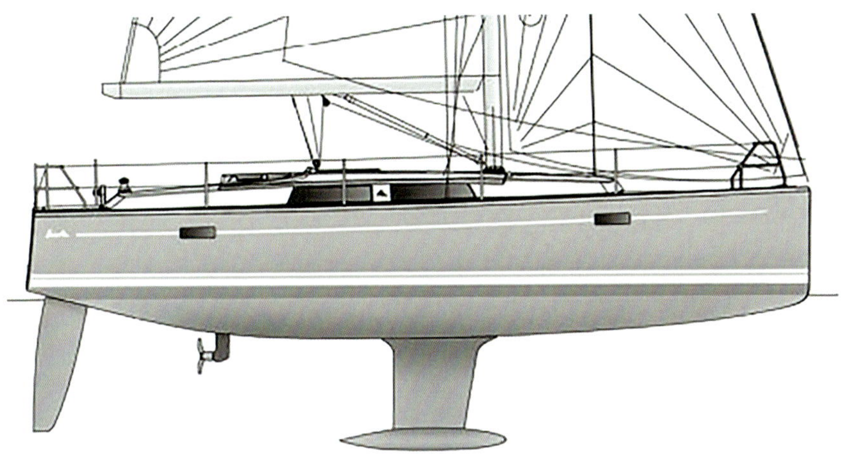

Moderner, flacher Rumpf mit T-Kiel.

Segler mit Reiseambitionen sind diese modernen Schiffe nicht optimal konzipiert. Der Fahrtensegler braucht gute Segeleigenschaften auf möglichst allen Kursen zum Wind, nicht nur raumschots. Er bevorzugt ein Boot mit nicht zu vielen Kojen, dafür aber mit viel Stauraum, denn er ist – im Gegensatz zu einer Chartercrew – oft länger als nur eine Woche unterwegs. Im Sommer vielleicht zwei bis drei Wochen, manch ein Glücklicher sogar monate- oder jahrelang. Somit braucht er einen Schiffsrumpf, der bei einer angemessenen, nicht zu großen Zahl von Kojen großzügig Stauraum bietet, der ein ausgeglichenes Längen-Breiten-Verhältnis hat und damit auch in grober See, auch am Wind, noch weich einsetzt.

Die elementare Frage dabei lautet: Wie groß sollte das Boot sein? »Small is beautiful?« oder eher »Big boat – big trouble«?

Auch wenn – zumindest anfangs – nur am Wochenende oder im Sommerurlaub gesegelt wird, hat doch fast jeder Eigner die größere Reise irgendwo im Hinterkopf. Das sollte auch bei der Entscheidung hinsichtlich der Rumpflänge berücksichtigt werden.

Schaut man sich in Häfen wie Kopenhagen, Cuxhaven, Saint-Malo, Falmouth, La Coruna oder Horta die Yachten der längere Zeit reisenden Crews an, zeigt sich, dass die meisten dieser Reiseschiffe um die 11–13 m lang sind. Die Crewgröße dieser Yachten liegt meist bei zwei, drei oder maximal vier Leuten. Auf größeren Yachten auch mehr, doch handelt es sich dann meist um Überführungstörns von Charteryachten, z.B. von der Wintersaison in der Karibik zurück ins Mittelmeer für die Sommersaison.

In der Tat liegt in vielerlei Hinsicht die für Langfahrt optimale Schiffsgröße für eine Crew von zwei bis vier Personen bei etwa 11–13 m bzw. zwischen 36 und 43 Fuß. Klein genug, um auch noch einen Liegeplatz in engeren Häfen zu bekommen und

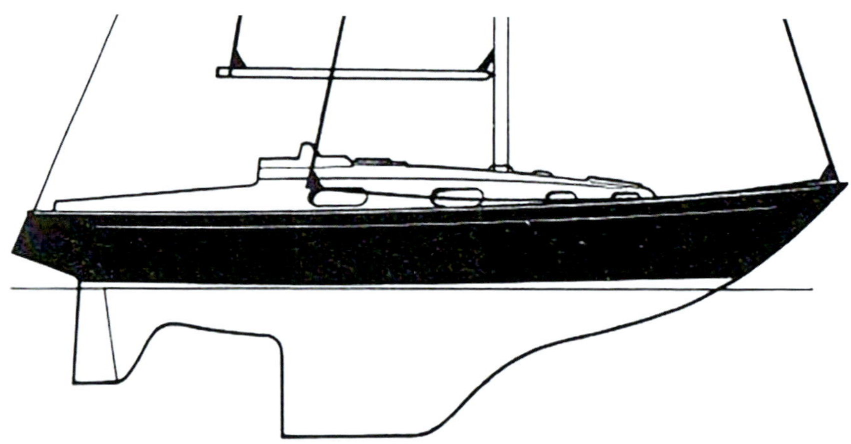

Rumpf mit gemäßigtem Kurzkiel (gebaut 1980er-Jahre bis heute) und Skeg vor dem Ruder.

groß genug für jede gut vorbereitete Seereise. Schaut man sich allerdings im Mittelmeer und in der Karibik die Fahrtenyachten an, fällt auf, dass in den letzten Jahren immer häufiger auch 45–50 Fuß Yachten auf großer Fahrt gesegelt werden. Doch Vorsicht: Der Spruch »Big boat – big trouble« hat seine Berechtigung. Und er gilt auch umgekehrt.

Es soll noch einmal betont werden, dass es noch vor etwa 10 Jahren völlig normal und bei entsprechender Vorbereitung auch sicherheitsorientiert völlig in Ordnung war, mit einem 35-Fuß-Boot den Atlantik zu überqueren. Und vor 30 Jahren waren auch lediglich 30 Fuß auf Langfahrt nichts Ungewöhnliches.

Mit Blick auf die Hafengebühren, die meist in vollen Metern gestaffelt sind, ist es nicht dumm, eine Schiffslänge von 10,90 m statt 11 m oder 12,95 m statt 13 m zu haben. Darüber hinaus ist zu bedenken, dass die Kosten für Unterhalt und Instandhaltung deutlich überproportional zur Schiffsgröße steigen. Ein 14-m-Boot kostet im Unterhalt grob doppelt so viel wie ein 11-m-Boot.

Eine kritische Randbemerkung: Nicht jede Yacht hat die Länge, die ihre Typenbezeichnung suggeriert. Manchmal »mogeln« einige Werften heutzutage mit dem Typennamen, indem sie ihr Produkt vom am Bug überstehenden Ankerbeschlag bis zur ausgeklappten Badeplattform am Heck messen und dann mit dieser Länge den Typ bezeichnen: So wird aus einer 36-Fuß-Yacht (nutzbare Rumpflänge) auf dem Messestand schnell eine 40-Fuß-Yacht.

Es kommt noch ein anderer Aspekt hinzu, der auf Langfahrt insbesondere in zivilisatorisch weniger entwickelten Ländern von Bedeutung werden kann: großes Schiff = reicher Mann. Der Kontakt mit Einheimischen ist – von Ausnahmen abgesehen – meist unkomplizierter und auch freundlicher, wenn man mit einem kleineren Boot kommt. Solange der »reiche Mann« mit der großen Yacht sich immer großzügig und freigiebig zeigt, gibt es keine Probleme, doch wenn das auf die

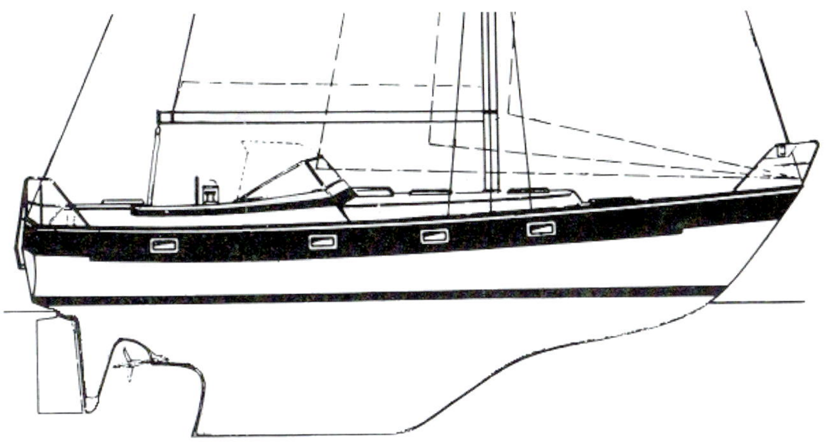

Rumpf mit gemäßigtem Langkiel (1980er-Jahre) und Skeg vor dem Ruder.

Dauer nicht durchzuhalten ist, entwickeln sich nicht selten Konfliktsituationen. Wenn der Skipper einer 15-m-Yacht in Union-Island/Grenadinen anlegt, werden von Einheimischen für das Kilo Tomaten durchaus auch mal 20 Dollar gefordert. Und wenn der reisende Kunde den überzogenen Preis nicht zahlen möchte, kann die Reaktion des einheimischen Verkäufers auch leicht mal aggressiv werden.

Ein größeres Boot verursacht nicht nur höhere Hafengebühren, sondern ist auch im allgemeinen Unterhalt, in der Wartung und Pflege erheblich aufwändiger und kostenintensiver. Beispielsweise im Hinblick auf den Antifouling-Anstrich ist der Arbeitsaufwand zwischen einem 12-m-Boot und einem 14-m-Boot nicht 17 % größer (2 m von 12 m = 17 %), sondern mehr als 30 %, denn die Fläche des Unterwasserschiffes wächst ja dreidimensional und nicht nur eindimensional mit der Länge.

Ein für die Bedürfnisse der Fahrtensegler geschickt entworfener und gut gebauter Rumpf muss nach Meinung vieler erfahrener Skipper etwas schwerer gebaut sein als der moderner Charteryachten, weil auf Langfahrt auch viel Material, Lebensmittel, Wasser und Diesel gebunkert werden muss. Da kommen bei einer 12-m-Yacht schnell 1–2 Tonnen hinzu. Auch hier ist wieder der prozentuale Vergleich aussagekräftig: 1,5 Tonnen Zuladung bei 8 Tonnen Verdrängung entspricht etwa 20 %. Hingegen sind 1,5 Tonnen von 11 Tonnen nur 14 %. Mit anderen Worten: Bei gleicher Rumpflänge, aber unterschiedlicher Verdrängung wird das leichtere Boot durch das Füllen der Tanks und Stauräume erheblich tiefer im Wasser liegen als das gleich große schwerere Boot, was wiederum die Segeleigenschaften erheblich verschlechtert. Ein Yachtkonstrukteur zeichnet ein Schiff mit optimalen Segeleigenschaften bei einer klar definierten Wasserlinie. Verschwindet der Wasserpass aber nach dem Zuladen von viel Ausrüstung, Lebensmitteln, Diesel und Wasser beispielsweise fünf Zentimeter unter der Wasseroberfläche, ist nicht nur die benetzte Fläche erheblich vergrößert und das Boot folglich langsamer, sondern auch die Segeleigenschaften verschlechtern sich insgesamt erheblich. Somit ist es nur folgerichtig, für Langfahrt eine Yacht mit etwas größerer Verdrängung zu wählen, denn nur so werden die Nachteile bei hoher Zuladung minimiert. Bei den Tanks ist dies auch unter Kostengesichtspunkten von Vorteil. Da das schwerere Boot in der Regel auch größere Tanks hat als das leichte, kann dort wo der Diesel besonders günstig ist, auch besonders viel gebunkert werden. Gleiches gilt für das Trinkwasser. In vielen Segelrevieren außerhalb Nord- und West-Europas kann das Bunkern von Trinkwasser richtig teuer werden. Manche Segler behaupten, dass es in Griechenland Häfen gebe, wo der Retsina billiger sei als das Wasser aus dem Hahn am Steg ...

Gerade jüngere Segler werden allerdings möglicherweise trotz der o. g. Gesichtspunkte das leichtere Boot bevorzugen, weil es direkter und intensiver auf Wind und Wellen reagiert. Dass dabei Komfort und Zuladungskapazität stark eingeschränkt werden, wird akzeptiert.

Unter dem Sicherheitsaspekt im Hinblick auf das Seeverhalten in Schwerwetter gibt es gute Argument für beide Seiten: Das leichtere Boot hat kleinere Segelflächen und bietet mit seiner geringeren Verdrängung den Kräften der See weniger Widerstand als das schwer gebaute Schiff mit – verdrängungsbedingt – größeren Segelflächen. Dass leicht gebaute Schiffe durchaus auch in Schwerwetter erfolgreich gesegelt werden können, wird regelmäßig auf den großen Ozeanregatten wie Vendée-Globe oder Sydney-Hobart bewiesen. Aber man sollte nicht vergessen, dass bei diesen Leichtbauten auch extrem teure High-Tech-Materialien beim Bau eingesetzt werden, was im Serienbau nicht üblich ist. Denn leicht und fest bedeutet auch teuer. Hingegen nur leicht bedeutet im Serienbau meist billig und somit bruchgefährdet.

Eine endlose Diskussion wird seit vielen Jahren über die Frage geführt, welcher Lateralplan, welche Kiel- und Ruderform denn für ein Fahrtenschiff bevorzugt werden sollte. Zwar werden echte Langkieler schon seit Jahrzehnten nicht mehr in Serie gebaut, aber es gibt durchaus noch Verfechter dieses recht alten Lateralplans, bei dem das Ruder nicht freistehend ist, sondern in der Verlängerung des Kiels eine Lateraleinheit mit dem Rumpf bildet. Klassiker unter diesen Schiffen sind die Entwürfe von Colin Archer. Hauptargumente für diese Kielform sind die große Kursstabilität, insbesondere unter Selbststeuerung, die gegen Kollisionen gut geschützte Lage des Ruders und das ruhigere Seeverhalten bei Schwerwetter. Als nachteilig wird meist die geringere Höhe am Wind, die – außer auf Raumschotskurs – etwas geringere Maximalgeschwindigkeit und die Trägheit der Bewegung bei Hafenmanövern genannt. Es ist letztendlich eine Frage der Präferenzen des Eigners. Wem ruhigere Schiffsbewegungen insbesondere auch bei Schlechtwetter das Allerwichtigste sind, der ist mit einem langen Kiel gut beraten. Hinzu kommt, dass viel Zuladung das Seeverhalten kaum beeinträchtigt, denn die Verdrängung eines solchen Rumpfes ist ohnehin auch leer schon recht groß.

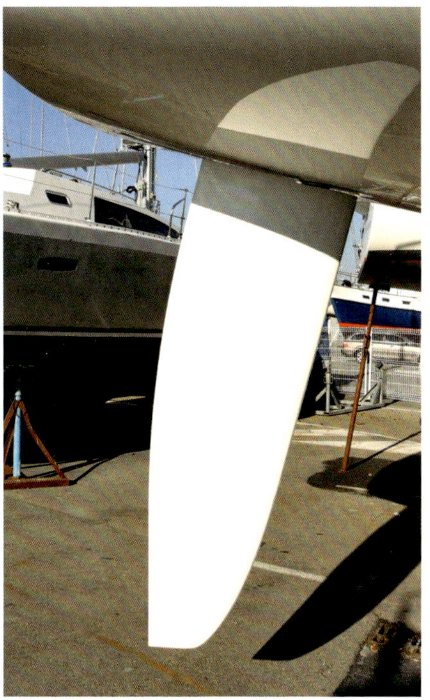

Freistehendes Spatenruder.

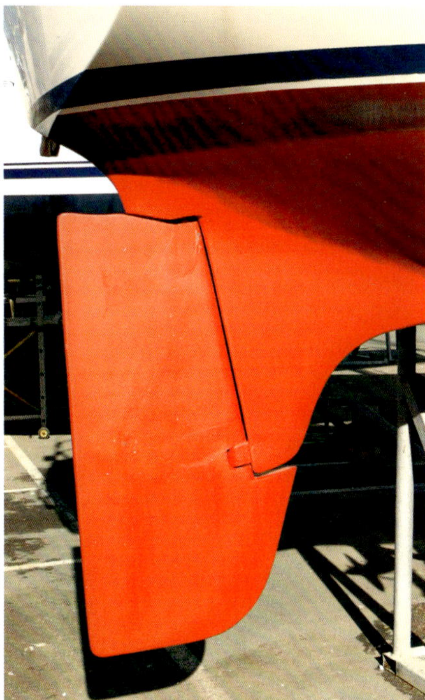

Ruder mit Skeg und leichter Vorbalancierung.

Ein Lateralplan, der von Yachtkonstrukteuren in der Regel nicht für Fahrtenyachten gezeichnet wird, sondern eher für sportlicher orientierte Cruiser-Racer, hat hingegen einen schmalen, betont tiefgehenden Kiel und ein freistehendes Ruder, auch Spatenruder genannt, wobei die eindeutig Regatta-orientierten Schiffe sogar eine nach vorn vorstehende Bombe am Kiel haben, was die Anströmung des Kiels weiter verbessern soll. Diese Schiffe reagieren sehr spontan auf jede kleinste Ruderbewegung, sind meist recht leicht und schnell, laufen gute Höhe und haben ein lebendiges Manövrierverhalten. Es ist einleuchtend, dass dieser Lateralplan eher für Wochenendregatten als für Langfahrt geeignet ist, denn viel Zuladung zerstört ihre Segeleigenschaften, und die Bootsbewegungen in grober See sind sehr heftig. Die nach vorn hervorstehende Kielbombe wird in Küstennähe häufiger Leinen oder Netze einfangen, was nicht im Sinne des Erfinders – und nichts für Fahrtensegler – ist.

Wie so häufig, gibt es aber einen goldenen Mittelweg. Ein Lateralplan, der mehrere Vorteile in sich vereint, sieht folgendermaßen aus: Der Kiel ist horizontal etwas länger als tief, ohne aber ein Langkieler zu sein. Er hat im unteren Bereich eine bombenähnliche Verdickung, ohne jedoch nach vorn überzustehen. Dies schlägt zwei Fliegen mit einer Klappe, denn einerseits liegt der Schwerpunkt durch die

Kielbombe etwas tiefer (größeres aufrichtendes Moment), und andererseits kann der Tiefgang etwas reduziert werden, sodass auch flachere Küstenregionen oder kleine Häfen angelaufen werden können. Auch das Ruder ist als geschickter Kompromiss zwischen guter Ruderwirkung und guter Kursstetigkeit gezeichnet. In der oberen Hälfte ist es durch einen sogenannten Skeg solide mit dem Rumpf verbunden und damit weniger bruchgefährdet als ein freistehendes Ruder. In der unteren Hälfte hingegen steht es frei und ist leicht vorkompensiert. Das bedeutet, dass der Ruderkoker (die Drehachse) nicht vor dem Ruder liegt, sondern etwa im Verhältnis 1/3 zu 2/3 innerhalb des Ruders. So wird gute Kursstabilität mit agiler Ruderwirkung und gleichzeitig geringerem Bruchrisiko verbunden.
Das Geschwindigkeitspotenzial eines solchen Rumpfes ist etwas geringer als das eines extremen Kurzkielers mit freistehendem Ruder, aber der verlorene halbe Knoten wird durch bessere Kursstabilität und gesteigerte Bruchfestigkeit mehr als ausgeglichen, ohne dabei beim Manövrieren im Hafen zu träge zu reagieren. Auf Bootsmessen wird der Besucher diese Rumpfkonstruktion seltener finden, denn die meisten Werften zielen in ihrer Bautechnik in erster Linie eher auf die Klientel, für die Sportlichkeit der primäre Gesichtspunkt ist. Der Fahrtensegler, für den Kriterien wie Zuverlässigkeit, Langlebigkeit, Langfahrttauglichkeit und damit Unabhängigkeit und Nachhaltigkeit im Vordergrund stehen, findet sein optimales Schiff in der Regel ohnehin nicht auf einer der großen Bootsmessen, sondern über spezielle Websites im Internet (mehr dazu in Kapitel 6).

Bezogen auf beispielsweise 12 m Rumpflänge hat ein solches Schiff etwa 1,8 bis maximal 2 m Tiefgang, was einen guten Kompromiss im Hinblick auf flachere, kleine Häfen oder das Ankern in Strandnähe darstellt. Die Verdrängung wird um die 10 Tonnen liegen. Mehr dazu sowie Infos zu konkreten Bootstypen und wo diese zu finden sind, gibt es im Kapitel 6.
Welches Baumaterial für ein Reiseboot zu bevorzugen ist, lässt sich durchaus kontrovers diskutieren. GFK, Aluminium, Holz oder Stahl – jedes dieser Baumaterialien besitzt sein Für und Wider.
GFK – sofern es denn mit hochwertigen Harzen und in ausreichender Wandstärke fachkundig verarbeitet wurde (werftabhängig!) – ist relativ preiswert, langlebig und auch bei Kollision und Grundberührung erstaunlich widerstandsfähig. Außerdem kann es recht leicht selbst repariert werden.
Zu Testzwecken wurde von einem Team der englischen Segelzeitschrift Yachting Monthly im Jahr 2011 eine 12-m-GFK-Yacht aus einer Großserienwerft gezielt mit 5 Knoten auf eine felsige Untiefe gecrasht. Die resultierenden Schäden waren deutlich geringer als erwartet. Der Wassereinbruch am Kielflansch war mit bordeigenen Pumpen beherrschbar.
In den 80er- und 90er-Jahren wurde viel von Osmoseproblemen bei GFK-Rümpfen berichtet. Bei Rümpfen, die etwa ab 1995 gebaut wurden, ist dies dank hochwertigerer Harze (Resophtalsäureharze) und Osmose-verhindernder Epoxy-Beschichtungen kein Thema mehr. Beim Kauf einer gebrauchten Yacht mit GFK-Rumpf aus

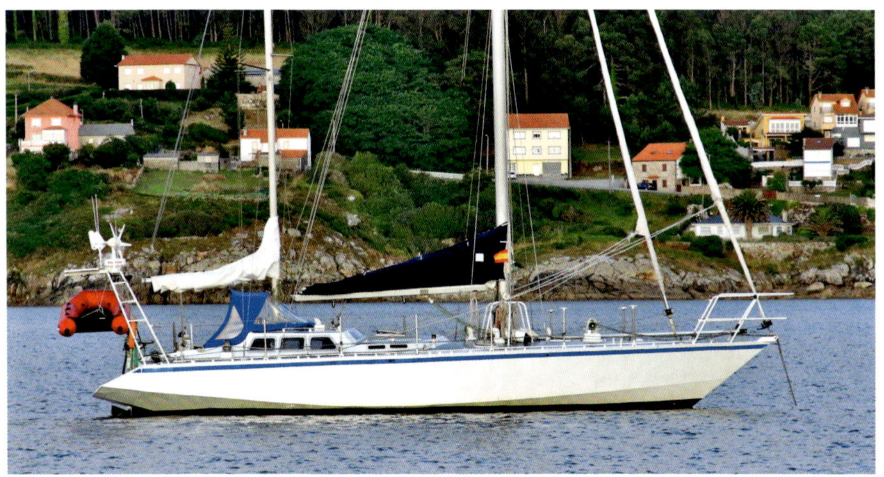

Klassische Stahlketsch mit Rumpf in Knickspantbauweise.

den 80er- oder 90er-Jahren sollte der Zustand des Rumpfes unbedingt umfassend mit einem Feuchtigkeitsmessgerät untersucht werden. Falls ein älterer Rumpf einen Osmoseschaden hatte, der aber fachgerecht saniert wurde (»Schälen« des alten Gelcoats, Trocknung, neue Epoxybeschichtung), wird das Schiff in der Regel für mehrere Jahrzehnte osmosefrei bleiben.

Stahl ist bekanntlich ein relativ preiswerter und dennoch extrem belastbarer Werkstoff und lässt sich ähnlich wie GFK relativ leicht reparieren. Ein Schweißgerät findet sich praktisch in jedem Hafen. Eine Stahlyacht, die mit 6 Knoten auf ein Korallenriff kracht, ist sicherlich verbeult, aber muss keineswegs ein Totalverlust sein. Allerdings sind Rostprobleme bei älteren Yachten nicht selten. Wenn die Werft direkt nach dem Bau des Rumpfes beim Grundierungsanstrich nicht ausreichend sorgfältig gearbeitet hat, wird nach einigen Jahren der Rost aufblühen. Darum sollte beim Kauf eines Stahlschiffes darauf geachtet werden, dass der Rumpf aus einer erfahrungsreichen und für gute Arbeit renommierten Werft kommt. Amateur-Einzelbauten aus Stahl sollte der Kaufinteressent mit großer Skepsis und Sachkenntnis penibel unter die Lupe nehmen. Meist wird der Preisvorteil nach einigen Jahren durch notwendig werdende, aufwendige Schweißarbeiten zunichte gemacht.

Aluminium hat ähnliche Festigkeitseigenschaften wie Stahl und wird heutzutage im qualitativ hochwertigen, langfahrtorientierten Bootsbau gern als Rumpfmaterial gewählt, weil es auch bei großzügig gewählter Materialstärke einen leichten Rumpf bei hoher Festigkeit ermöglicht. Kollisionen führen wie bei Stahl in der Regel nur zu Beulen, nicht aber zu Rissen. Allerdings ist ein Alurumpf in der Herstellung deutlich teurer als ein gleich großer Stahlrumpf. Das meistgenannte Argument gegen Aluminium ist die Gefahr von elektrolytischer Zersetzung des Materials im Seewas-

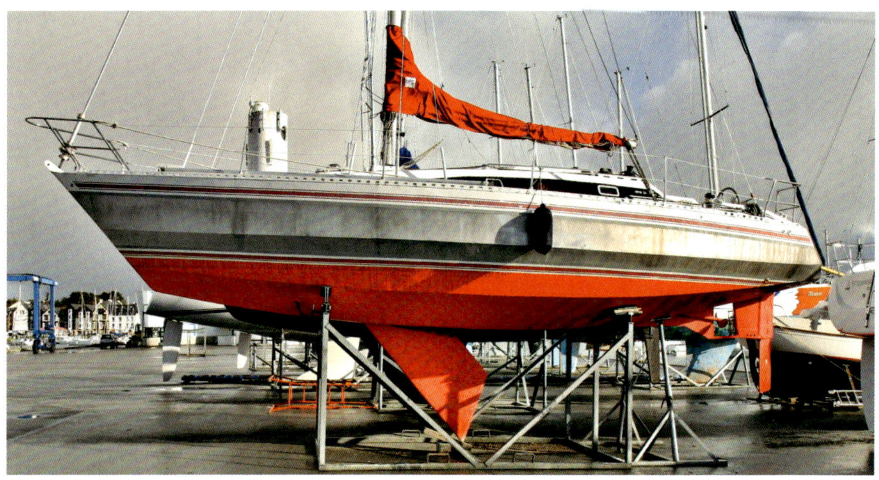

Integralschwerter in Aluminium-Knickspantbauweise.

ser und die Problematik der Kombination verschiedener Materialien. Renommierte Alu-Werften beherrschen allerdings diese Gefahr problemlos durch die Wahl einer optimalen Alu-Legierung, durch hochprofessionelle Schweißtechnik, durch passend gesetzte Opferanoden und durch eine minutiös ausgeführte (aber auch technisch kompliziertere) Bordelektrik, bei der den Rumpf schädigende Ströme ausgeschlossen sind.

Alurümpfe genauso wie auch Stahlrümpfe begünstigen gegenüber anderen nichtmetallischen Baumaterialien die Entstehung von Kondenswasser auf der Innenseite des Rumpfes. Dem wird werftseitig mit einer thermisch isolierenden Kunststoffbeschichtung begegnet. Problem: Bei Stahl kann es bei nicht ausreichender Grundierung der Oberfläche zu nicht erkanntem Rost zwischen Rumpf und Isolierung kommen, sodass der Rostfraß unbemerkt jahrelang fortschreiten kann.

Holz wird schon seit Jahrzehnten nur noch als exotisches Baumaterial in erster Linie für Yachten mit betont nostalgischem Charakter eingesetzt. Aber Holz ist nicht gleich Holz. Rümpfe in massiver Plankenbauweise, wie sie bis in die 70er-Jahre die Regel waren, sind im Neubau seltener zu finden, denn sie sind aufwendig im Bau, erfordern penible Pflege, haben langfristig oft Dichtigkeitsprobleme und sind für die meisten Yachtsegler einfach zu teuer. Hingegen werden auch heute – und gerade unter ökologischen Gesichtspunkten wieder vermehrt – Holzrümpfe in formverleimter Furniertechnik hergestellt, die – sofern die verschiedenen Furnierschichten mit Epoxy verklebt wurden – nicht nur pflegeleicht und langfristig dicht sind, sondern darüber hinaus auch leicht und hochfest. Die Reparatur nach einer Kollision ist zweifellos etwas komplizierter als bei GFK oder Metall, aber dafür hat ein Furnier-Epoxy-verklebter Holzrumpf andere Qualitäten, die den Bootseigner die höheren Baukosten verschmerzen lassen: Ein solcher Rumpf besitzt neben

der hervorragenden Verformungssteifheit und dem geringen Gewicht auch eine gegenüber GFK- und Metallrümpfen herausragende thermische und akustische Isolierung. Zudem hat er einfach Charme. Dennoch bleibt ein solcher Rumpf unter den Fahrtenyachten ein Exot.
Möglicherweise meint der eine oder andere Leser einen Widerspruch entdeckt zu haben in den weiter oben angeführten Überlegungen zu einem guten Bootsrumpf. Während anfangs von den Qualitäten eines nicht zu leichten Schiffes im Hinblick auf Festigkeit, Seeverhalten und Zuladung gesprochen wurde, wurde bei den Materialien das geringere spezifische Gewicht als Vorteil hervorgehoben. Der scheinbare Widerspruch löst sich folgendermaßen auf: Das Schiff sollte insgesamt nicht zu leicht sein. Aber das Schiff ist nicht gleich dem Rumpf! Eine gute Segelyacht hat einen schweren Kiel unter einem hochfesten, leichten Rumpf, der auch formstabil und belastbar sein muss. Je nach Rumpfform (schmaler oder breiter) und Lage des Schwerpunktes sollte das Kielgewicht etwa 30 bis 40 % der gesamten Verdrängung ausmachen, um auch hoch am Wind gute Segeleigenschaften zu erzielen und in extrem schwerer See die Gefahr des Kenterns so gering wie möglich zu halten. Womit wir bei einer anderen Frage zum optimalen Kiel wären. Konkret: Ist ein Integralschwerter langfahrttauglich? Ein Integralschwerter hat im Rumpf innenliegenden Ballast und dazu ein absenkbares Ballastschwert, das je nach Kurs zum Wind in den Rumpf teilweise oder vollständig hineingezogen werden kann. Vorteile: Variabler Tiefgang, um auch seichte Küsten anlaufen zu können und weniger benetzte Fläche auf Raumschots- und Vormwindkursen, wenn das aufrichtende Moment mit hochgeholtem Ballastschwert klein sein darf. Nachteile: Jeder mobile Kiel kann mechanische Probleme (Klemmen) hervorrufen. Aber vor allem: Der Schwerpunkt liegt bei dieser Kielkonstruktion nicht tief genug, sodass in schwerer See in gekentertem Zustand die Yacht sich nicht sicher und schnell genug wieder aufrichtet. Die Verfechter dieser Rumpf-Kiel-Bauweise verweisen darauf, dass ein Integralschwerter in schwerer See gar nicht kentert, weil er bei aufgeholtem Schwert von den schweren Brechern wie eine Seifendose einfach zur Seite gewaschen wird. Demgegenüber ist allerdings nicht wegzudiskutieren, dass in den letzten Jahren im Atlantik auf der Rückreise von der Karibik nach West-Europa mehr Integralschwerter durchgekentert sind als Festkielyachten.
Seit einigen Jahren werden immer mehr Fahrtenyachten mit Fenstern im Rumpf gebaut. Es geht darum, der Besatzung auch unter Deck den Blick auf das Meer, auf das Treiben im Hafen oder auf die Ankerbucht zu ermöglichen. Die Fensterformen bei Yachten wechseln inzwischen modebedingt wie die Scheinwerferformen bei Autos. Schaut man sich hingegen in Häfen, die von vielen weitgereisten Seglern angelaufen werden, die Bootsrümpfe an, fällt auf, dass nur wenige davon Fenster im Rumpf haben. Der Grund ist klar: Jedes Fenster im Rumpf stellt je nach Bauweise ein kleines oder größeres Sicherheitsrisiko in schwerer See dar. Dass Charterboote, die ja meist ab 6 Bft. im Hafen bleiben, von den meisten Crews mit Fenstern im Rumpf als attraktiver angesehen werden, ist verständlich, denn die

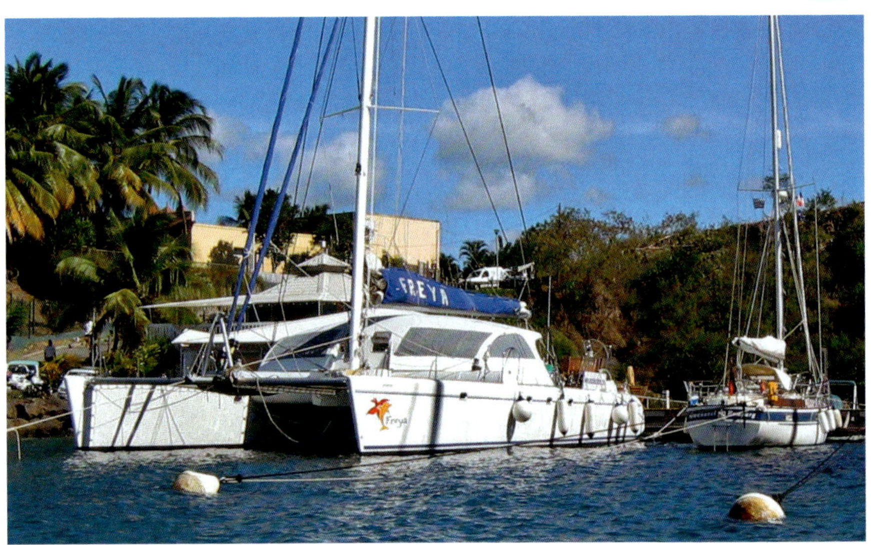

Kleine 35-Fuß-Fahrtenyacht neben riesigem Charterkat auf Martinique.

meisten Crews bevorzugen eine lichtdurchflutete Loftatmosphäre unter Deck. Ob allerdings die eingeklebten Fenster auf einer Fahrtenyacht nach einiger Zeit in den Tropen und anschließendem Schwerwetter auf der Heimreise zwischen Bermuda und den Azoren genauso zum Genuss der Seereise beitragen, darf im Einzelfall angezweifelt werden. Nicht ohne Grund werden auf den großen Luxus-Motoryachten, die im Winter in der Karibik und im Sommer im Mittelmeer eingesetzt werden, die Fensterflächen im Rumpf für die Atlantiküberquerung mit weiß lackierten Stahlplatten von außen zugeschraubt. Auch sollte nicht ignoriert werden, dass bei einem verpatzten Hafenmanöver ein Fenster im Rumpf leichter am Ponton Schaden nimmt als eine geschlossene Rumpffläche.

Monohull oder Multihull?

Im Hinblick auf eine große Ozeanreise, vielleicht gar eine Weltumsegelung, ist es durchaus zu überlegen, ob nicht ein Mehrrumpfboot (Multihull), sei es ein Katamaran oder ein Trimaran, einem Einrumpfer (Monohull) vorzuziehen ist. Wenn es um möglichst schnelle Ozeanüberquerungen geht, ist der Trimaran dem Katamaran genauso wie dem Einrumpfer deutlich überlegen. Allerdings bietet er gegenüber beiden anderen Rumpfformen deutlich weniger nutzbaren Raum unter Deck. Also auch weniger Stauraum, was für die meisten Segler ein Ausschlusskriterium darstellt. Bleibt der Katamaran als Alternative. Bei Katamaranen muss klar unterschieden werden zwischen eher komfortbetont gebauten Schiffen, wie es die meisten Charterkatamarane sind, und andererseits gezielt für die Langfahrt gebauten Reisekatamaranen wie beispielsweise den Schiffen von Outremer. Ers-

tere haben zwar neben erstaunlich großzügigem Wohnraum unter Deck auch viel Tragfähigkeit und Volumen für hohe Zuladung, doch sind meist die Segeleigenschaften, selbst auf Raumschotkursen bestenfalls akzeptabel, auf Amwindkursen sogar meist ausgesprochen schlecht. Hinzu kommt, dass sie am Wind in der Welle eine unangenehme, kurze und heftige Nickbewegung machen, worauf viele Besatzungen mit Seekrankheit reagieren. Völlig anders ist dies bei gezielt für die große Seereise gebauten, eher schlanken Fahrten-Katamaranen, die deutlich bessere Segeleigenschaften haben als die sogenannten Kreuzerkats. Allerdings bieten diese auch weniger Wohn- und Stauraum. Ein 16-m-Langfahrtkat hat etwa das Wohnraumangebot einer 13-m-Monohull-Yacht. Allerdings segelt er deutlich schneller. Raumschots kann er doppelt bis dreimal so schnell wie ein Monohull sein.
Auf Langfahrt genauso wie im Heimatrevier ist aber noch ein anderer Gesichtspunkt von Bedeutung: die Hafengebühren. Für einen Multihull – wenn denn überhaupt ein Liegeplatz zu bekommen ist – wird in den meisten Häfen die Liegegebühr mit dem Faktor 1,5 multipliziert. In manchen Häfen gar mit dem Faktor 2. Daraus folgt, dass der Skipper versuchen wird, möglichst viel zu ankern. Unter diesem Aspekt spielen alle Multihulls gegenüber Monos einen echten Trumpf aus: Sie rollen nicht. Während auf einem Einrumpfboot die Nacht vor Anker bei etwas Seegang wegen zu heftiger Rollbewegeungen schnell zu einer Tortur werden kann, liegt der Multihull so ruhig, dass selbst die Teller vom Abendessen über Nacht auf dem Tisch liegen bleiben können. Zudem ist zu bedenken, dass auf Langfahrt insbesondere in tropischen Gewässern ohnehin sehr viel geankert wird.
Kurzum: Ob der Multi oder der Mono das bessere Reiseboot ist, kann nicht eindeutig entschieden werden. Es ist eine Frage der Prioritäten von Skipper und Crew. Klar ist allerdings, dass bei einer Entscheidung für einen Multihull als Langfahrtschiff die für den Chartereinsatz gebauten »schwimmenden Wohnwagen« nicht in Frage kommen, denn ihre Segeleigenschaften sind unbefriedigend.

Diesel und Wasser

Große Tanks bedeuten Unabhängigkeit. Doch wie groß sollte ein Diesel- oder Wassertank auf Langfahrt sein? Für Diesel ist die Rechnung schnell gemacht: Je nach Segeleigenschaften des Bootes und Glück oder Pech mit dem Wetter kann der Langfahrt-Skipper davon ausgehen, dass er im Mittel etwa zwischen 20 und 30 % der Strecke motoren wird. Die längsten Strecken im Atlantik zwischen Europa und Amerika liegen um die 2500 Meilen; Kapverden-Karibik beispielsweise bei etwa 2100 Meilen. Normalerweise bläst der Passat die Yacht in etwa zwei bis drei Wochen hinüber. Um sicherzustellen, dass aber bei einer anormalen Wetterlage (z. B. ausgedehntes Tief nördlich der Passatzone) die Yacht nicht tagelang in der Flaute dümpelt, ist es sinnvoll, für etwa ein Drittel davon, also für ungefähr 700 Meilen, genug Diesel an Bord zu haben. Der Motor einer 12-m-Fahrtenyacht braucht im Mittel zwischen 2 und 3 Liter Diesel pro Stunde, um das Schiff mit etwa

5-6 Knoten zu bewegen. 700 Meilen mit 5 Knoten motort bedeutet 140 Stunden unter Maschine. 140 Stunden mit 3 Liter pro Stunde bedeutet wiederum, dass der Dieseltank mindestens 420 Liter fassen sollte. Entsprechend sieht die Rechnung bei größeren Yachten mit höherer Motorleistung aus.

Viele Yachten haben aber zu kleine Tanks im Hinblick auf die oben angeführte Rechnung , was dazu führt, dass für Ozeanpassagen zusätzlicher Diesel in Kanistern gebunkert werden muss. Dass Dieselkanister aus Sicherheitsgründen nicht unter Deck gestaut werden sollten, versteht sich von selbst, aber wohin damit? Der Platz an der Seereling ist meist die einzig mögliche Alternative.

Solange die Seebedingungen »normal« sind, werden die Kanister an Deck auch kein Problem verursachen - vorausgesetzt, dass sie UV-beständig sind. Zwar würde der Regattasegler bemängeln, dass dadurch der Gesamtschwerpunkt etwas nach oben verlagert wird, aber das ist auf einem Fahrtenschiff vernachlässigbar. Keineswegs vernachlässigbar ist aber die Gefahr, dass in wirklich schwerer See eine besonders große Welle, die über Deck bricht, die Kanister samt der Seereling von Deck reißt. Neben dem verlorenen Diesel hat die Yacht dann möglicherweise sogar einige Lecks an den ausgerissenen Relingsfüßen. Konsequenz: Ausreichend große, fest eingebaute Dieseltanks, möglichst tief unter Deck eingebaut, sind absolut wünschenswert. Bei manchen Bootstypen muss dafür ein weiterer Tank eingebaut werden, was dann aber natürlich den Rest-Stauraum verkleinert. Auch an dieser Stelle kommen wir wieder zu der Schlussfolgerung, dass der Rumpf eher mehr als weniger Volumen und somit eher etwas mehr Verdrängung haben sollte.

Ein wichtiges Thema für alle Segler ist die Frage der Sauberkeit des Diesels im Tank. Verlässt man als Segler europäische Reviere in Richtung Süden, wächst die Gefahr, verschmutzten Diesel in den Tank zu bekommen. Nicht immer kann der Diesel an einer Bootstankstelle übernommen werden, manchmal muss der Treibstoff in Fässern zum Liegeplatz gefahren werden. (Eine Nebenbemerkung an dieser Stelle: Auf jeder Langfahrtyacht sollten ein paar leere Kanister mit Diesel unter Deck gestaut sein.) Fässer sind aber nicht selten verschmutzt. Dass zusätzlich auch manchmal geringe Mengen Wasser zusammen mit dem Diesel in den Tank kommen, hat damit zu tun, dass Bootstankstellen in Ländern mit geringerem technischen Standard oft keine ausreichenden Filtertechniken anwenden. Über

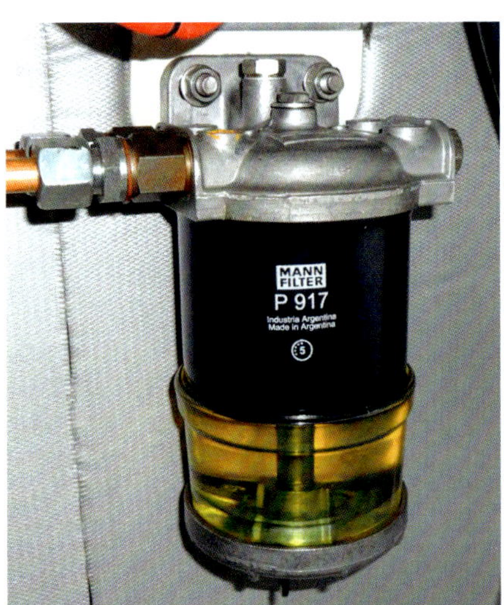

Dieselfilter mit Wasserabscheider und Schauglas.

Jahre sammelt sich Kondenswasser in den manchmal schlecht gewarteten Tanks an Land, und wenn der Segler Pech hat, tankt er gerade die letzten Liter vom Bodensatz, bevor die Tankstelle mit neuem Treibstoff beliefert wird.
Bei Zweifeln an der Sauberkeit des Diesels ist es sinnvoll, den Stutzen nicht direkt in die Tanköffnung an Deck zu setzen, sondern über selbst mitgebrachte Filter aus dem Ausrüstungshandel, die Schmutz genauso wie Wasser ausfiltern können, zuerst einmal einen 20-Liter-Kanister probehalber zu befüllen.
Kondenswasser entsteht allerdings auch und gerade in den eigenen Tanks an Bord. Um es auszufiltern, hat jede gute Dieselzuleitung zum Motor einen gläsernen Wasserabscheider, der täglich kontrolliert werden sollte. Sollte tatsächlich Wasser im Tank vorhanden sein, muss es möglichst schnell abgepumpt werden. Wasser ist schwerer als Diesel und sammelt sich - vorausgesetzt, dass das Boot einige Zeit ruhig an einem Liegeplatz lag - am Tankboden. Ein intelligent gebauter Tank hat nicht nur einen schrägen Boden, wo sich das Wasser sammeln kann, sondern auch ein Absaugrohr, das bis an die tiefste Stelle im Tank führt.
Wasser im Diesel ist aber nicht nur ein Problem, weil der Dieselmotor damit Verdauungsstörungen bekommt. An der Grenzfläche zwischen am Tankboden gesammeltem Wasser und dem darüberstehenden Diesel leben Bakterien, deren Stoffwechselprodukte im Laufe vieler Monate einen klebrigen Schlamm bilden, der alle Filter verstopft: die sogenannte Dieselpest. Bei hoher Treibstoff-Durchflussrate wie bei Motorbooten ist diese Verschmutzung meist gering, aber auf Segelyachten mit großen Tanks und geringem Dieselverbrauch steht der Diesel manchmal monatelang im Tank, und die Bakterien freuen sich über ein nährstoffreiches, langes Leben.
Die Lösung des Problems: Nach mindestens einem, besser zwei Tagen an einem absolut ruhigen Liegeplatz wird solange Diesel vom Tankboden in transparente Behälter gepumpt, bis nur noch sauberer Diesel kommt. Anschließend wird dem neu zu tankenden Diesel ein Additiv beigemischt, das die übriggebliebenen Bakterien abtötet und eine Neubildung verhindert. Darüber hinaus gibt es Additive, deren Zweck darin besteht, geringe Restmengen von Wasser mit dem Diesel zu einer Emulsion so zu verbinden, dass das Restwasser mit dem Diesel »verbrannt« wird.
Bei der Frage nach der Größe von Wassertanks gehen die Meinungen der Skipper stark auseinander: Einige - und zu denen gehöre auch ich - verfechten die Überzeugung, dass die insgesamt an Bord benötigte und zu stauende Wassermenge bereits zu Beginn der Reise an Bord sein sollte. Andere sind der Meinung, dass mit einem guten Watermaker (elektrisch betriebene Seewasserentsalzungsanlage) und einem zuverlässigen Energieversorgungssystem nur die benötigte Menge Trinkwasser gebunkert werden muss. Das Süßwasser zum Waschen und Spülen kann vom Watermaker erzeugt werden.
Das ist richtig, solange sowohl der Watermaker als auch die Energieversorgung funktionieren. Schaut man sich allerdings die Pannenstatistik der letzten ARC-Teil-

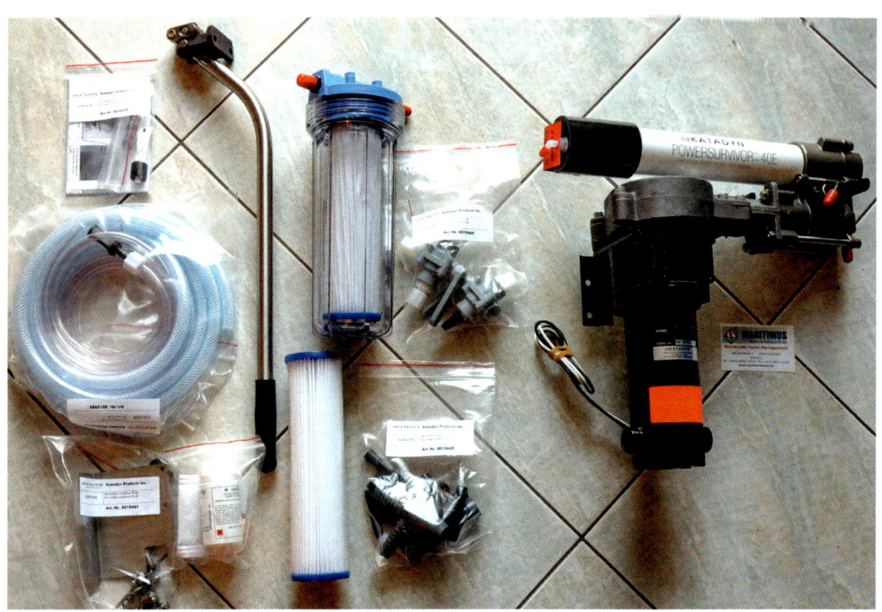

Kompletter Bausatz für einen kleinen Watermaker.

nehmer an (s. S. 89 f.), muss eine solche Haltung doch in Frage gestellt werden. Watermaker und stromerzeugende Geräte bzw. deren Koordinierungs-Management stehen seit vielen Jahren in der ARC-Pannenstatistik ganz oben. Ein Watermaker erfordert in der Tat ein erhebliches Maß an Wartung. Zusätzliche Filter müssen in ausreichender Zahl an Bord sein. Und vor allem: Er braucht je nach Größe viel bis sehr viel Strom. Was es wiederum notwendig macht, neben Lichtmaschine und Solarpanels weitere Stromerzeuger zu installieren. Der im nebenstehenden Bild gezeigte sehr kleine Watermaker braucht 4 A Strom, um pro Stunde 5 Liter Wasser zu produzieren. Mehr Technik bedeutet mehr Störanfälligkeit, bedeutet mehr Wartung, bedeutet ein größeres Ersatzteillager an Bord - eine Schraube ohne Ende, die dem Wunsch nach mehr Unabhängigkeit entgegen steht. Darum sagen viele Langfahrtsegler: Was ich nicht an Bord habe, kann auch nicht kaputt gehen.

Wie viel Wasser sollte dann also zu Beginn der Reise an Bord sein?

Pro Person sollten mindestens 2 Liter Trinkwasser pro Tag zur Verfügung stehen, wobei andere alkoholfreie Getränke mitgerechnet werden können. Je nach Hygienevorstellungen pro Person noch einmal mindestens die gleiche Menge an Brauchwasser. Bei drei Wochen Reisedauer und vier Personen an Bord sind das somit mindestens 340 Liter Süßwasser. Dass damit nicht geduscht werden kann, versteht sich. Ein paar Eimer tropenwarmes Seewasser an Deck über den Kopf gegossen, können die Dusche aber ersetzen. Um etwas mehr Komfort zu ermöglichen, sind für eine vierköpfige Crew Wassertanks mit mindestens 500 Liter Volumen wünschenswert. Ich selbst nehme auf Langfahrt das minimal benötigte Trinkwasser zusätzlich in Flaschen an Bord, die einzeln oder in Packs gut auf die verschiedenen Stauräume verteilt werden können. Auf einer guten Fahrtenyacht gibt es dafür unter den Bodenbrettern enorm viel Platz.

Wasser muss aber nicht nur in ausreichender Menge gebunkert werden, sondern auch und vor allem sauber sein. Wichtig ist es darum, die Tanks gut zu reinigen und vor dem Befüllen darauf zu achten, dass das gebunkerte Wasser wirklich von guter Qualität ist. Während des Auffüllens zwischengeschaltete Filter können Kleinstpartikel auffangen, aber nicht die Geschmacksprobe ersetzen. Unter Deck in die Leitungen gesetzte Kohlefilter zwischen Tank und Zapfstelle in Pantry und Nasszelle können weitere Verunreinigungen ausfiltern. Ersatzfilter nicht vergessen!

In südlicheren Segelrevieren ist es sinnvoll, dem gebunkerten Wasser zur Konservierung eine wohldosierte Menge eines Silberionenpräparates zuzugeben. Zwar wurde in letzter Zeit der Einsatz von Silberionen zur Wasserkonservierung wegen möglicher gesundheitsgefährdender Wirkungen in Frage gestellt, doch gibt es keine gesicherten Aussagen dazu. Vermutlich ist insbesondere in warmen Segelrevieren die Gesundheitsgefährdung durch nicht behandeltes Wasser deutlich größer als der Einsatz von Silberionen. Im Fachhandel gibt es durchaus Alternativprodukte zu Silberionenpräparaten, doch sind diese nicht ganz billig. Aus diesen Überlegungen ergibt sich, was auch schon für die Dieseltanks betont wurde: Der Fahrtensegler braucht große Tanks, um dort, wo gutes Wasser preiswert zu bekommen ist, möglichst viel bunkern zu können.

Das Rigg

Wir wollen im Folgenden nicht die verschiedenen möglichen Riggvarianten einzeln diskutieren, denn im Laufe der letzten drei Jahrzehnte hat sich herauskristallisiert, dass das optimale Rigg einer mittelgroßen Fahrtenyacht ein Sloop- oder Kutterrigg ist. Bei größeren Yachten, etwa ab 15 m Länge, kann man darüber nachdenken, ob das Ketschrigg nicht eine gute Alternative darstellt, aber in diesem Buch soll ja die mittelgroße Fahrtenyacht im Vordergrund stehen.

Ob allerdings an einem Mast nur ein oder besser zwei Vorsegel gefahren werden, ist eine Überlegung wert. Das etwa bis in die 60er-Jahre häufig gebaute Kutterrigg mit einem am Bugspriet gefahrenen Klüver findet sich nur noch auf einigen Langkielern. In letzter Zeit sieht man aber immer häufiger eine modifizierte Form dieses Riggs, bei der zwar zwei Vorsegel auf dem Vorschiff stehen, allerdings ohne Bugspriet (s. Foto). Das Genuastag für Leichtwind ist am Bug angeschlagen, das zweite innere Stag für Starkwind zwischen Bug und Mast.

Zwei Varianten sind für das innere Stag denkbar: Auf dem Vordeck wird zwischen Mast und Genua-Rollanlage eine zweite Rollanlage fest angebaut, deren Stag etwa bis auf 4/5 der Mastlänge hinaufreicht. An diesem zweiten inneren Stag wird

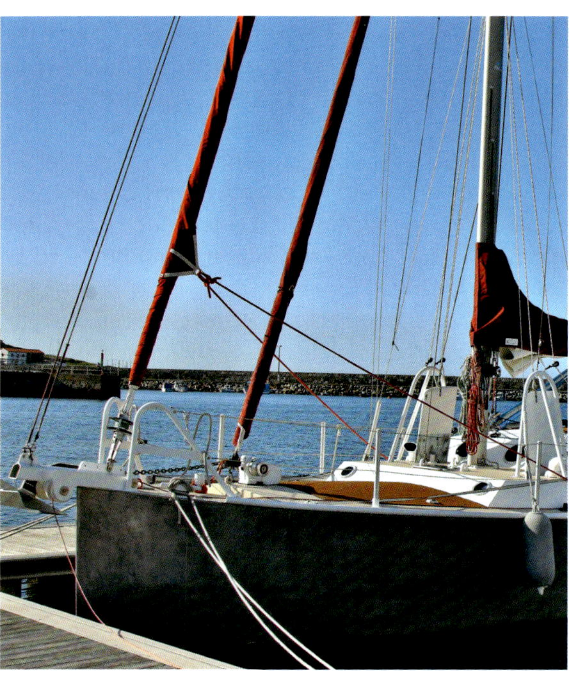
Modernes Kutterrigg mit zwei Vorsegel-Rollanlagen auf Aluyacht.

ein kleines, schwerwettertaugliches Vorsegel aufgerollt, das bei etwa 7 Bft. noch voll gefahren werden, aber zu etwa einem Drittel eingerollt auch als Sturmfock zum Einsatz kommen kann.

Die zweite Möglichkeit: ein »fliegendes Vorstag«. »Fliegend« deshalb, weil es nicht ständig gesetzt bleibt, sondern nur bei Bedarf auf dem Vorschiff an einem dafür speziell konstruierten Beschlag gesetzt wird. Wenn dieses Schwerwetterstag nicht benötigt wird, wird es nahe am Mastfuß einfach beigebunden. Bei Schwerwetter wird je nach Windstärke eine sehr kleine Arbeitsfock oder bei noch mehr Wind die Sturmfock traditionell mit Stagreitern angeschlagen, während die Genua vollständig eingerollt bleibt. Es müssen dafür also bei »Normalwetter« zwei Vorsegel (Arbeitsfock und Sturmfock) unter Deck gestaut werden. Ein weiterer Nachteil dieser Variante ist, dass bei Schwerwetter ein Crewmitglied auf das Vorschiff muss, um dort das Starkwindsegel anzuschlagen. Dem steht aber andererseits ein großer Vorteil gegenüber: Bei »Normalwetter« – also in mehr als 90 % der Segelzeit – steht das mobil gefahrene Schwerwetterstag nicht bei der Wende der Genua im Wege. Bei der Variante mit zwei festen Rollanlagen hingegen muss vor der Wende die Genua zu mindestens zwei Dritteln eingerollt werden und dann auf dem neuen Bug wieder ausgerollt werden, um zu vermeiden, dass sie beim Kurswechsel an der inneren Rollanlage hängen bleibt. Während einer Ozeanüberquerung stellt dies bei langen Schlägen keinen nennenswerten Nachteil dar. Hingegen ist in Küstennähe bei häufiger wechselnden Kursen die innere Rollanlage meist störend. Welche Alternative bevorzugt wird, ist nicht zuletzt eine Kostenfrage, denn das »fliegende Vorstag« ist etwas kostengünstiger als die zweite Rollanlage. Unter Sicherheitsaspekten lässt sich darüber hinaus argumentieren, dass eine Rollanlage aufgrund der vielen bewegten Teile eher klemmen oder auf andere Weise ausfallen kann als ein Segel mit Stagreitern an einem simplen zweiten Stag.

Immer mehr Segler stellen sich die Frage, ob nicht eine Rollanlage auch für das Großsegel wünschenswert wäre. Einige eher hochpreisige Werften bieten diese Alternative bereits beim Neubau an, zumeist in Form einer Rolleinrichtung im Mast, neuerdings aber auch alternativ im Großbaum. Als Hauptargument für ein Rollgroß wird meist das komfortablere Ein- und Ausreffen und das leichtere Setzen und Bergen genannt. Dies ist richtig, sofern die Anlage geschickt bedient wird (Baum in passender Stellung, passender Kurs zum Wind, alle Leinen laufen kinkenfrei). Ein Problem im Vergleich zum traditionellen Großsegel mit Bindereff ist allerdings, dass das Rollgroß während des Einrollens leicht Falten bildet und das Tuch sich dann in der Mastnut so verklemmen kann, dass es möglicherweise selbst mit brutaler Gewalt nicht mehr zu bewegen ist. Welcher Skipper wird sich bei einer aufziehenden Schlechtwetterfront mit dem Bootsmannsstuhl in halbe Masthöhe hochziehen lassen, um das Segel mit einem Messer freizuschneiden, bevor die erste schwere Böe in das noch stehende, viel zu große Segel einfällt?
Ein weiterer Nachteil: Die Rollanlage im Mast lässt es nicht zu, im Segel waagerechte Latten zu nutzen, was dazu führt, dass das Achterliek nicht wie üblich etwas konvex, sondern leicht konkav geschnitten werden muss. Dies verringert die Fläche des Segels im Vergleich zu einem normalen Großsegel mit Bindereff um etwa 10–15 %. Segelmacher haben die Marktlücke erkannt, und manche von ihnen bieten Rollgroßsegel mit senkrechten Latten an, mit der Behauptung, dass damit das Achterliek etwas weniger konkav geschnitten werden darf und es gleichzeitig nicht zum Killen kommt. Prinzipiell stimmt dies, doch steht der geringe Gewinn an Segelfläche (um die 5 %) in einem sehr ungünstigen Verhältnis zum massiven Aufpreis. Abgesehen von diesen technischen Aspekten ist ein Rollmast deutlich teurer als ein konventioneller Mast.
Ebenfalls sehr teuer, dafür aber ohne Klemmprobleme in unerreichbarer Höhe zu verursachen, ist eine Rollgroßeinrichtung, die erst seit wenigen Jahren auf dem Markt und dementsprechend bisher nur wenig verbreitet ist: Das Rollgroß im Baum. Dabei handelt es sich nicht - wie man meinen könnte - um einen drehbaren Baum, um den das Großsegel aufgerollt wird. Das Segel wird vielmehr innerhalb einer nach oben offenen Baum-Halbschale um eine profilierte Drehspindel gerollt. Dadurch ergeben sich zwei entscheidende Vorteile gegenüber der Rolleinrichtung im Mast: Das Segel kann wie bei konventioneller Refftechnik mit waagerechten Latten, auch voll durchgelattet, hergestellt werden. Und falls es einmal klemmen sollte, befindet sich das Problem in erreichbarer Höhe.
Riggmaterial: Wenn denn Unabhängigkeit, also die Möglichkeit zum selbstständigen Reparieren - zur Not auch mitten im Pazifik - das entscheidende Kriterium ist, kann die Antwort nur Aluminium für den Mast und Edelstahl für die Wanten heißen. Zwar werden immer häufiger Segelyachten auch mit Carbonmast und Carbonwanten angeboten, doch ist dies nur für Regattasegler oder sehr gut betuchte, sportlich orientierte Fahrtensegler interessant. Ein Carbonrigg ist deutlich steifer als ein konventionelles Rigg, somit im Trimm präziser einstellbar, aber es ist auch

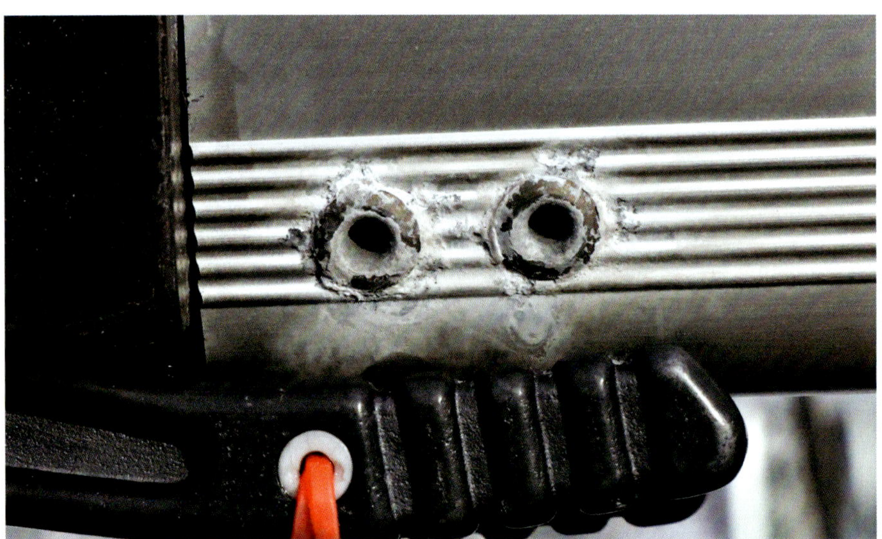

Elektrolyse an Nieten im Großbaum.

schlag- und UV-empfindlich, somit häufiger zu wechseln und nur schwierig mit Bordmitteln zu reparieren. So bleibt nicht nur unter Kostengesichtspunkten der gute alte Alumast die für den Fahrtensegler sinnvollste Wahl.

Verfechter eines Carbonriggs betonen gern, dass an älteren Alumasten manchmal Elektrolyseprobleme an Kontaktflächen zwischen Edelstahlbeschlägen und Aluminium festgestellt werden. Das Aluminium zersetzt sich im Kontakt mit Edelstahl langsam zu bröseligem Aluminiumoxyd. Dieser Effekt kann in der Tat nach etwa 10–20 Jahren auftreten, insbesondere wenn die falschen Nieten beim Anbringen des Beschlags verwendet wurden (s. Foto). Wird tatsächlich am Mast Elektrolyse festgestellt, ist das – sofern früh genug erkannt – allerdings kein Beinbruch. Der Beschlag sollte durch Ausbohren der alten Nieten abgenommen, die Kontaktfläche zum Mast gereinigt und mit einer isolierenden Plastikfolie bedeckt und der Beschlag mit speziellen Nieten aus einer besonderen Legierung (Monel) neu angesetzt werden.

Wanten und Stage sollten auf einem Fahrtenboot wegen der längeren Haltbarkeit und Zuverlässigkeit aus Edelstahl sein, doch sind dabei drei Varianten zu unterscheiden: Massivmaterial, auch Rod-Rigg genannt, konventioneller 1x19 gedrillter Stahldraht und schließlich Dyform. Die Hauptunterschiede zwischen den drei Stagarten sind das Dehnungsverhalten und der Preis. Regattasegler bevorzugen das massive Rod-Rigg wegen seiner extrem geringen Dehnung. Rod-Rigg ist allerdings schwieriger zu verarbeiten als die anderen beiden Drahtsorten und liegt auch preislich an der Spitze. Der am häufigsten verarbeitete und kostengünstigste Draht ist der aus 19 Seelen gedrillte, sogenannte 1x19-Draht. Er hat für den

Fahrtensegler den im Vergleich zu den anderen Alternativen wichtigen Vorteil, dass er bei Bruch selbst repariert werden kann. Es gibt spezielle schraubbare Endbeschläge, die keine Pressungen erfordern. Wanten und Stagen im Rigg brechen in der Regel an den Pressungen der Endbeschläge. Mit den für diese Reparatur vorgesehenen schraubbaren Endbeschlägen aus der Ersatzteilkiste des Skippers (bekannt unter den Namen Sta-Lock- oder Norseman-Terminals) lässt sich so manches Riggproblem lösen (s. Foto). Spezielles Werkzeug, außer den ohnehin üblichen Schraubenschlüsseln, ist nicht notwendig.

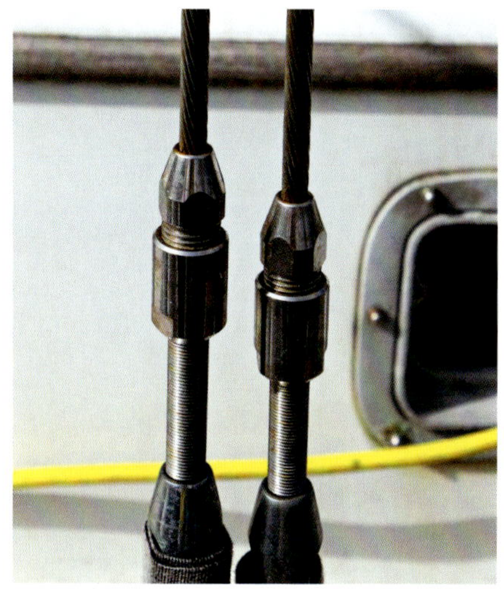

Schraubbare Terminals (Norseman/Sta-Lock) an den Wanten ermöglichen Riggreparaturen auch ohne Rigger.

Dyform, die dritte Alternative liegt konstruktiv wie preislich zwischen den beiden oben beschriebenen Varianten. Dyform ist die Bezeichnung für einen ebenfalls gedrillten Stahldraht, der aber aufgrund einer speziellen Querschnittsform der einzelnen inneren Drähte besonders eng gedrillt werden kann und dadurch in seiner Steifheit zwischen normalem 1x19- und Rod-Rigg liegt. Eine Reparatur mit Bordmitteln ist allerdings wie beim Rod-Rigg nicht möglich.

Segel und Leinen

Über die Frage der Rollsegel wurde schon weiter oben im Kapitel über das Rigg nachgedacht. Im Folgenden geht es um Materialauswahl, Schnittalternativen, kostengünstige Anschaffung und Reparatur von Segeln und Leinen sowie deren Entsorgung.

Segel sollen vor allem möglichst viel Vortrieb bringen, hoch belastbar sein und dabei – für Fahrtensegler wichtiger als für Regattasegler – auch längerfristig haltbar und zuverlässig einsetzbar bleiben. Und das alles natürlich möglichst kostengünstig.

In der Tuchauswahl ist inzwischen das Angebotsspektrum derartig breit geworden, dass eine Beschreibung zu weit führen würde. Jeder Tuchhersteller hat sein eigenes Tuch-Vokabular. Man kann grob zwei Tuchgruppen unterscheiden: einschichtige reine Polyester- oder Polyester-Dyneema-Mischgewebe und mehrschichtige Segeltücher, auch Sandwich-Tücher oder Laminate genannt, bei denen verschiedene Kunstfaserarten und Folien in mehreren Schichten übereinander verklebt

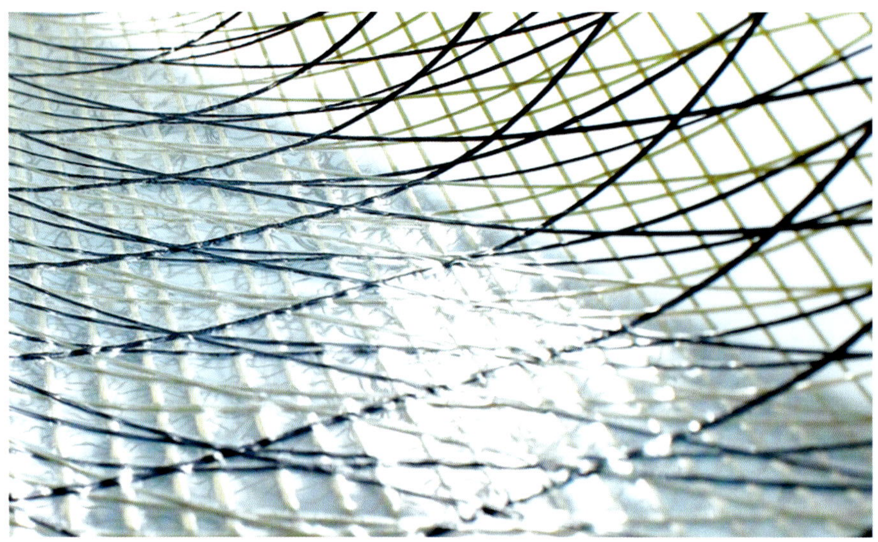

Modernes Laminat-Segeltuch mit Spectra- und Carbon-Verstärkungsstruktur.

sind. Zur ersten Kategorie gehört das seit Langem bekannte Dacron und auch das neuere Hydranet. In der zweiten Kategorie ist das Spektrum an Kunstfasertypen besonders breit: Pentex, Spectra-Dyneema, Kevlar, Carbon und manch andere.
Die Kriterien für die Auswahl des Tuches im Hinblick auf die Herstellung eines speziellen Segels sind: Verwendungszweck, Dehnungsstabilität, Gewicht, Knickempfindlichkeit, UV-Beständigkeit, Langzeitstabilität und Kosten.
Leider ist es bei den Segeltüchern wie beim Rumpfmaterial: die »eierlegende Wollmilchsau« existiert nicht. Wird beispielsweise hoher Dehnungsstabilität bei geringem Gewicht besondere Priorität gegeben (Carbon und Spectra im Profi-Regattaeinsatz), ist die Knickempfindlichkeit (Stautechnik) und Langzeitbelastbarkeit eher schwach. Dasselbe gilt auch umgekehrt.
Welche Eigenschaften sollte das Tuch für Fahrtensegler oder gar Langfahrtsegler haben? Auf einem nicht-regattaorientierten Fahrtenboot ist es praktisch egal, ob die Genua 5 oder 10 kg schwerer oder leichter ist. Wichtig ist, dass sie aus einem Tuch mit hoher Dehnfestigkeit und guter Langzeitstabilität gefertigt wurde. Auch sollte es das Segel vertragen, in einer Stresssituation unordentlich und ungefaltet in den Segelsack gepresst zu werden, ohne Schaden zu nehmen. Sandwichtücher mögen das gar nicht. Diese sollten möglichst gerollt werden. Aber wie soll das bei 2 m Seegang an Deck bewerkstelligt werden? Außerdem sollte die UV-Belastbarkeit möglichst hoch sein, denn bereits in Portugal ist die UV-Strahlung im Mittel doppelt so stark wie in der Ostsee. Auch hier ist ein Blick auf die Schadenstatistik der Yachten der ARC-Flotte der letzten Jahre aufschlussreich. Auf vielen Schiffen mit Laminatsegeln (Sandwichtücher) zeigten sich in den Tropen Auflösungs-

erscheinungen zwischen den Schichten der Laminate. Ein Gang über die Stege in La Coruna, Arrecife, Mindelo oder Horta mit Blick auf die Segel der Langfahrtyachten bestätigt die Erfahrungen der ARC-Teilnehmer: Die Mehrzahl der Fahrtensegler wählt nach wie vor Dacron als Tuchmaterial. Doch Dacron ist nicht gleich Dacron. Es gibt erhebliche Unterschiede, sowohl in der Qualität der Faser als auch in der Verarbeitung. »Low Aspect«, »High Aspect«, stark oder schwächer getempert, mit oder ohne hineingewebte Dyneemafasern (Hydranet) – detaillierte Beschreibungen dazu finden sich auf den Webseiten der Segelmacher. Ein ausführliches Gespräch vor der Bestellung eines Segels ist in jedem Fall anzuraten. Manche Segelmacher neigen allerdings dazu, eher Performance-orientiert zu beraten. Heißt: Es wird manchmal zu einem eher leichteren Tuch geraten, mit dem zweifellos richtigen Hinweis auf bessere Leichtwindeigenschaften. Natürlich gibt es nicht wenige Segler, die ab 5 Bft. im Hafen bleiben, aber der Fahrtensegler, der auch immer mal wieder in Starkwind gerät, der längere Zeit in sonnenreichen Revieren unterwegs ist und der seine Arbeitsfock nicht als fünf Meter lange Wurst aufgerollt unter Deck stauen kann (Sandwichtücher), ist mit Sicherheit mit etwas schwererem Dacron von hoher Qualität besser beraten.

Noch ein Tipp: Grundsätzlich ist es zweckmäßig, einen Segelmacher in der Nähe des ständigen Liegeplatzes zu wählen, denn so kann er zum einen die Maße für das neue Segel selbst nehmen, und zum anderen ist der Weg für eine spätere kleine Modifikation oder Reparatur nicht so weit. Ist aber eine längere Seereise geplant, lohnt es sich, zu prüfen, ob in einem der Länder, die unterwegs angelaufen werden, die Preise für Segel nicht deutlich günstiger sind als zuhause. Es gibt Länder, auch in Europa (beispielsweise Frankreich), in denen ein neues Segel, gleiche Maße, gleiches Tuch, gleiche Verarbeitung, 30 % billiger zu bekommen ist als in Deutschland. Nur wenige segeln zwar nach Neuseeland, in das Land, wo Segeln die Bedeutung hat wie in Deutschland der Fußball. Dort bekommt man allerdings seinen neuen Satz Segel in Top-Qualität sogar für etwa die Hälfte des deutschen Preises.

Die technische Entwicklung von Tauwerk ähnelt der des Segeltuchs: Hanfseile findet man – so wie Bauwollsegel – nur noch im Museum. Und selbst ambitionierte »Öko-Segler« verwenden heute keine Leinen mehr aus wenig reißfesten Naturfasern. Polyesterfasern haben mit ihren hervorragenden Nutzeigenschaften die schnell verschleißenden und viel Wasser aufnehmenden Naturfasern verdrängt. Die Frage ist allerdings, ob die im Ausrüstungshandel angebotenen High-Tech-Fasern wie beispielsweise Dyneema wirklich für den Fahrtensegler vorteilhaft sind?

Leinen und Tauwerk müssen je nach Einsatzzweck unterschiedliche Eigenschaften haben. Während bei Festmachern eine gewisse Elastizität vorteilhaft ist, sollten Schoten und Fallen möglichst wenig Reck besitzen. Allen Leinen gemeinsam sollte aber sein, dass sie in Ihrer Oberfläche möglichst unempfindlich gegen Scheuern sind und eine möglichst hohe Bruchfestigkeit besitzen. Auch hundertfach wiederholtes Reiben an Winschen, Umlenkrollen oder Klampen sollte nur sehr geringe

Abriebspuren hinterlassen und die Bruchfestigkeit nicht oder nur sehr wenig verringern. Außerdem sollten alle Leinen möglichst UV-beständig sein. Wichtig ist auch, dass sie gut in der Hand liegen, um gut bedient und aufgeschossen werden zu können.

Leinen und Tauwerk aus Polyester gibt es seit mehr als einem halben Jahrhundert, sodass die Hersteller genügend Zeit hatten, hervorragende Leinen mit passenden Eigenschaften für jeden Einsatzzweck an Bord zu entwickeln. Allerdings haben selbst sehr gute Polyesterleinen, die speziell für Schoten und Fallen hergestellt sind, etwa 3 % Reck in ihrem Arbeitslastbereich. Bei einem 15 m langen Fall sind das immerhin etwa 45 cm. Das bedeutet, dass beim Durchsetzen diese Elastizitätstrecke mit gewinscht werden muss, und selbst nach dem Belegen der Leine kommt es unter Höchstbelastungen zu einem weiteren geringen Reck. Dass dies insbesondere Regattaseglern nicht gefällt, ist leicht einzusehen, denn der gute Segeltrimm ist schließlich von der Spannung auf Fallen, Schoten und Streckern abhängig. Die Tauwerkhersteller haben natürlich diese Marktlücke erkannt und bieten Kunstfasern wie Dyneema mit deutlicher weniger Reck an. Dyneema-Leinen haben nur etwa halb so viel Reck wie Polyesterleinen. Sehr gute und entsprechend teure Leinen haben sogar weniger als 1 % Reck. Und das bei deutlich höherer Bruchlast als Polyesterleinen bei gleichem Durchmesser. Somit kann der Regattasegler einen kleineren Durchmesser bei gleicher Bruchlast wählen und dadurch gleichzeitig das Gesamtgewicht reduzieren. Dass dies seinen Preis hat, ist selbstverständlich: Je nach Qualität sind Dyneema-Leinen etwa doppelt so teuer wie Polyestertauwerk. Neben dem Kostenaspekt kommt ein anderer Nachteil hinzu: Dyneema ist sehr UV-empfindlich. Darum werden Dyneema-Leinen nur im Kern aus dieser hochfesten Kunstfaser hergestellt, während die UV-stabilisierende Ummantelung nach wie vor aus Polyester besteht. Reißt diese recht dünne Ummantelung, ist die Dyneema-Leine schnell durch UV ruiniert.

Was folgt daraus für den Einsatz auf einem Fahrtenboot? Der Gewichtsvorteil liegt summiert auf alle Fallen und Schoten auf einer 12-m-Yacht bei etwa 10 kg. 10 kg von 10 Tonnen Verdrängung entspricht 0,1 %. Der Preisunterschied macht bei drei Fallen, zwei Paar Schoten und einigen anderen Streckern je nach Qualität um die 300–400 Euro aus. Ein weiterer wichtiger Unterschied: Die Genuaschot einer 11-12-m-Yacht hat in der Regel 12 mm Durchmesser und liegt damit gut in der Hand. Der Skipper mit hohen sportlichen Ambitionen kann – sofern er Dyneema wählt – den Durchmesser bis auf 8 mm reduzieren. Eine 8-mm-Leine, auf der die hohen Kräfte einer dichtgeholten Genua lasten, schneidet sich aber leichter in die Hand ein und lässt sich einfach nicht so angenehm handeln wie eine etwas dickere und weichere Leine. Die kostengünstigere Polyesterleine scheint somit auf einem Fahrtenboot nach wie vor die sinnvollere Wahl. Sie ist langlebiger, angenehmer zu handeln und der Reckunterschied von etwa 1–2 % lässt sich schnell durch eine weitere Winschkurbeldrehung kompensieren.

Das Ankergeschirr

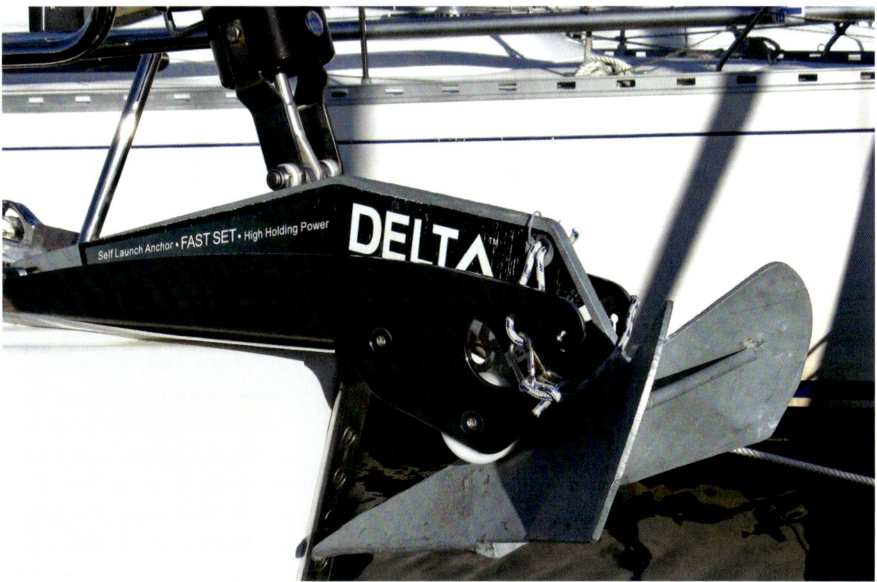

Delta-Anker (oben).
Rocna-Anker (unten).

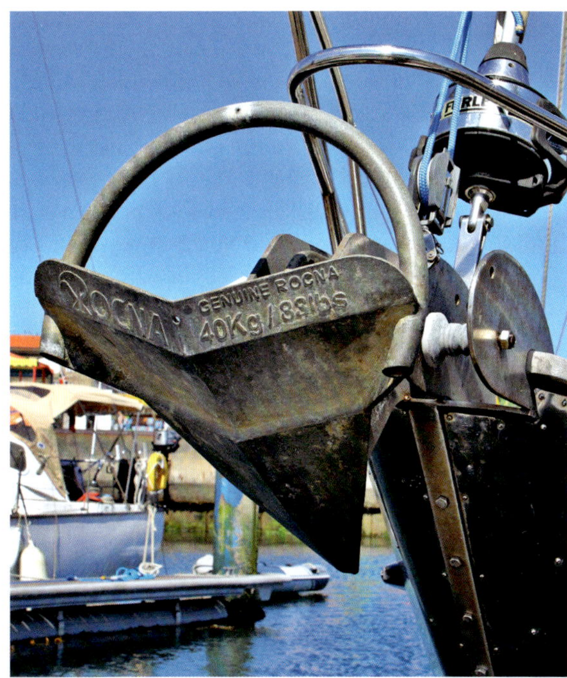

Bei aller Kritik an so mancher »moderner Technik« an Bord muss auch einmal gesagt werden, dass die heute zur Verfügung stehende Ankerausrüstung eindeutig besser ist als vor 40 Jahren. Die Ankerformen wurden optimiert, die Ankerwinden zuverlässiger und die Ketten haltbarer. Viele Jahre war der CQR-Anker mit Recht der bevorzugte Anker der

Fahrtensegler. Es ist nach wie vor ein guter Anker, sowohl auf Sand als auch im Schlick. Doch inzwischen wurden zwei neue Ankertypen entwickelt, die sowohl nach den Testberichten führender Segelzeitschriften als auch nach der Erfahrung vieler weitgereister Segler eine noch höhere Haltekraft haben als der CQR-Anker: der DELTA-Anker und der ROCNA-Anker. Alle anderen Ankertypen sind diesen beiden in der Haltekraft deutlich unterlegen.
Beide gehören in die Gruppe der Pflugscharanker, doch hat der ROCNA zusätzlich einen halbkreisförmigen Bügel über seiner Flunke. Der Bügel sorgt dafür, dass sich der Anker seine optimale Position zum Eingraben auch dann selbst sucht, wenn er anfangs ungünstig um 180° verdreht auf dem Meeresboden liegt. Ist er der Bootsgröße entsprechend dimensioniert, mit ausreichend langer Kette verbunden und auf passendem Ankergrund eingesetzt, ist auch bei Starkwind sicheres Halten gewährleistet. Welche Kettenlänge von welchem Durchmesser bei welcher Bootsgröße gewählt werden sollte, ist in folgender Tabelle dargestellt:

Empfohlene Maße zu Ankergewichten, Kettenlänge und Gliedstärke

Rumpflänge	**10m**	**12m**	**14m**
Ankergewicht	12-16kg	16-20kg	20-25kg
Kettenlänge	30-50m	40-60m	50-80m
Gliedstärke	8mm	10mm	12mm

Empfehlungstabelle zu Ankergewicht, Kettenlänge und Gliedstärke.

Auch die Ankerwinschen, die heutzutage auf dem Markt sind, sind überwiegend von sehr guter Qualität. Früher gab es häufiger Schäden an den Ankerwinden, weil verschiedene Metalle wie Alumium, Stahl und Bronze miteinander verarbeitet wurden, ohne auf elektrolytische Probleme zu achten. Auch fielen häufiger die Relais aus, mit denen zwischen Fieren und Bergen umgeschaltet wurde. Bessere Technik hat inzwischen die Winschen zuverlässiger und belastbarer gemacht. Allerdings gilt nach wie vor: Lieber eine Nummer größer kaufen. Für eine 12-m-Yacht mit einem 25-kg-Anker und 50 m Kette in 10 mm Stärke sollte die Winsch eine Leistung von 1500 Watt haben. Zwar sieht man viele Yachten, die bei dieser Ankerausrüstung Winschen mit nur 1000 Watt Leistung an Deck haben, doch wird es damit mühsam, bei viel Wind den Anker zu bergen. Manuell betriebene Winschen sind nur bis zu einer Rumpflänge von etwa 8-9 m zu gebrauchen.
Wichtig ist es, die gesteckte Kettenlänge zu beurteilen, aber sie lässt sich nur schlecht schätzen. Da sie in Beziehung gesetzt werden muss zur Wassertiefe (bei wenig Wind mindestens 3-fache Wassertiefe als Kettenlänge, bei viel Wind

5-6-fache Wassertiefe und mehr), muss eine Möglichkeit geschaffen werden, die ausgebrachte Kettenlänge genauer zu messen. Viele Winschen lassen sich mit einem elektronischen Kettenzählwerk kombinieren. Solange diese Elektronik funktioniert, ist das sehr praktisch, doch ich bevorzuge nach wie vor die simple mechanische Methode, alle 5 m eine Markierung mit Kabelbindern anzubringen, nach Zahl und Farbe der Kettenlänge angemessen. Sie ist billiger und langfristig zuverlässiger. Einige Segler markieren die Kettenlänge mit Farbe, doch ist dies bei häufigem Ankern nicht lange haltbar.

Manche Segler schenken ihrer geliebten Yacht einen Anker und eine Kette aus Edelstahl – mit der Überlegung, dass sie so auch langfristig keine Rostprobleme bekommen. Dass diese Kette je nach Qualität 3–5 Mal so teuer ist wie eine verzinkte Kette wird akzeptiert. Die Überlegung ist allerdings nur unter der Voraussetzung richtig, dass tatsächlich hochwertiger, für den Einsatz im Seewasser vorgesehener Edelstahl verarbeitet wurde, aber das ist leider keineswegs selbstverständlich. Insbesondere bei Edelstahlketten fällt auf, dass es gewaltige Preisunterschiede gibt. Es gibt im Bootshandel Edelstahlketten aus Asien, die weniger als die Hälfte einer Kette aus Europa kosten. Aber es gibt auch etliche Erfahrungsberichte von Seglern, denen eine solch günstig gekaufte Edelstahlkette trotz ausreichender Dimensionierung bei Starkwind gebrochen ist. Manche Segler haben nach einigen Jahren auch Lochfraß an ihrer Edelstahlkette feststellen müssen. Doch selbst eine sehr gute Edelstahlkette besitzt gegenüber einer verzinkten Stahlkette einen entscheidenden Nachteil: Edelstahl ist nicht so dehnbar wie gewöhnlicher Stahl. Die Kettenglieder einer verzinkten Stahlkette werden sich, bevor sie brechen, etwa 20–30 % dehnen. Der Übergang zwischen Höchstbelastung und Bruch erstreckt sich über

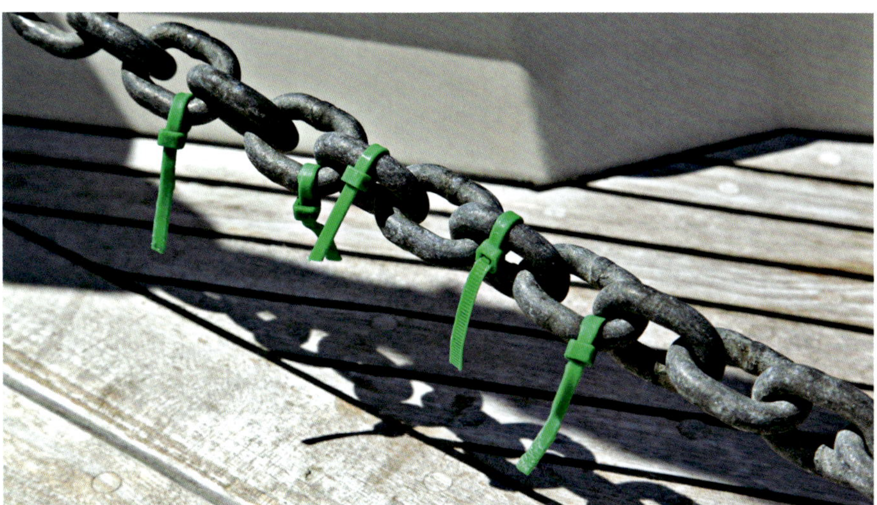

Markierungen an der Ankerkette mit Kabelbindern zum Ablesen der gesteckten Kettenlänge.

eine recht große Kraftdifferenz, während Edelstahlketten bei sehr kräftiger, ruckartiger Belastung plötzlich brechen können, ohne sich vorher zu dehnen. Eine 12-m-Yacht, die bei Starkwind vor Anker vom einen auf den anderen Bug hin und her schwojt, kann beim Einrucken in die Kette kurzzeitig Kräfte von deutlich mehr als einer Tonne auf die Kette wirken lassen. Dann ist Stahl mit mehr Elastizität klar im Vorteil. Mit anderen Worten: Schenken Sie lieber ihrer Frau einen Diamanten als dem Schiff eine Edelstahlkette.

DIN oder ISO? Man findet bei deutschen Yachtausrüstern Ketten mit zwei verschiedenen Herstellungsnormen: DIN 766 und ISO 818. Beide Kettennormen sind für den Gebrauch an Bord geeignet, doch sind die Kettenglieder unterschiedlich geformt. Dies hat zur Folge, dass die Kettennuss auf der Ankerwinsch der Kettennorm angepasst sein muss. Da DIN-Ketten fast nur in Mitteleuropa zu finden sind, ISO-Ketten aber weltweit, ist es unter dem Gesichtspunkt des Neukaufs einer verlorenen Ankerkette – vielleicht irgendwo mitten in den Antillen – sicherlich sinnvoller, sich für die ISO-Kette zu entscheiden. Aber Vorsicht: Eine ISO-Kette wird sich auf einer DIN-Ankerwinschnuss verklemmen und umgekehrt.

Die Motorisierung

Auch wenn der Dieselmotor in letzter Zeit auf der Straße etwas in Verruf geraten ist, ist er auf einer Segelyacht mit längerem Reiseprogramm (gemeint sind nicht Wochenendtörns) momentan noch unersetzbar. Momentan deshalb, weil die Entwicklung der Batterien für Elektromotoren ja noch in den Kinderschuhen steckt und die Beurteilung in 10 Jahren vermutlich eine andere sein wird als heute. Jedenfalls lässt sich bei heutigem Entwicklungsstand sagen, dass selbst wenn die Hälfte des Kielgewichtes einer mittelgroßen Segelyacht (9 Tonnen Verdrängung) in Lithium-Ionen-Batteriegewicht umgewandelt würde, die mittlere Reichweite bei etwa 5 kn Fahrt nicht mehr als maximal 50 Seemeilen betrüge. Für Wochenendtörns wäre das in der Tat ausreichend, aber während einer längeren Seereise kommt es auch mal vor, dass durch eine ausgedehnte Flautenzone mitten in einem Hochdruckgebiet vielleicht über 100 Meilen motort werden muss. Selbst mit 20 Quadratmetern Solarfläche und voller Sonneneinstrahlung ließe sich die dafür benötigte Elektrizitätsmenge nicht während der Fahrt nachladen.

Dieselmotoren sind – vorausgesetzt, dass sie gut gewartet werden – inzwischen sehr zuverlässig. Die meisten Wartungsarbeiten wie der Wechsel des Öls, des Filters, des Keilriemens und des Impellers in der Kühlwasserpumpe, die Reinigung des Kühlwasserfilters und des Wasserabscheiders in der Kraftstoffversorgung, die Kontrolle der Motorlager und die Reinhaltung des Diesels lassen sich durchaus in Eigenregie durchführen. Es gibt gut verständliche Fachliteratur auch für Motorlaien (s. »Literaturtipps« im Anhang), und etliche Segelvereinigungen bieten Wochenend-Motorenseminare an, wo konkret am »Operationstisch« gelernt und gearbeitet werden kann. Für den Langfahrtskipper sind diese Seminare höchst

empfehlenswert, denn nicht jeder Skipper hat beruflich einen technischen Hintergrund.
Doch das Wissen allein reicht nicht; es müssen auch das notwendige Werkzeug und die wichtigsten Ersatzteile an Bord sein. Über das notwendige Werkzeug informieren die o. g. Seminare und Bücher. Die auf Langfahrt häufig benötigten Ersatzteile lassen sich über spezielle Listen herausfinden, die von den meisten Motorenherstellern angeboten werden. Ansonsten sollte man einfach einen einschlägigen Vertreter der Marke des eingebauten Motors kontaktieren. Jedenfalls sollte der Segler nicht davon ausgehen, dass er unterwegs auf Reise schnell an benötigte Teile herankommt. Selbst wenn die Bestellung über Internet und der Versand über Express-Service gut funktionieren, verursacht in vielen Ländern der Zoll oft tagelange, ja manchmal wochenlange Verzögerungen bei der Auslieferung.
Ein kleiner Tipp bei Startproblemen an Dieselmotoren: Abgesehen davon, dass die Batterie leer sein kann oder durch ein Leck Luft in die Dieselleitungen eingedrungen ist, kann speziell bei neueren Motoren die Ursache der Dienstverweigerung in der Startelektronik liegen. Reparatur auf See ist in der Regel unmöglich. Aber: Selbst an Motoren mit komplizierterer Startelektronik gibt es – sofern die Dieselzufuhr und die Batteriespannung in Ordnung sind – immer noch eine Notstartmöglichkeit, die in keinem Hersteller-Handbuch steht: das Kurzschließen zweier Kontakte am Startermotor. Aber Vorsicht: Lassen sie es sich vor dem realen Einsatz von einem Motorenelektriker genau zeigen, welche Kontakte in welcher Weise kurzzeitig verbunden werden müssen, denn das Verfahren ist nicht ganz ungefährlich.
Eine Liste der wichtigsten Dinge zur Motorwartung und Reparatur findet sich auf S. 108.
Eines sollte man jedoch nicht vergessen: Vor dem Ablegen zur großen Reise überprüfen, ob auch sämtliches Werkzeug für den Wechsel der o. g. Teile tatsächlich an Bord ist.
Zudem ist der beste Motor nichts wert, wenn er durch schmutzigen Diesel, eine ausgefallene Kühlung oder durch einen elektrischen Fehlkontakt am Starterpanel ausgefallen ist. Fragen der Sauberkeit des Diesels wurden bereits weiter oben auf S. 56 behandelt. Kühlungsprobleme können nicht nur auftreten durch einen überalterten Impeller in der Kühlwasserpumpe, sondern entstehen nicht selten durch Plastiktüten, die sich in den Kühlwassereinlass außenbords setzen. Da hilft nur tauchen! Also muss auch mindestens eine Tauchmaske an Bord sein. Besser auch zusätzlich Flossen und Schnorchel. Und auf einem Törn in kühleren Revieren ein Neoprenanzug mit passendem Bleigürtel, denn ohne diesen kommt man wegen des Auftriebs vom Neopren nicht hinunter bis an den Propeller, der – genau wie der Kühlwassereinlass – möglicherweise ebenfalls eine Plastiktüte oder einen alten Tampen eingefangen hat.
Im Zusammenhang mit der Motorisierung stellt sich auch die Frage nach dem Beiboot und dessen Antrieb: Wer in amerikanischen Gewässern segelt, wird verblüfft

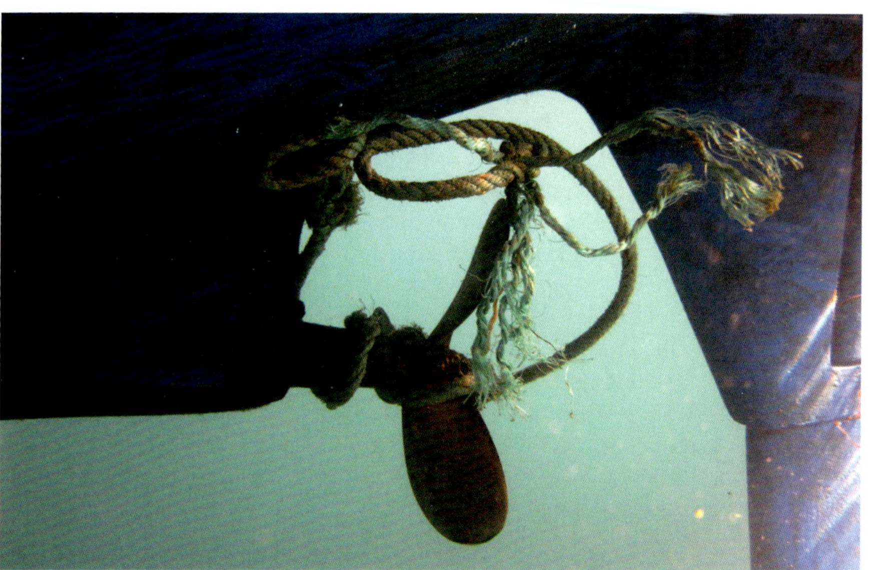

Pech gehabt – Tampen im Propeller.

feststellen, dass dort auch ein kleines Beiboot oft mit mindestens 50 PS motorisiert wird. Es geht aber auch vernünftiger. Das Beiboot einer 12-m-Yacht hat in der Regel etwa 2,5 bis 3 m Länge, um auch noch akzeptabel gestaut werden zu können. Aufblasbare Boote mit festem Boden (GFK oder Aluminium), sogenannte Semi-Rigids, lassen sich nur auf dem Vordeck liegend, oder am Heck an Davits hängend stauen. Inzwischen gibt es aber auch recht stabile aufblasbare Beiboote mit ebenfalls aufblasbarem Boden und aufblasbarem V-Kiel, die leergepumpt und im Sack verstaut vor oder hinter dem Mast wenig Platz benötigen und so beim Segeln kaum stören. Zum Antrieb reichen meist – bei etwas Übung und Fitness – zwei Riemen (fälschlicherweise meist Ruder genannt), doch wenn ein etwas steiferer Wind über die Ankerbucht weht, ist mit Muskelkraft und drei Personen im Boot schnell die Grenze des Machbaren erreicht. Ein Außenborder von 3–4, maximal 6 PS, reicht in der Regel aus, um ein 3-m-Beiboot auch gegen etwas kräftigeren Wind vorwärts zu bringen. Ein größerer Motor ist vor allem wegen seines größeren Gewichts von Nachteil, denn er muss ja von seiner Halterung am Heckkorb irgendwie hinunter ins Beiboot befördert werden – und das auf wackeligen Beinen im Beiboot stehend. So manch ein Außenborder ist dabei schon auf Tauchstation gegangen.
Seit einigen Jahren gibt es recht gute, nicht zu schwere und dennoch leistungsstarke Elektro-Außenborder mit abnehmbarer Li-Ion-Batterie, sodass das Transportieren und Stauen kein Problem sind. Allerdings kosten sie mehr als das Doppelte eines Benzin-Außenborders, der andererseits aber nicht nur unzuverlässiger ist und aufwendiger gewartet werden muss, sondern auch die Geruchs- und Gehör-

nerven belastet. Unter ökologischen Gesichtspunkten sind Elektro-Außenborder ohne Zweifel die erste Wahl.
Für welchen Motor sich der Skipper auch entscheiden mag - zwei starke Riemen und zwei wirklich belastbare Dollen zur Befestigung sind ebenso wichtig wie der Motor selbst. Auf zu vielen Beibooten sind allerdings die Beschläge zur Befestigung der Riemen nur für den leichten Einsatz vorgesehen. Falls es dann einmal bei viel Wind zu einem Motorausfall kommt und wirklich hart gepullt werden muss, brechen die unterdimensionierten Plastikteile schnell weg.

Elektrik und Elektronik

Zwar gibt es einige seltene Puristen (meist auf Holzyachten), die auf ihrem Schiff kein Stromkabel sehen wollen, denn sie legen Wert darauf, dass der ursprüngliche Stil hundertprozentig gewahrt bleibt, doch sind dies selten Segler, die mit ihrem Schiff auch größere Reisen unternehmen. Wer heute eine größere Seereise mit dem eigenen Boot unternimmt, will mit Recht mindestens ein Funkgerät, ein Echolot, ein GPS und elektrische Positionslaternen haben. Einige segeln ohne Kühlschrank, um den Stromverbrauch zu drosseln, aber das ist eher grenzwertig. Wie weit die Elektrifizierung an Bord gehen soll oder darf, muss jeder Yachteigner für sich entscheiden, aber vor der Entscheidung für oder gegen ein elektrisches oder elektronisches Gerät sollten ein paar Fragen geklärt werden:

- Hat sich das Gerät in der Vergangenheit beim Einsatz im Salzwassermilieu bewährt und als zuverlässig herausgestellt?
- Kann ich im Falle des Totalausfalls zur Not auch auf das Gerät verzichten?
- Ist bei Ausfall des Gerätes der weitere Törnverlauf oder gar die Sicherheit von Boot oder Mannschaft gefährdet?
- Habe ich eine praktikable Alternative in Reserve?
- Kann ich das Gerät selbst reparieren oder brauche ich Fremdhilfe?
- Wie schwierig ist es, Fremdhilfe zu finden?

Es gibt viele elektronikbegeisterte Segler, aber mindestens ebenso viele, deren Glaube an diese Technik nach Pannen auf See erschüttert wurde. Sicherlich könnte die Industrie durchaus extrem zuverlässige Elektroniksysteme für Yachten konstruieren, aber nicht zu Preisen, die vom Durchschnittssegler akzeptiert werden. So kommt es dazu, dass einfach recht viel »Spielzeug« auf den Markt gebracht wird. Ein renommierter Hersteller für Yachtausrüstung bietet seit Kurzem elektronische Miniatursensoren an, die in größerer Zahl auf die Segel geklebt werden und dort Daten sammeln über Winddruck, Strömungsgeschwindigkeit, Killbewegungen, UV-Strahlung, Temperatur und Einsatzzeit. Diese Daten werden dann gemäß Hersteller zur »Verbesserung des Segelmanagements« über Bluetooth an das Mobiltelefon des Skippers gesendet, wo eine App die erfassten Daten grafisch und tabellarisch sichtbar macht. Die Technik kommt ursprünglich aus der Szene des America's Cup und wird nun dem technikbegeisterten, sportlich orientierten Normalsegler als

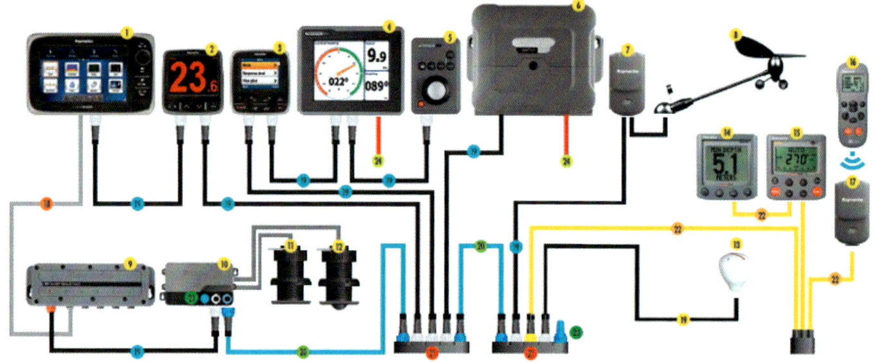

Breit verzweigtes Bussystem zur Verbindung zahlreicher elektronischer Geräte an Bord.

Trimmhilfe angeboten. Die Killbewegungen des Achterlieks müssen nun also nicht mehr durch einen Blick nach oben mit den Augen direkt wahrgenommen werden, sondern erscheinen auf einer App auf dem Smartphone. Ebenso wird die Zahl der Wenden und die UV-Strahlung gemessen, um den Verschleiß zu quantifizieren. Kommentar überflüssig, oder?

Mit dem zugenommenen Einsatz von Elektronik an Bord ist gleichzeitig die Abhängigkeit von gut geschultem Wartungs- und Reparaturpersonal gestiegen. So manch ein Skipper kann mithilfe eines Voltmeters die Ursache für den Stromausfall einer Positionslaterne finden, aber wenn das Display des Kartenplotters nur noch bunte Streifen zeigt, helfen Basiskenntnisse in einfacher Elektrik nicht mehr weiter. Es muss ein Elektroniker gefunden werden. Nur dummerweise liegt die Yacht momentan vor Anker hinter einem Korallenriff vor der Südküste von Kuba …

Vernetzung ist ein zentrales Stichwort unserer Zeit und in vielen Lebensbereichen von Vorteil. Vernetzung der Geräte an Bord kann aber zu erheblichen Problemen führen. Auf vielen Yachten sind inzwischen sogenannte Bus-Systeme installiert. Mit dem Begriff »Bus-System« werden Netzwerke von Instrumenten beschrieben, die alle an ein gemeinsames Datenkabel (Backbone) angeschlossen sind, eine gemeinsame Stromversorgung haben und untereinander Daten austauschen, um all diese auf einem zentralen Multifunktionsdisplay (MFD) abrufbar zu machen. In der Regel werden allerdings zusätzlich zum MFD wahlweise auch separate Displays z. B. für Lot oder Logge installiert. Die Zuverlässigkeit darf an zwei Punkten in Frage gestellt werden: erstens die gemeinsame Stromversorgung, die eben auch gemeinsam ausfallen kann, und zweitens die nicht immer vorhandene Kompatibilität mit Geräten anderer Marken als der des MFD. Theoretisch soll die Kompatibilität über die NMEA-Norm (aktuell NMEA 2000) gewährleistet sein. In der Praxis ist dies leider keinesfalls immer gegeben. Fällt das Echolot z. B. in Marokko aus und ist vielleicht nur ein Ersatzgerät eines anderen Herstellers in akzeptabler Zeit lieferbar, ist es möglicherweise nicht verwendbar, weil der Anschluss an das

Bus-System nicht funktioniert. Theoretisch sollten heute NMEA-taugliche Geräte verschiedener Hersteller über gleiche Farbgebung der fünf Litzen im Kabelbus leicht miteinander zu verbinden sein. Tatsächlich ist das aber keineswegs bei allen Herstellern der Fall, weil nicht alle die gleiche Farbkennung verwenden. Und um fünf verschiedenfarbige Kabel mit fünf andersfarbigen Kabeln zu verbinden, gibt es rechnerisch 120 Möglichkeiten. So zeigt sich schnell, in welche Abhängigkeit sich der Skipper begibt, wenn er ein Bus-System installiert. Doch der Fahrtensegler sucht alles andere als zusätzliche Abhängigkeiten. Der Wochenendsegler, der auch im Urlaub immer in der Ostsee bleibt, wird sich schnell ein passendes Ersatzgerät für sein ausgefallenes Echolot liefern lassen können. Doch was macht der Blauwassersegler in Jamaika in diesem Fall?

Die Alternative ist leicht gefunden: Getrennt installierte Geräte ohne gegenseitige Anschlussabhängigkeiten, an getrennten Stromkreisen und damit individuell beliebig austauschbar.

Es stellt sich schließlich die Frage: Welche Geräte brauche ich eigentlich wirklich und welche sind als Ergänzung vielleicht denkbar oder wünschenswert, aber keineswegs wirklich notwendig?

Folgende elektrischen / elektronischen Geräte sehe ich auf Langfahrt in der unverzichtbaren Basisausrüstung am Kartentisch und / oder auf dem Brückendeck:

Ein zuverlässiges, geeichtes Echolot

Ob die Eichung sich auf die Wasserlinie des Schiffes oder die Kielsohle bezieht, ist Geschmackssache. Ich bevorzuge eine Eichung auf reale Wassertiefe, also bezogen auf den Wasserpass, weil der Bezug zu den Tiefenangaben in der Seekarte direkter ist. Da das Echolot insbesondere beim Ankern mit zu den allerwichtigsten Ausrüstungsgegenständen an Bord gehört, könnte man sich entscheiden, ein zweites identisches Gerät an Bord zu haben. So kann sowohl der Geber als auch das Display bei Defekt schnell ersetzt werden. Wem das zu viel des Guten ist, der sollte aber wenigstens ein Handlot an Bord haben.

UKW-Seefunkgerät

Im Hinblick auf die Schiffssicherheit ist kein anderes Gerät so wichtig wie ein zuverlässiges Seefunkgerät. Zuverlässig bedeutet, dass es - auch am Kartentisch installiert - wasserdicht ist, alle elektrischen Kontakte vergoldet sein sollten und einen von anderen Geräten separierten Stromanschluss besitzt. Früher war für die Zulassung der Seefunkanlage vorgeschrieben, dass es elektrisch direkt an eine Batterie angeschlossen wurde, um weitestgehend Übergangswiderstände an Kontaktverbindungen im Schaltpanel zu minimieren. Die Vorschrift existiert nicht mehr, doch ist es nach wie vor sinnvoll, die Stromzuleitung so kurz und simpel wie möglich zu halten. Dass ein UKW-Gerät heute eine DSC-Funktion besitzt und dadurch im Notfall die Schiffsidentität über den MMSI-Code gesendet werden kann, ist glücklicherweise eine Selbstverständlichkeit geworden. Ob hingegen ein AIS-Empfänger oder gar ein Transponder mit in das Gerät eingebaut sein sollte, lässt sich diskutieren

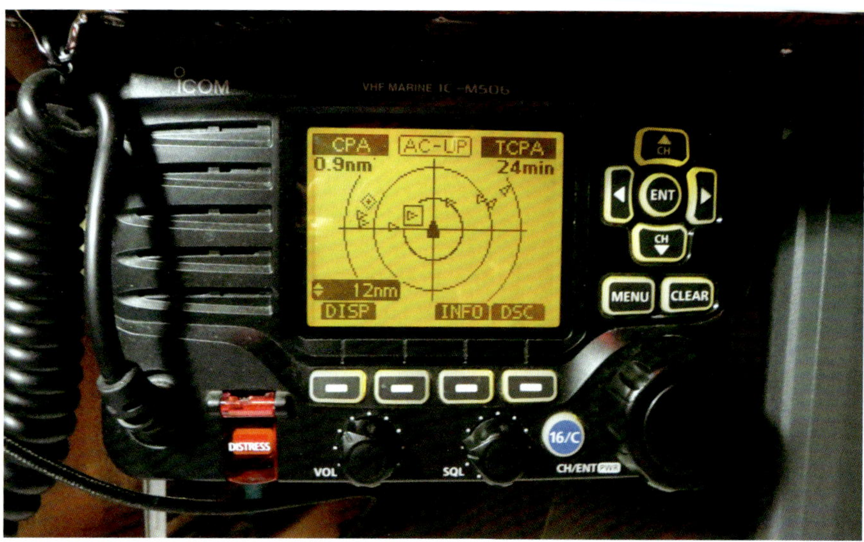

UKW-Seefunkgerät (VHF) mit integriertem DSC und AIS.

(s. o. zur Vernetzung). Manche Seefunkgeräte haben ein eingebautes GPS, andere müssen zum Senden des MMSI-Codes und der Position an ein separates GPS angeschlossen werden. Da aber wohl kaum ein Skipper auf ein GPS-Gerät neben dem Seefunkgerät verzichten wird, lässt sich die Meinung vertreten, dass ein UKW-Kombigerät mit eingebautem AIS und GPS sehr praktisch ist, ohne die Sicherheit einzuschränken. Vorausgesetzt, dass ein separates GPS vorhanden ist. Auf jeden Fall sollte bei der Anschaffung dieses im Mittelpunkt der Schiffssicherheit stehenden Gerätes finanziell nicht geknausert werden.

Neben dem fest eingebauten Seefunkgerät sollte auch ein mobiles UKW- Handfunkgerät (ebenfalls wasserdicht!) an Bord sein, denn in der Vorbereitung zum Einlaufen in einen fremden Hafen ist oft eine Kommunikation mit dem Hafenbüro von Deck aus notwendig. Der Skipper, der gleichzeitig oft die einzige Person mit Seefunkausbildung ist, wird dazu nicht unter Deck bleiben wollen. Außerdem ist das Hand-UKW im Seenotfall von extrem hoher Bedeutung in der Rettungsinsel.

Apropos Seenotfall: Es muss kein Mastbruch sein, der dazu führt, dass die Antenne des Seefunkgerätes ausfällt. Meist ist die Ursache für einen Antennenausfall Korrosion an der Trennstelle des Kabels unter dem Mastfuß oder am Antennenstecker direkt am Gerät. Manche Mastantennen haben auch – nicht sehr geschickt gelöst – eine Trennstelle oben im Mast direkt am Antennenfuß. Mit anderen Worten: Es gehört eine UKW-Ersatzantenne an Bord. Praktisch ist hier eine mobile Teleskopantenne mit ausreichend langem Kabel, die an eine beliebige Stelle an Bord – immer natürlich möglichst hoch – angeknotet oder mit Tape angeklebt werden kann.

Aber was hilft es, wenn der Einzige an Bord, der mit dem UKW umgehen kann, ausgefallen ist? Es gibt Länder, in denen Yachten nur dann zur See fahren dürfen, wenn neben dem Skipper eine zweite Person in der Crew ein Seefunkzeugnis besitzt. Selbst wenn man nicht so weit geht, ist es doch sehr sinnvoll, vor dem Auslaufen wenigstens einem Crewmitglied die Funktionsweise des Funkgerätes und die grundlegenden Kommunikationsabläufe zu erklären. Am besten zusätzlich in Kurzform auch schriftlich irgendwo am Kartentisch festgehalten.

GPS

Zwar sind Kartenplotter mit eingebautem GPS schon fast die Norm an Bord, aber notwendig sind sie nicht. Ein einfaches GPS, in das Wegpunkte programmiert werden können, ist für die sichere Navigation vollkommen ausreichend. Über die angezeigten Informationen zu Peilung und Abstand zum Wegpunkt ist jedes Ziel auf See und an der Küste sicher zu erreichen. Das Gerät sollte – wie die meisten anderen elektrischen Geräte auch – unter Deck am Kartentisch eingebaut sein und nicht an Deck, denn nur so ist das Risiko der Korrosion von elektrischen Kontakten minimal. Auch ist die Diebstahlgefahr verringert.
Aus Sicherheitsgründen für unverzichtbar halte ich auch ein zusätzliches, absolut wasserdichtes Hand-GPS. Und sei es nur für die Rettungsinsel ...

Kartenplotter

In Zeiten schrumpfender oder gar verschwindender Kartentische ist es nicht überraschend, wenn immer mehr Navigationsdaten auf ein und demselben Bildschirm dargestellt werden. Der Monitor, der noch vor einigen Jahren nur zur Darstellung der Seekarte benutzt wurde, ist inzwischen neben Kartenplotter gleichzeitig Radarbildschirm, AIS-Display, Routing-Assistent für Wetternavigation, Strömungsatlas, Echolot- und Sonar-Bilddarstellung, Verbrauchsanzeiger für Diesel und Wasser und bei neuesten Geräten sogar der Bildschirm für »Augmented Reality«, mit Einblendung beispielsweise der Kennungen der Seezeichen und Leuchtfeuer in ein von einer Kamera erfasstes Bild der Realität in der Umgebung der Yacht. Man kann nur hoffen, dass der Bildschirm wirklich schlagfest ist und alle elektrischen Kontakte der zahlreichen Stecker in diesem System aus purem Gold sind, um Kontaktprobleme im Salzwassermilieu langfristig auszuschließen. Das Problem dabei liegt in erster Linie darin, dass bei Ausfall des Bildschirms sämtliche Funktionen gemeinsam ausfallen. Manch ein elektronikbegeisterter Skipper hat darum gleich zwei Multifunktionsanzeigen angebaut, eine am Kartentisch und eine am Steuerstand. Bei Doppelsteuerstand im Cockpit gibt es auch nicht selten an jedem Steuerrad ein eigenes Multifunktionsdisplay. Hat das vielleicht auch etwas mit Statussymbolen zu tun?
Kompetenz statt Computer. Noch ein weiterer Aspekt spricht gegen den ständigen Gebrauch des Plotters: In einer wissenschaftlichen Untersuchung an der Universität Berlin (Prof. G. Müller-Plath) konnte nachgewiesen werden, dass sich bei

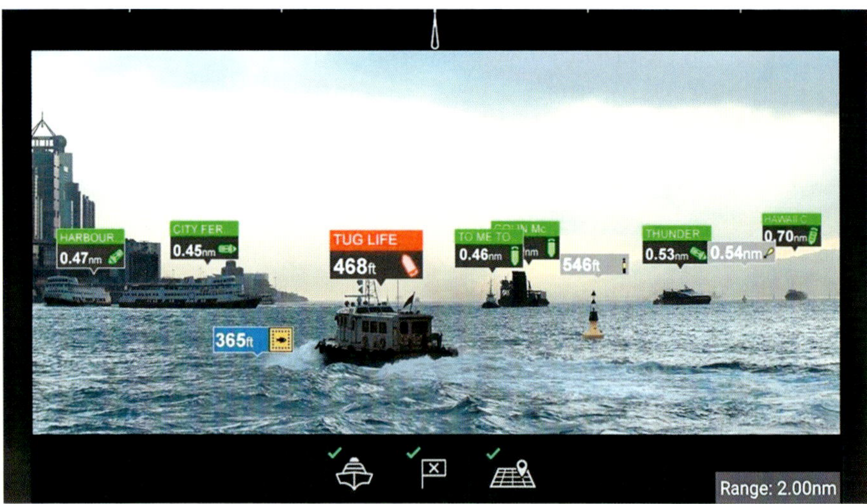

Moderner Kartenplotter mit auf »Augmented Reality« geschaltetem Bildschirm.

alleiniger längerfristiger Nutzung des Kartenplotters zur Navigation, also ohne Benutzung von Papierkarten und realen visuellen Vergleichspeilungen zur Küste, das räumliche Vorstellungsvermögen und damit auch die Sicherheit der Navigation erheblich verschlechterten. Mit fortschreitender Automatisierung verkommen unsere menschlichen Wahrnehmungssinne zunehmend. Gehen wir dafür segeln?
Beim Autofahren sind wir inzwischen daran gewöhnt, ein GPS-gestütztes Navigationssystem jederzeit zur Verfügung und direkt vor Augen zu haben. Beim Segeln besteht hingegen grundsätzlich keine Notwendigkeit, ständig diesen Bildschirm direkt vor der Nase zu haben. Denn selbst auf schnelleren Fahrtenyachten ist die Schiffsbewegung so langsam, dass immer genügend Zeit bleibt, vor einer vielleicht notwendigen Kursänderung zum Kartentisch hinunter zu gehen, um die Navigation zu überprüfen.

Zugegeben, insbesondere bei Schlechtwetter mit viel Wind ist der Rudergänger dankbar, wenn er eine zuverlässige Kursangabe aus einer Anzeige im Cockpit bekommt. Aber dafür braucht man keinen Kartenplotter an Deck. Es reicht eine GPS-Tochter, auch GPS-Repeater genannt. Ein kleines Display auf dem Brückendeck, wo die Peilung (BtW = bearing to waypoint) und der Abstand zum nächsten Wegpunkt (DtW = distance to waypoint) als Zahlen abgelesen werden können. Wichtig finde ich, dass diese Wegpunkte auch auf einer Papierseekarte auf dem Kartentisch eingezeichnet werden. Wenn dies sorgfältig gemacht wird, kann auf einen Kartenplotter vollständig verzichtet werden, ohne dass es zu Informationsverlusten kommt.

Einen kostengünstigen Kompromiss bildet ein Seekarten- und Navigationsprogramm auf dem meist ohnehin vorhandenen iPad oder Tablet-Computer. In kniffligen Hafeneinfahrten bei schlechter Sicht oder bei Nacht und in engen Passagen zwischen Untiefen bietet eine hochaufgelöste elektronische Seekarte zweifellos oft ein Sicherheitsplus. Doch Vorsicht: Viele Navigationsprogramme können zwar auch den Tidenstrom anzeigen, doch sind die für die Freizeitschifffahrt angebotenen Programme nicht in der Lage, auf die Gefahrensituation bei Wind gegen Strom hinzuweisen. Darüber hinaus ist die Zuverlässigkeit der Tiefeneintragungen in einigen elektronischen Seekarten in Frage zu stellen. Vor einiger Zeit musste ich in den Bahamas zu meiner großen Verunsicherung feststellen, dass auf der frisch aktualisierten elektronischen Seekarte eines marktführenden Anbieters die Wassertiefen in Flachwasserzonen großräumig überwiegend falsch waren. Die elektronische Karte zeigte 8–10 m Wassertiefe, tatsächlich waren es weniger als 4 m. Und zwar nicht isoliert an wenigen Punkten, sondern über mehrere Seemeilen hinweg, zeitweise in der Nähe von gefährlichen Sandbänken. Zum Glück hatte ich präzisere Papierkarten auf dem Kartentisch liegen.

Batterien und deren Speicherkapazität

Dass es unabdingbar ist, zwei elektrisch voneinander getrennte Batteriebänke an Bord zu haben, eine für den Motorstart und eine zweite für die restliche elektrische Ausrüstung, ist wohl hinlänglich bekannt. Denn nur so kann beispielsweise der Kühlschrank nicht die Starterbatterie für den Motor ungewollt entladen. Darüber hinaus ist es absolut sinnvoll, die Service-Batterie als Kombi-Bank aus mindestens zwei parallel geschalteten Einzelbatterien zu installieren, denn die Kapazität sollte deutlich höher sein als die der Starterbatterie. Eine Einzelbatterie von mehr als 150 Ah wiegt aber über 40 kg und ist somit nur noch sehr schwer in beengten Verhältnissen zu bewegen. Darum lieber zwei, besser drei oder vier einzelne, kleinere Batterien (z. B. mit je 100–120 Ah) parallel schalten. Je nach Ausrüstung des Schiffes sollten diese Service-Batterien in der Summe nicht weniger als etwa 300 Ah Kapazität haben, 400 Ah sind wünschenswert, wenn es auf Langfahrt gehen soll. Große Batteriekapazität bringt größere Autonomie zu einem günstigen Anschaffungspreis. Bei zahlreichen »Stromfressern« an Bord

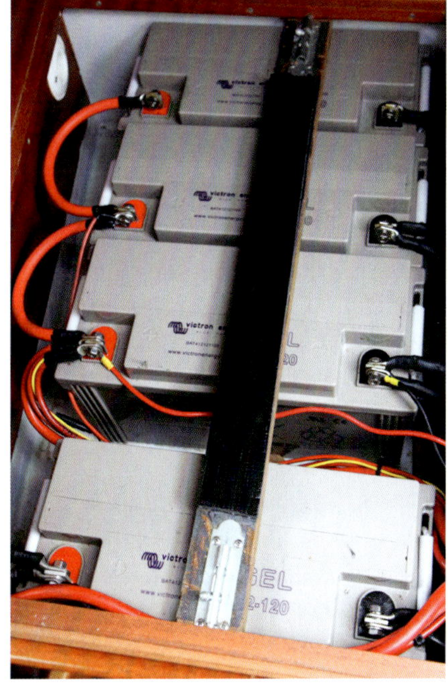

Batteriebank auf einer 40-Fuß-Yacht.

(Kühlschrank, Gefrierschrank, Autopilot, Radar, Watermaker) sind auch 500 Ah nicht zu viel. Statt einfachen Auto-Bleibatterien sollten es möglichst Gel- oder AGM-Batterien sein, die auch eine Tiefentladung ohne Schaden überstehen. Vermutlich werden in Zukunft Lithium-Ionen-Batterien, die bei gleicher Kapazität ja deutlich leichter sind als herkömmliche Bleibatterien, auch auf Yachten vermehrt eingesetzt, sodass die vorübergehende Unabhängigkeit vom Landanschluss weiter gesteigert werden kann. Momentan sind sie allerdings noch unverhältnismäßig teuer.

Zur Überwachung des Ladezustands der Batterien ist es zweckmäßig, ein präzises Voltmeter sowohl an der Starterbatterie als auch an der Service-Batteriebank fest angeschlossen zu haben. Beim Laden sollten 12V-Bootsbatterien - je nach Typ - nicht mehr als 14,1 bis maximal 14,3 V Spannung haben, um keinen Schaden zu nehmen. Die Einhaltung dieses Grenzwertes gewährleistet ein Laderegler. Beim Entladen sollte die Spannung nicht unter 12 V fallen. Allerdings lässt sich der Ladezustand einer mit eingeschalteten Verbrauchern belasteten Batterie nur sehr schlecht allein mit einem Voltmeter beurteilen. Optimal ist ein sogenannter »Batteriewächter«, der nicht nur die Spannungen in Volt anzeigen kann, sondern auch den Lade- und Entladestrom in Ampere sowie möglichst auch die Tiefentladung verhindert. Doch kostet er etwa das Zehnfache von zwei guten einfachen Voltmetern. Und es ist ein zusätzliches elektronisches Kombi-Gerät, das empfindlicher ist als ein einfaches Voltmeter.

Stromerzeugung

Der an den Dieselmotor angebaute Generator (früher sagte man Lichtmaschine) kann in der Regel je nach Ausführung zwischen 60 und 120 Ampere maximalen Ladestrom an die Batterien liefern. Die Betonung liegt hier jedoch auf »kann«, denn je nach Ladezustand der Batterien ist ihr Innenwiderstand größer oder kleiner, sodass der vom Generator prinzipiell mögliche Ladestrom gar nicht von den Batterien aufgenommen wird. Es ist also nicht sinnvoll - so wie es manche Eigner tun - eine zweite Lichtmaschine an den Motor fest anzubauen. Es sei denn, man baut zusätzlich eine Ladeelektronik an, die einen gesteigerten Ladestrom ermöglicht. In 99 % der Betriebszeit ist aber ein Ladestrom von mehr als 60 Ampere gar nicht notwendig. Eine zweite fest angebaute Lichtmaschine, die ständig mitläuft, verschleißt notgedrungen, wird aber nur in extrem seltenen Fällen wirklich gebraucht. So erscheint es sinnvoller, die zweite Lichtmaschine nicht fest angebaut am Motor, sondern mobil in der Ersatzteilkiste zu haben, um sie bei Ausfall der angebauten Lichtmaschine in Neuzustand anbauen zu können.

Nun möchte der Segler natürlich nicht immer gleich den Dieselmotor starten, wenn bei gutem Wind nach drei durchgesegelten Nächten oder vor Anker mit auf Hochtouren laufendem Kühlschrank (der Weißwein soll schließlich 8 °C haben) die Batterien langsam in die Knie gehen. Welche anderen Lademöglichkeiten bieten sich also an?

Je nach Segelrevier, Klimazone und Kontostand des Eigners gibt es hier unterschiedliche Lösungen: Windgenerator, Solarpanel, Wellengenerator und Schleppgenerator.

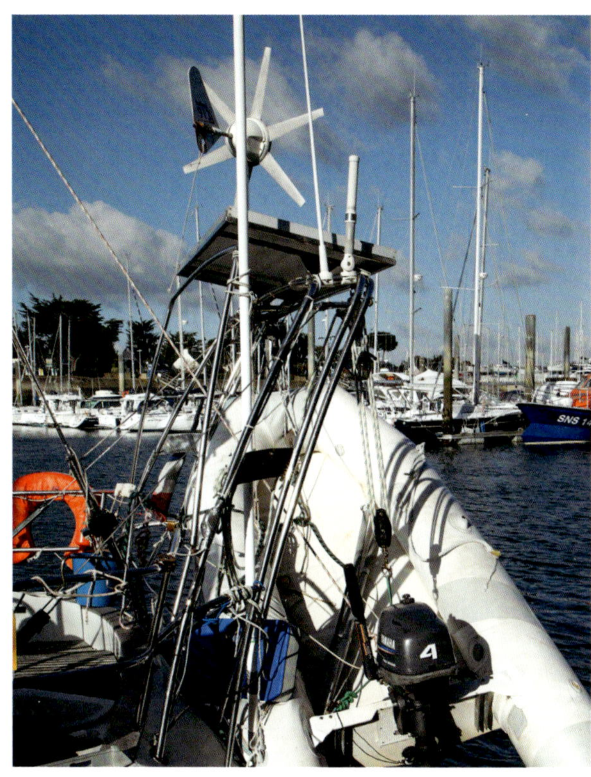

Überladenes Heck einer 40-Fuß-Segelyacht mit Multifunktions-Geräteträger.

Beginnen wir mit dem Windgenerator. Manche bauen ihn in den Mast, aber die meisten Windgeneratoren stehen auf einem Gestell über dem Heck des Schiffes. Je nach Bauart, Windstärke und Kurs zum Wind liefert ein mittelgroßer Windgenerator zwischen null und zehn Ampere. Zwar laufen moderne Windgeneratoren deutlich geräuschärmer als früher, aber es bleibt dennoch ein mehr oder weniger störendes Surren. In sonnenarmen Segelrevieren mit meist stetigem Wind kann die Anschaffung eines Windgenerators durchaus sinnvoll sein. Viele weniger erfahrene Yachtskipper, die das erste Mal über den Atlantik in Richtung Karibik segeln, sind allerdings enttäuscht von ihrem Windgenerator, denn bei raumem Wind im Passat (raumschots abgeschwächter scheinbarer Wind) ist die Leistung sehr gering. Bei 4 Bft. im Passat auf Raumschotskurs lädt ein mittelgroßer Windgenerator nur noch mit 2–3 Ampere, also deutlich weniger als hoch am Wind, wo 8 Ampere und mehr möglich sind. Da aber – je nach angeschlossener elektrischer Ausrüstung – im Mittel auf den meisten mittelgroßen Yachten etwa 5–8 Ampere, auf manchen mit komplexer elektrischer Ausrüstung auch erheblich mehr, benötigt werden, muss dann trotz gutem Segelwind der Dieselmotor alle 2–3 Tage für ein paar Stunden lang laufen, um die Batterien wieder nachzuladen. Sicherlich keine zufriedenstellende Lösung. Und auf der Kostenseite darf nicht übersehen werden, dass der Edelstahlträger für die Windmühle und seine Befestigung am Heck noch einmal die gleiche Summe kosten kann wie das Windrad selbst.

Als sinnvolle Alternative oder Ergänzung bieten sich Solarpanels an. Ein Panel aus neuester Entwicklungstechnik mit einem halben Quadratmeter Fläche liefert bei senkrechter Sonneneinstrahlung und wolkenlosem Himmel etwa 5 A. Bei bewölktem Himmel reduziert sich der Strom allerdings je nach Qualität des Panels und Grad der Bewölkung auf etwa 1 oder maximal 2 A. Außerdem sollte gewährleistet sein, dass keine Schatten von Teilen des Riggs oder der Segel auf die Solarfläche fallen, was bei der Wahl des Anbauortes berücksichtigt werden muss.

Viele Skipper, die sich für Solarpanel entschieden haben, bauen einen Geräteträger über das Heck, auf dem dann meist etwa 2 m^2 Solarfläche fest installiert sind. Unter optimalen Strahlungsbedingungen liefern diese theoretisch bis zu 20 A. Allerdings reduziert sich der Mittelwert bedingt durch Abschattungen und ungünstige Winkel zur Sonne im praktischen Realeinsatz oft auf nur 8–10 A. Hinzu kommt, dass sich die Ladezeit auf die Sonnen-Tageshälfte beschränkt, was noch einmal 50 % Verlust bedeutet. Im realistischen Endergebnis sind es also über den gesamten Tag gemittelt nur noch etwa 5 A. Damit liegt man – bezogen auf eine Atlantikreise im Passat – allerdings dennoch etwa beim doppelten Ladestrom im Vergleich zum Windgenerator auf Raumschotskurs.

Der Ladestrom der Solarpanels wäre noch erheblich höher, wenn die Stellung der Panels dem Sonneneinfallswinkel angepasst werden könnte, um möglichst lange annähernd senkrecht einfallendes Sonnenlicht nutzen zu können. Bei Anbau auf einem Geräteträger am Heck ist das kaum möglich. Berücksichtigt man darüber hinaus die erheblichen Kosten dieser auch ästhetisch auf einer Segelyacht eher fehlplatzierten Stangen-Konstruktion, bietet sich ein anderer, besserer Anbauort an: die Seereling beidseitig der Plicht. Es gibt spezielle Rohr-Beschläge, mit denen Solarpanels problemlos, stabil und drehbar an die Seereling auf beiden Seiten der Plicht montiert werden können. Damit schlägt man zwei Fliegen mit einer Klappe: Der teure Geräteträger wird überflüssig, und die Panels können – da um eine waagerechte Achse drehbar – dem Sonneneinfallswinkel angepasst werden. Die Ladeleistung wird so etwa verdoppelt und gleichzeitig die Anschaffungskosten drastisch gesenkt, denn ein gut gebauter Geräteträger kostet etwa das Vierfache von zwei Quadratmetern Solarfläche inklusive Anbaumaterial für die Seereling.

Eine dritte Alternative zur Stromerzeugung an Bord ist der Wellengenerator. Dabei handelt es sich um einen Generator, ähnlich der Lichtmaschine am Motor, der die während des Segelns passiv mitdrehende Propellerwelle nutzt, um Strom zu erzeugen – quasi ein »Fahrrad-Dynamo« an der Propellerwelle im Motorraum. Der Nachteil liegt auf der Hand: Das Getriebe muss ständig im Leerlauf bleiben, sodass die Welle frei drehen kann. Manche Getriebehersteller raten davon wegen Verschleißproblemen ab. Noch ein weiteres Argument spricht gegen diese Lösung: Auf den meisten Schiffen rumpelt die passiv mitlaufende Welle in ihrem Lager, sodass an Schlafen in der Achterkajüte kaum mehr zu denken ist.

Bleibt noch eine vierte Alternative, die ebenfalls die Bewegung des Bootes durchs Wasser nutzt, um Strom zu erzeugen: ein Schleppgenerator. Diese Lösung ist leis-

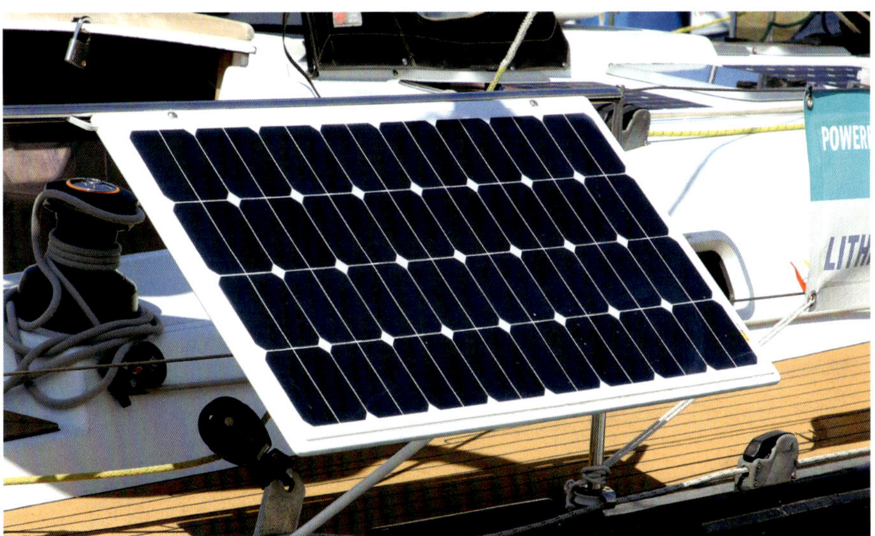

Schattenfreie, im Winkel variierbare Montage eines Solarpanels an der Seereling.

tungseffizient, geräuschlos, 24 Stunden am Tag einsatzfähig, diskret, ohne viel Materialeinsatz anzubauen und – sehr teuer. Ursprünglich für die Vendée-Globe-Rennyachten konzipiert, inzwischen aber auch von Freizeitskippern mit Blauwasserambitionen geschätzt, bietet eine französische Firma eine technisch optimierte Dynamo-Konstruktion an, bei der der Generator (Dynamo) von einem kleinen Propeller in Drehung versetzt wird. Dieser befindet sich in einem leichten, kleinen Gehäuse, das am Heck an einem Schaft nahe der Wasserlinie angebaut wird. Der Schiffsgröße angepasst gibt es verschiedene Modelle. Die kleinste Version liefert bei 5 Knoten Fahrt schon etwa 8 A Strom, was auf den meisten mittelgroßen Yachten ausreichen sollte. So weit, so gut … Doch der Preis ist überraschend: Inklusive Ladeelektronik und Anbau kostet diese technisch sehr effiziente Lösung etwa die Hälfte des Preises eines 50-PS-Dieselmotors und ist somit kaum geeignet für den kostenorientiert denkenden Langfahrtsegler. Außerdem ist die Stromversorgung vor Anker damit auch nicht gelöst.
Als Quintessenz dieser Überlegungen ergibt sich für mich Folgendes: Wenn die Stromerzeugung sowohl in Fahrt als auch vor Anker ausreichend und dabei kostengünstig und anbautechnisch nicht zu aufwendig sein soll, sind vier (2 x 2) an der Seereling achtern nahe der Plicht angebaute Solarpanels der optimale Kompromiss. »Und wenn drei Tage lang die Sonne nicht scheint?«, wird der Kritiker fragen. Genau für diesen Fall sollte die Batteriekapazität ausreichend groß dimensioniert sein, sodass man diese Durststrecke zur Not aus der Batteriereserve durchhalten kann. Mit thermostatgeregeltem laufendem Kühlschrank und ansonsten elektrisch verschwendungsfreiem Bordalltag sollte ein mittlerer Stromverbrauch von unter

4 A ohne bemerkenswerte Komforteinbußen machbar sein. Für drei Tage Autonomie erfordert das 3 x 24 h x 4 A = 288 Ah Batteriekapazität. In sonnigen Segelrevieren entsteht mit 2 m^2 Solarfläche ohnehin kein Strommangel. Und in wolkenreichen, regnerischen Revieren wird in der Regel mindestens zweimal pro Woche ein Hafen angelaufen, wo die Batterien wieder vollgeladen werden können. Hinzu kommt: Drei große Gel-Batterien mit zusammen 380 Ah Kapazität kosten etwa ein Achtel des Preises eines Schleppgenerators.

Diesen Überlegungen liegt allerdings eine Bootsausrüstung und Törngestaltung zugrunde, bei der Verschwendung vermieden werden kann: kein Watermaker, sondern große Wassertanks, keine Mikrowelle, sehr seltene Benutzung eines 12-V-220-V-Konverters, kein ständig mitlaufender Kartenplotter, alle Lichtquellen in LED-Technik, ein sehr gut isolierter Kühlschrank, der nicht übertrieben kalt eingestellt ist. Und schließlich auf langen Strecken eine Wind-Selbststeuerungsanlage, sodass der elektrische Autopilot möglichst nur bei Motorfahrt benutzt wird.

Allgemeine Zuverlässigkeit der Elektrik

Im Hinblick auf langfristige Zuverlässigkeit sollte die gesamte elektrische Installation so angelegt sein, dass die Gefahr der Korrosion möglichst klein gehalten wird. Gerade im Salzwassermilieu ist Korrosion der Feind Nummer 1 der Elektrik. Das bedeutet, dass alle Kontakt- und Schaltstellen an einem Ort so zu platzieren sind, dass sie auch bei schlechtem Wetter, viel Regen und überkommender Gischt nicht mit Feuchtigkeit in Kontakt kommen. Auch Kondenswasser führt mittelfristig zu elektrischen Problemen, was beim Einbauort der zentralen Schalttafel zu berücksichtigen ist. Unter Umständen muss sie nachträglich mit Isoliermaterial gegen den Rumpf thermisch isoliert werden, um Kondenswasserbildung zu vermeiden. Hoffentlich hat der Skipper immer mehrere Spraydosen WD-40 an Bord ...

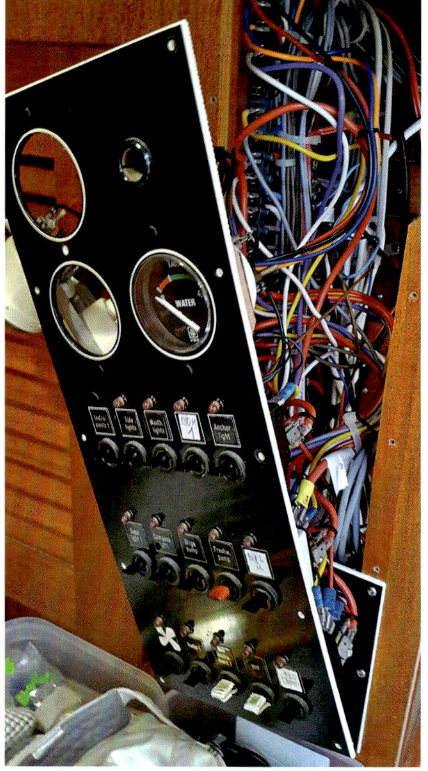

Kabelchaos hinter Elektro-Schaltpaneel.

Auf älteren Yachten, die möglicherweise mehrfach den Eigner gewechselt haben, findet man manchmal hinter dem Schaltkasten, aber auch unter den

Bodenbrettern, im Motorraum oder in manchen Schränken einen unergründlichen, chaotischen Kabelsalat. Im Laufe der Jahre wurden immer mal wieder alte Geräte ausgebaut und neue Geräte angeschlossen, aber ohne die Kabel zu kennzeichnen. Alte Kabel von inzwischen ausgebauten Geräten wurden nicht entfernt, dafür zahlreiche neue Kabel mehr oder weniger übersichtlich verlegt und nicht immer professionell angeschlossen. Konsequenz: Es müssen alle Kabel im Zusammenhang mit dem Gerät, an das sie angeschlossen sind, identifiziert werden und mit dem Namen des angeschlossenen Gerätes neu gekennzeichnet werden. Nur so ist im Fall eines Defektes eine schnelle Reparatur möglich.
Neben den oben beschriebenen unverzichtbaren Geräten können folgende Ergänzungen in der elektrischen oder elektronischen Ausrüstung vielleicht wünschenswert erscheinen:

Logge

Zur Begriffserklärung: Ursprünglich beschreibt das Wort Logge lediglich einen Streckenmesser und keine Geschwindigkeitsanzeige (Speedometer). Vielleicht kennen einige Leser das heute nur noch als Nautiquität zu findende Walker-Schlepplog, ein Meilenmesser, der die Drehungen eines hinter dem Schiff an einer Leine gezogenen kleinen Propellers zur Messung der zurückgelegten Seemeilen nutzt.
Vermutlich wird der Leser überrascht sein, dass die Logge nicht im Text oben in der Liste der unabdinglichen Ausrüstung genannt wurde. Die Begründung ist folgende: Die auf Yachten eingebauten Loggen sind zu mehr als 90 % Loggen mit Schaufelrad-Gebern. Im Neuzustand lassen sie sich gut eichen und zeigen dann recht präzise die Fahrt durchs Wasser an. Da das Schaufelrädchen aber nicht mit Antifouling bestrichen werden sollte, bildet sich schon nach wenigen Tagen erster, anfangs geringer, dann immer kräftigerer Bewuchs, der die Messgenauigkeit deutlich verschlechtert. Manche Geber lassen sich zwar auch mit dem Boot im Wasser zur Reinigung nach oben herausziehen, ohne einen Springbrunnen im Vorschiff zu erzeugen, aber dabei dringen in jedem Fall einige Liter Seewasser ins Schiffsinnere. In warmen Gewässern kann die Logge auch regelmäßig unter Wasser (Tauchmaske) mit einer Zahnbürste gereinigt werden, aber das ist nicht jedermanns Sache. Außerdem verschleißt die Drehachse des Schaufelrades im Laufe der Zeit. Kurz: Eine Schaufelrad-Logge zeigt nach einiger Zeit in der Regel falsch an. Alternativ gibt es Logg-Geber, die ähnlich wie die Geber von Echoloten völlig ohne bewegte Teile gebaut sind, eine glatte Oberfläche haben und mit Antifouling bestrichen werden dürfen. Sie nutzen den »Doppler-Effekt« von Schallwellen im Wasser, indem sie die durch die Vorwärtsbewegung des Bootes hervorgerufene Frequenzänderung der abgestrahlten Schallwellen in Bootsgeschwindigkeit umrechnen. Im Prinzip genial, aber der Doppler-Geber kostet etwa zehnmal mehr als ein konventioneller Geber.
Navigatorisch ist die Fahrt über Grund von größerer Bedeutung als die Fahrt durchs Wasser. Mit dem inzwischen selbstverständlich gewordenen GPS ist diese Informa-

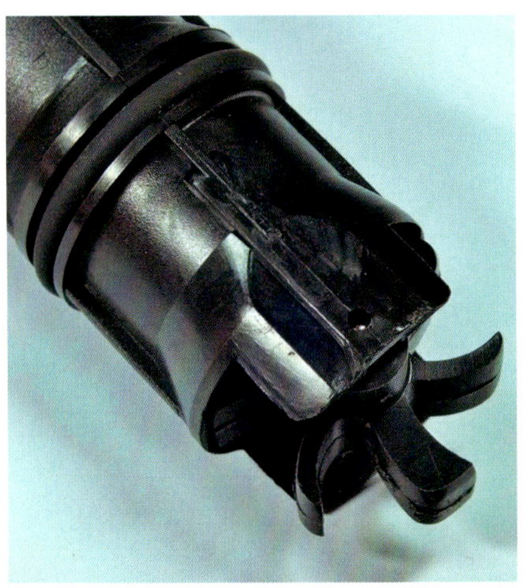

Loggegeber mit Schaufelrad.

tion ständig abrufbar. Natürlich ist es interessant, aus der Differenz zwischen Fahrt durch Wasser (Logge) und Fahrt über Grund (GPS) einen Schluss auf die Strömung zu ziehen. Doch Vorsicht: Die Differenz ist nur dann die tatsächliche Strömungsgeschwindigkeit, wenn Fahrt durchs Wasser und Strömung parallel zueinander stehen. Ansonsten – und das ist in der Regel der Fall – überlagern sich die zwei Geschwindigkeiten vektoriell, was einen geringeren Messwert hervorruft. Probleme der Vernetzung der Logge mit dem Windmesser und dem GPS werden im folgenden Absatz beschrieben.

Windmessanlage

Noch vor 50 Jahren wurde die Windrichtung auf einer Yacht nur mit Verklicker und Fäden im Rigg (»Telltales«) bestimmt. Heute sind nicht nur Regattasegler froh darüber, dass sie eine Windmessanlage mit elektronischer Windrichtungsanzeige im Cockpit haben. Aber mal ehrlich: Auf wie vielen Yachten sind sie schon gesegelt, auf denen die Windmessanlage so funktionierte wie sie es nach Handbuch tun sollte? Abgesehen von sehr teuren, für den professionellen Regattaeinsatz gebauten Anlagen, werden Änderungen des scheinbaren Windes meist nur verzögert und oft im Winkel nicht genau genug auf dem Instrument im Cockpit angezeigt. Und die Umschaltung von scheinbarem Wind auf wahren Wind funktioniert nur dann, wenn die geeichte (!) Logge die Fahrt korrekt an den Zentralcomputer übermittelt und dort korrekt weiterverarbeitet wird. Nur zeigen leider die meisten mechanischen Loggen nach ein paar Wochen Einsatz im Seewasser wegen Bewuchs (s. o.) keine präzisen Werte mehr an, was die Anzeige des wahren Windes verfälscht. Moderne MFDs (Multifunktionsdisplays, früher Kartenplotter genannt) vergleichen natürlich auch die Fahrt über Grund (vom GPS) mit der Fahrt durchs Wasser (von der Logge) und berechnen dann den wahren oder scheinbaren Wind mit unterschiedlichen Informationsquellen. Aber Hand aufs Herz und ehrlich gefragt, was mehr Spaß macht: Auf See bei bestem Segelwetter zu versuchen, die Funktionen des MFDs zu verstehen, eventuell dazu vorher im Handbuch sich schlau zu machen, dann die richtigen Knöpfe auf den Instrumenten im Cockpit zu drücken, um den wahren Wind zu ermitteln, oder lieber die Nase in den Wind zu halten, öfter in den Verklicker hochzuschauen, die Bewegung des Bootes in der Welle zu fühlen und in Beziehung zu setzen zu den Bewegungen des Verklickers, dann die Bewegung der Wellenfronten und der fliegenden Gischt zu beobachten, um sich schließlich daraus ein

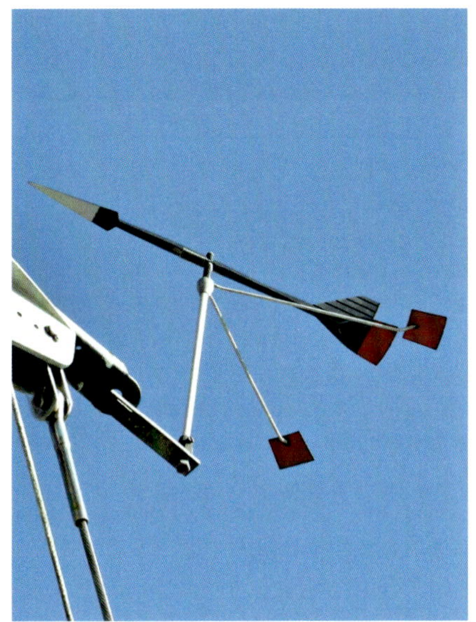

Windex-Windrichtungsanzeiger.

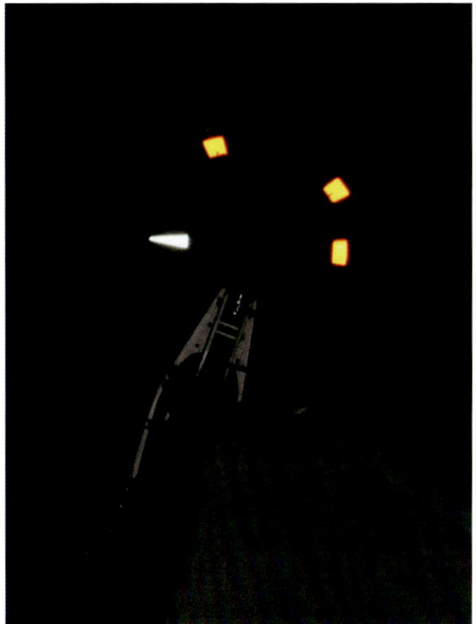

Windex bei Nacht.

Gesamtbild über die Windrichtung und Windstärke zu machen? Zu diesem Zweck ist der gute, alte Windex, einer der präzisesten und zuverlässigsten mechanischen Verklicker, einfach unersetzbar. Kurzum, ich wage die Behauptung: Auf die elektronische Anzeige für Windrichtung und Windstärke kann verzichtet werden.
Nebenbei ein kleiner Tipp wie sich die Wind-Sensibilität des Rudergängers üben und steigern lässt: Auf einem Kurs ohne Kollisionsrisiko mit anderen Yachten schließt der Rudergänger einfach für einige Zeit - vielleicht zu Anfang nur 30-60 Sekunden lang die Augen und versucht, den anliegenden Kurs zu halten, indem er sich auf den an seinem Kopf und Nacken vorbeiziehenden Wind konzentriert und diesen Winkel zum Wind möglichst konstant beibehält. Auch die Bootsbewegungen, leichtes Rollen oder Stampfen, vor allem aber die Krängungsänderung lassen eine Kursänderung im Körper spürbar werden. Manche Rudergänger schaffen es, mit verbundenen Augen bei mittelkräftigem Wind und nicht zu hohem Seegang das Schiff eine Viertelstunde und länger mit weniger als 10° Abweichung auf Kurs zu halten. Segeln pur, nah an der Natur ...

Radar

Ob ein Radargerät an Bord sein sollte, muss revierabhängig entschieden werden. Wer regelmäßig zwischen Irland, England und der Bretagne segelt, wird wegen der dort hohen Nebelwahrscheinlichkeit und der Dichte an Berufsfahrzeugen nicht auf ein Radar verzichten wollen. Wer hingegen ständig im Mittelmeer unterwegs ist oder auf der Barfußroute die Welt umsegelt, wird nicht wirklich ein Radar benötigen. Es mag interessant erscheinen, nachts im Passat zwischen den Kapverden und Martinique auf dem Radarschirm einen Regenschauer schon in 20 Meilen Abstand achteraus aufziehen zu sehen, aber navigatorisch oder zur Kollisionsverhütung ist ein Radargerät in den Tropen nur extrem selten notwendig. Beim Stichwort »Kollisionsverhütung« sind wir natürlich beim ...

AIS

Grundsätzlich ist es auf Freizeit-Schiffen nicht vorgeschrieben, einen AIS-Empfänger oder einen AIS-Transponder (Empfänger und Sender) an Bord zu haben. Hingegen sind alle Berufsfahrzeuge auf See ab 300 t Verdrängung verpflichtet, einen AIS-Transponder installiert und auch eingeschaltet zu haben.

Die Praxis sieht allerdings anders aus: Insbesondere bei Fischereifahrzeugen fällt immer wieder auf, dass einige entgegen der Vorschriften kein AIS-Signal senden. Da außerdem ein Teil der Yachten, meist kleinere, ebenfalls weder einen AIS-Empfänger noch einen -Sender an Bord haben, kann also aus einem völlig leeren AIS-Bildschirm keineswegs der Schluss gezogen werden, dass keine Fahrzeuge in der Nähe sind. Im Nebel kann tatsächlich nur ein Radar darüber informieren, ob sich Fahrzeuge in der Nähe befinden. Auch Behördenfahrzeuge und Kriegsschiffe senden oft kein AIS-Signal, sind somit im Nebel ohne Radar nicht sicher zu orten.

Wenigstens der AIS-Empfänger (ohne Sender) erscheint mir allerdings auf Langfahrt sinnvoll, denn so kann mit Schiffen in der Umgebung (je nach Bedingungen bis zu 40 Meilen Abstand und manchmal mehr) gezielt über den konkreten Namen des Schiffes auf Kanal 16 Kontakt aufgenommen werden. Ohne AIS-Empfänger sind Fahrzeuge in mehr als 15 Meilen Abstand nicht sichtbar. Wer – vielleicht aus Kostengründen – kein Satellitentelefon besitzt, hat fast täglich – auch mitten auf dem Ozean – die Möglichkeit, einen Tanker oder Frachter, der über AIS in der Nähe identifiziert wurde, per UKW anzurufen und beispielsweise darum zu bitten, den neuesten Wetterbericht zu übermitteln. Erfahrungsgemäß wird dieser Bitte so gut wie immer entsprochen. Außerdem sind die meisten Funker der die Ozeane überquerenden Berufsfahrzeuge ohnehin froh, wenn sie mal ein kleines Schwätzchen mit einem Yachtie halten können. Unter Sicherheitsgesichtspunkten ist allerdings ein AIS-Transponder (also Empfänger und Sender) dem reinen Empfänger vorzuziehen. Die Stromaufnahme ist bei heutigen Geräten mit nur etwa 0,3 A akzeptabel.

Autopilot

Vorausgesetzt, dass genügend viele motivierte, kompetente und belastbare Crewmitglieder als Steuermann zur Verfügung stehen, könnte grundsätzlich auf den Autopiloten verzichtet werden. Doch das ist eben nicht die Regel. Die meisten Langfahrtcrews bestehen aus zwei oder drei Personen. Wenn durch Seekrankheit oder eine Verletzung nur noch eine einzige Person einsatzfähig ist, kann auf einen Autopiloten auf Langfahrt nicht verzichtet werden. Selbst bei handlungsfähiger

Zweiercrew ist auf Langstrecke stundenlanges Rudergehen doch sehr anstrengend. Im Gegensatz zu einer Wind-Selbststeuerungsanlage benötigt der elektrische Autopilot allerdings Bordenergie. Auf einer 12-m-Yacht benötigt er je nach Wind, Welle und Bootstyp zwischen 2 und 7 Ampere Strom. Abgesehen von den daraus resultierenden Notwendigkeiten der Stromversorgung (s. S. 80 ff.), muss der Verschleiß (E-Motor und Getriebe) im Auge behalten werden. Der Anbau einer rein mechanischen Wind-Selbststeuerungsanlage für Langstrecke entschärft dieses Problem erheblich.

Batteriemonitor

Angesichts dieser zahlreichen elektrischen Geräte an Bord ist es sicherlich mehr als wünschenswert, den Stromverbrauch jederzeit überprüfen zu können. Der Ladezustand lässt sich zwar grob bereits mit den o.g. einfachen und preiswerten Voltmetern feststellen, doch wäre eine zusätzliche, ständig abrufbare Information über den Stromverbrauch in Ampere bei eingeschalteten Verbrauchern auf See von großem Wert, denn so könnte dem zu tiefen Entladen der Batterie vorgebeugt werden.

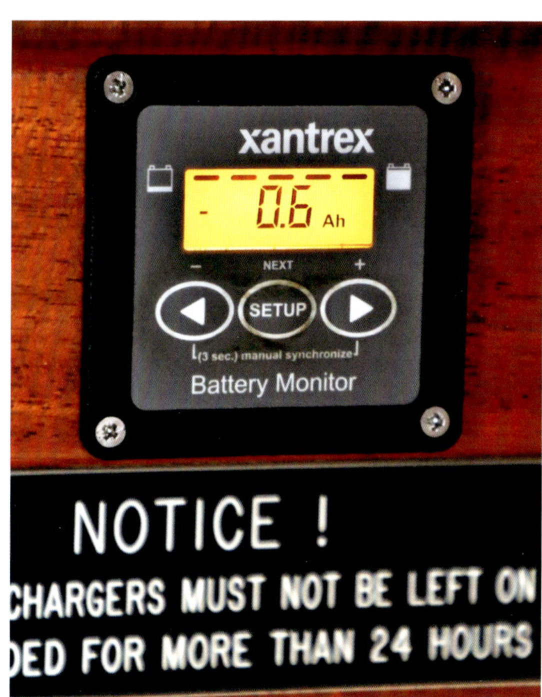

Ein Batteriemonitor kann mehr als nur Spannung und Stromstärke anzeigen.

Ein sogenannter Batteriemonitor erledigt genau diese Aufgabe. Er zeigt wahlweise die Batteriespannung in Volt, den Entlade- und Ladestrom in Ampere und die verbleibende Restkapazität der Batterie in Amperestunden an.

Ein Auszug aus der Pannenstatistik der ARC von 2018 (Auszug aus Yachting Monthly) zum Ende dieses Kapitels bestätigt die oben gemachten Ausführungen:

- Totalausfall zahlreicher elektrischer Autopiloten und daraus resultierende Mannschaftsprobleme am Ruder, da keine Wind-Selbststeuerung vorhanden war.
- Energieversorgungsprobleme: Ausfall von Windgeneratoren und anderen Stromerzeugern, Ausfall der Ladetechnik oder einfach nur viel zu hoher Stromver-

brauch, weil zu viele leistungsstarke Geräte zu häufig angeschlossen wurden; Watermaker zu häufig in Betrieb, da Wasserverbrauch zu hoch; Inverter von 12 V auf 220 V z. B. für Haarföhn benutzt; Radar und Plotter während mehr als der Hälfte der Überquerungszeit in Betrieb; Kühlschrank und Gefriertruhe mit extrem niedriger Temperatur betrieben; elektrische Autopiloten mit unvorhergesehen hohem Energieverbrauch.

- Trinkwassermangel wegen defektem Watermaker; gleichzeitig zu wenig Trinkwasser in Flaschen an Bord; zu kleine fest eingebaute Wassertanks.
- Schäden in den Segeln, trotz Neukauf; moderne Laminattücher konnten der tropischen Sonneneinstrahlung nicht standhalten.

Traditionelle Navigationsausrüstung

Zwar wird in der Segelausbildung mit Recht immer wieder betont, wie wichtig es ist, die Navigation mit Kompass, Zirkel und Kursdreiecken auf Papier-Seekarten zu beherrschen und auch zu praktizieren, um nicht aus der Übung zu kommen. In der Segelpraxis haben sich die meisten Skipper aber angewöhnt, dem Kartenplotter (MFD) die komplette Navigation zu überlassen. Wegpunkte werden in den Plotter programmiert, möglicherweise sogar als Route miteinander verknüpft, und wenn

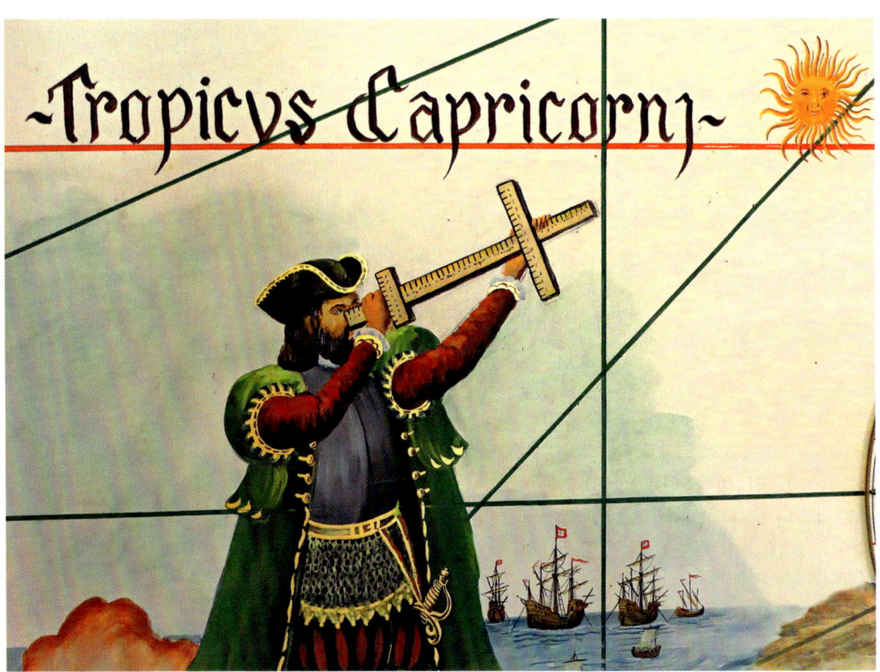

Vom Mittelalter bis ins 17. Jhr. wurde der Jakobsstab zur Winkelmessung auf See eingesetzt.

dazu auch noch der Autopilot an den Plotter angeschlossen ist - was immer mehr Eigner tun -, fährt das Boot wie ferngesteuert über die vordefinierten Kurslinien von Wegpunkt zu Wegpunkt. Wann wird es den ersten Bordcomputer für die Freizeitschifffahrt geben, der - angeschlossen an die Windmessanlage und das MFD - die Segelstellung bei Winddrehern automatisch anpasst und das Einbinden des Reffs von computergesteuerten Elektromotoren erledigen lässt?

Bei aller Faszination für moderne Technik bleibt doch die Frage: Was macht den Reiz des Segelns aus? Wollen wir wirklich auf See nicht nur das Messen und Beurteilen sich verändernder Parameter unserer Umgebung, sondern auch die daraus resultierenden Entscheidungen einem Computer überlassen? Im Leben an Land gibt es mit Sicherheit sinnvolle Anwendungen für diese Technik und auch in der Berufsschifffahrt. Aber sucht der Freizeitsegler nicht eher in der Regel das Gegenteil? Einsatz seiner eigenen Sinne, Beurteilung der Situation auf der Grundlage seiner eigenen Beobachtungen und Erfahrungen, mit selbstreflektierten Entscheidungen das selbstgesetzte Ziel ansteuern?

Ältere Segler, deren erste Segelerfahrungen noch aus Zeiten vor Erfindung des GPS kommen, werden die folgenden Zeilen möglicherweise gelangweilt überspringen, aber mit Blick auf jüngere Segler soll im Folgenden der Wert der traditionellen Navigationsausrüstung noch einmal betont werden. Wenn - aus welchem Grund auch immer - die komplette Bootselektrik ausgefallen ist (Kurzschluss, Batterien leer durch unerkannte Fehlströme, Seewasserschaden an der Elektrik etc.), sollte der Skipper immer noch in der Lage sein, Schiff und Besatzung ohne Fremdhilfe in einen sicheren Hafen zu bringen.

Als Erstes ist ein gut ablesbarer Magnetkompass als Steuerkompass zu nennen. Wer schon einmal versucht hat, nach einem GPS-gekoppelten Digitalkompass zu steuern, wird schnell erkannt haben, dass es erheblich leichter ist, nach einem traditionellen Magnetkompass zu steuern. Eine wichtige Frage, die allerdings selten gestellt wird, betrifft den Einbauort des Steuerkompasses. Üblicherweise wird der Kompass auf Yachten mit Radsteuerung in die Steuersäule eingebaut. Dies ist keineswegs so sinnvoll, wie es auf den ersten Blick erscheint. Gutes Steuern unter Segeln erfordert den ständig wechselnden Blick zwischen Bug, Kompass, Segeln und Windanzeige. Die meiste Zeit schaut der Rudergänger allerdings nach vorn über den Bug. Auf offener See ohne Landsicht ist er somit ständig gezwungen, seinen Blick um 90° zwischen Bug und Kompass in der Steuersäule zu wechseln. Und falls er, um sehr genau zu steuern, ständig nach unten auf den Kompass in der Steuersäule schaut, führt das bei nicht wenigen Rudergängern schnell zu Seekrankheit. Doch wie geht es besser?

Praktisch alle Yachten mit Steuersäule haben über dem Niedergang eine breite Konsole, in die das Echolot, die Logge und die Anzeige der Windmessanlage eingebaut sind. In der Regel ist dort noch Platz für einen guten, großen Steuerkompass für eine Montage am Schott. Es gibt beim Yachtausrüster passende Einbaukompasse mit so großer Rose, dass auch das Ablesen des Kurses auf 2-3 m

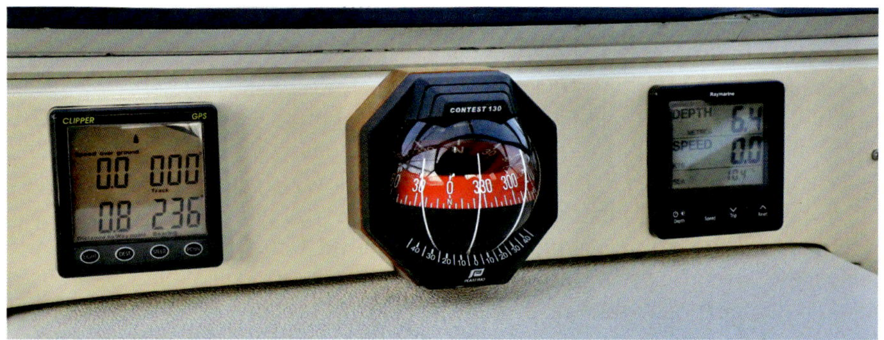

Separater Magnet-Steuerkompass auf dem Brückendeck.

Abstand noch problemlos möglich ist. Diese Einbaulösung hat folgende Vorteile: Der Kopf muss nicht ständig zwischen dem Blick nach unten und dem Blick nach vorn gedreht werden, was das Risiko, seekrank zu werden erheblich mindert. Hinzu kommt der Sicherheitsvorteil, dass bei Ausfall eines Kompasses (ausgelaufene Kompassflüssigkeit nach jahrelangem UV-Einfluss) der zweite noch zur Verfügung steht. Die Sorge, dass bei diesem Einbauort eine Ablenkung durch den Strom der daneben eingebauten anderen Geräte entsteht, ist unbegründet. Der Strom und damit die Magnetfeldänderung sind derartig gering, dass eine solche Ablenkung vollkommen vernachlässigt werden kann.

Bei pinnengesteuerten Booten wird der Steuerkompass sinnvollerweise dem Rudergänger gegenüber rechts oder links neben dem Niedergang eingebaut. Am besten auf beiden Seiten jeweils einer, denn so schaut der Rudergänger auf Backbordbug genauso wie auf Steuerbordbug etwa senkrecht auf den Steuerstrich. Wenn jedoch aus Sparsamkeitsgründen auf den zweiten Steuerkompass verzichtet wird, sollte er zumindest nicht in das Brückendeck unter dem Niedergang eingebaut werden, denn dort wird er schnell durch Fußtritte beschädigt. Besser steht er in einer eigenen Konsole symmetrisch an Deck über dem Niedergang.

Neben dem Steuerkompass gehört auch heute ein magnetischer Peilkompass an Bord. Er kann in das Fernglas integriert sein, muss aber nicht. So ist ein Peilkompass beispielsweise nachts in der Vorbereitung zu einer Hafenansteuerung von großem Nutzen, wenn Sektorenfeuer und ihre Grenzpeilungen gefunden werden müssen.

Das schon weiter oben erwähnte Handlot hat auch heute noch seine Bedeutung an Bord, denn falls das elektronische Echolot ausfällt, ist es am Ankerplatz die einzige Informationsquelle für die Entscheidung, wie viel Kettenlänge entsprechend der Wassertiefe ausgebracht werden soll.

Über eine genaue Uhr müssen wir uns heute keine Gedanken mehr machen. Das gute, alte mechanische Chronometer hat der Skipper besser zu Hause im Schrank als Sammlerstück und Geldanlage für schlechtere Zeiten …

Was hingegen nach wie vor einen hohen Wert an Bord hat, sind Seekarten in Papierversion. Nicht nur der mögliche Ausfall des Kartenplotters ist ein Argument für Papierkarten, sondern ganz wesentlich auch ihre erheblich bessere Übersichtlichkeit und Lesbarkeit. Aus Platzgründen müssen auf dem Plotterdisplay – selbst wenn es ein großes 16-Zoll-Gerät ist – bei kleinerem Maßstab navigatorisch wichtige Details ausgeblendet werden. Eine Papier-Seekarte beansprucht zwar bei gleichem Maßstab ein Vielfaches an Fläche, zeigt dafür aber zu jedem Zeitpunkt alle wichtigen Details. Nur wohin mit der riesigen Karte? Auf den Salontisch, weil der ehemalige Kartentisch sich inzwischen auf ein Abstellbrettchen reduziert hat? Auf vielen modernen Yachten geht es nicht anders. Bei der Auswahl des optimalen Schiffes für längere Seereisen (s. Kap. 6) ist die Frage nach einem ausreichend großen Kartentisch nach meiner Ansicht ein entscheidendes Kriterium.
Aber Papierkarten brauchen nicht nur viel Platz, sondern sind auch teuer. Ein Kartenchip mit allen elektronischen Seekarten zwischen Hamburg und Gibraltar kostet hingegen um die 300 Euro. Darin sind auch Hafenpläne und alle wichtigen Detailkarten enthalten. Will der Skipper dieselbe Karteninformation auf Papier allein für dieses Seegebiet, kommen etwa 100 Karten zusammen, von der jede einzeln um die 40 Euro kostet (= 4000 Euro). Doch zum Glück geht es auch erheblich billiger: Für alle europäischen Gewässer und auch für die meisten von Freizeitskippern oft angelaufenen weltweiten Seegebiete gibt es inzwischen zuverlässige Sportbootkartensätze, die nur einen Bruchteil der einzeln gekauften Karten kosten. So gibt es beispielsweise von der British Admiralty herausgegebene Kartensätze, die im Informationsgehalt und in der Darstellung identisch sind mit den offiziellen Marinekarten, aber nur ein Zehntel kosten. Auch das Format ist der Größe eines Sportbootes angepasst. Und es geht noch billiger: Auch der leidenschaftlichste, Salz-und-Sonne-gegerbte Langfahrtsegler kommt irgendwann einmal wieder für längere Zeit an Land. Viele dieser Salzbuckel verkaufen dann ihre Schätze über Gebrauchtbörsen oder spezielle Websites. Neben kompletten Kartensätzen sind auch die zugehörigen See- und Hafenhandbücher oft günstig zu finden. Dass die Karten in diesem Fall in der Regel nicht aktualisiert sind, muss allerdings akzeptiert werden. An Küsten mit sich verlagernden Sänden wie in der Nordsee kann dies in der Tat gefährlich werden. An felsigen Küsten hingegen können auch vieljährig nicht aktualisierte Karten mit einer gewissen Vorsicht weiterverwendet werden. Die Änderungen in der Befeuerung und Betonnung sind verständlicherweise an felsigen Küsten deutlich seltener als an veränderlichen sandigen Küsten. Als wirklich preiswerte, jährlich aktualisierte nautische Rundum-Informationsquelle mit über 1000 Seiten muss der Reed's Nautical Almanac genannt werden (s. Literaturverzeichnis im Anhang). Hafenbeschreibungen und -pläne, Tidenkalender, Strömungsatlas, Infos zu Wetterberichten, Leuchtfeuerverzeichnisse – er ist die Bibel der europäischen Fahrtensegler.
Kaum ein Langfahrtsegler wird sich zu Beginn seiner großen Reise alle nautischen Unterlagen in Papierform auf einmal kaufen. Vielerorts gibt es unterwegs Möglich-

keiten, die benötigten Unterlagen von anderen Seglern, die auf dem Heimweg sind oder ihre Reisepläne geändert haben, gebraucht zu erwerben. Ein kleiner Zettel an der Pinnwand der ersten Hafenkneipe neben dem Hafenbüro bewirkt oft Wunder.

Sextant

Wozu ein Sextant? Heute hat doch schon jedes Telefon und fast jeder Fotoapparat ein GPS, das überall auf dieser Welt, auch auf See, die Länge und Breite des Standortes angibt. Und niemand glaubt ernsthaft an einen Totalausfall des GPS-Systems. Schlimmstenfalls könnte aus militärischen Gründen vorübergehend die Genauigkeit eingeschränkt werden. Aber Hand aufs Herz: Müssen wir überhaupt wirklich immer und überall auf 10 m genau wissen, wo wir uns gerade befinden? Einige GPS-Geräte an Bord sind sogar in der Lage mit einem Alternativsystem wie GLONASS oder demnächst GALILEO zu arbeiten, sollte GPS tatsächlich einmal nicht zur Verfügung stehen. Wozu also dann noch einen Sextanten an Bord haben? Weil es Spaß macht! Die Handhabung des Sextanten und die Grundlagen der Astronavigation sind keineswegs so schwer zu verstehen, wie es landläufig vorurteilsbeladen angenommen wird. Nur mit einem genauen mechanischen Winkelmesser (nichts anderes ist der Sextant), einer Uhr, einer Tabelle und einer kleinen Formel, die jeder Achtklässler verstehen kann, die Breite der eigenen Position mitten auf dem Ozean zu bestimmen, ist für einen Segler einfach faszinierend. Und die Anschaffung eines Sextanten muss nicht teuer sein. Im Internet finden sich immer wieder gute gebrauchte, manchmal neuwertige (weil als unbenutztes Segler-Weihnachtsgeschenk seit 30 Jahren im Schrank gelegen) Sextanten für den Preis einer guten Bohrmaschine (mehr dazu im Kapitel 4).

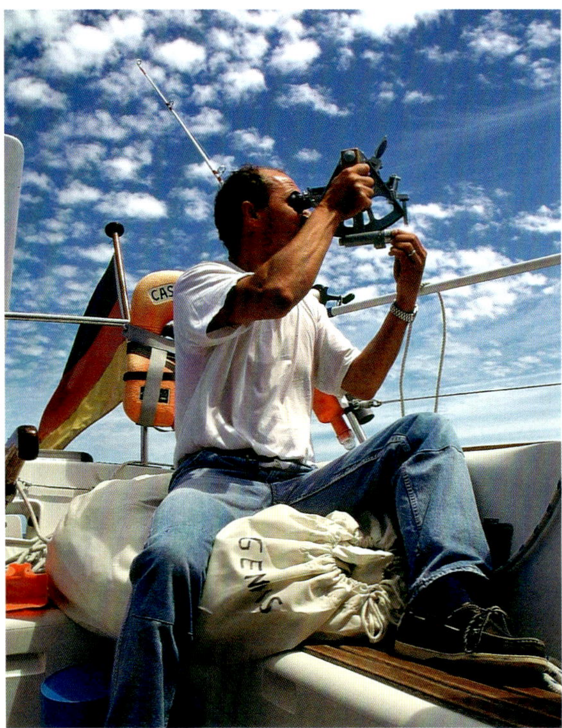

Bestimmung der Höhe der Sonne über dem Horizont mithilfe des Sextanten.

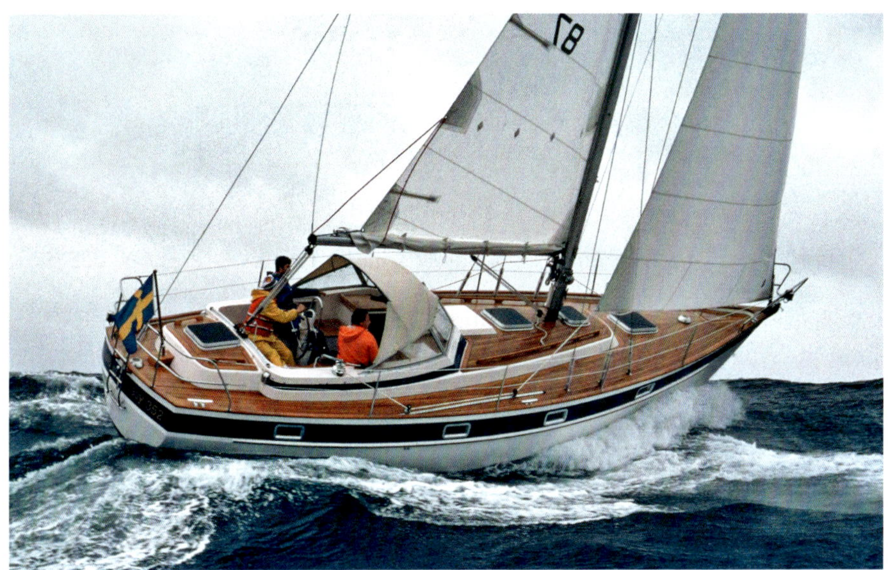

Klassische Mittelcockpit-Yacht aus den 1980er-Jahren.

An Deck

Bevor auf Details in der optimalen Decksgestaltung eingegangen werden soll, muss eine grundsätzliche Frage angesprochen werden: Welches Deckskonzept ist reiseorientiert gesehen das bessere: Achtercockpit oder Mittelcockpit? Die Frage stellt sich allerdings nur oberhalb einer gewissen Bootslänge. Unter etwa 11 m Rumpflänge ist es nicht sinnvoll, eine Deckskonzeption mit Mittelcockpit zu bauen, denn dabei gibt es einfach nicht genügend Platz für eine sinnvolle Raumgestaltung im Rest des Schiffes. Das Mittelcockpit würde in diesem Fall nicht nur den Salonbereich zu sehr einschränken, sondern auch die Achterkajüte lediglich als schlechten Kompromiss erscheinen lassen. Außerdem würde der notwendigerweise niedrig angebrachte Baum im Cockpit störend sein.

Ab etwa 11–12 m Rumpflänge haben beide Versionen ihre Vor- und Nachteile. Freunde des Mittelcockpits betonen gern folgende Gesichtspunkte:

Die Übersicht über das Schiff, insbesondere bei Hafenmanövern, ist beim Mittelcockpit besser, da der Rudergänger näher am Zentrum des Schiffes steht. Während des An- und Ablegens ist es einfacher, sich an Deck zu bewegen, weil auch auf dem Achterschiff Laufdecks vorhanden sind.

Bei schlechtem Wetter auf See bietet das Mittelcockpit mehr Schutz vor überkommender See, weil es etwas höher liegt als ein Achtercockpit. Im Hinblick auf die Wahrnehmung von Stampfbewegungen befindet sich die Crew im Mittelcockpit näher am Drehzentrum des Schiffes, sodass es bei schwerer See gefühlt etwas ruhiger zugeht.

Wer Wert auf eine komfortable Achterkajüte legt, die deutlich größer als eine halb unter das Cockpit gezwängte Doppelkoje ist, kann sich nur für das Mittelcockpit entscheiden.
Der Motorraum kann beim Mittelcockpit ebenfalls etwas größer gestaltet werden als beim Achtercockpit, denn es ist kein Kompromiss notwendig im Hinblick auf die achteren Kojen.
Demgegenüber stehen folgende Argumente für das Achtercockpit:
Bei gleicher Bootslänge kann der Mittelbereich der Yacht, also Salon und Pantry, etwas größer sein als beim Mittelcockpit.
Je niedriger der Cockpitboden ist, desto kürzer ist der Hebelarm, der bei Rollbewegungen - eventuell Seekrankheit hervorrufend - auf die Mannschaft wirkt. Die Crew sitzt zwar näher am Wasser, wird aber bei Rollbewegungen weniger durchgeschaukelt. Die Frage der Wahrnehmung der Schiffsbewegung in grober See muss allerdings auch vom konkreten Schiffstyp abhängig gemacht werden. Manche Mittelcockpits - wie beispielsweise bei älteren Moody-Yachten - sind bewusst sehr hoch gebaut, um auch in der Achterkajüte und im Durchgang dorthin noch gute Stehhöhe zu ermöglichen. Hingegen liegen die Mittelcockpits beispielsweise bei Hallberg-Rassy und Najad bei gleicher Schiffslänge deutlich niedriger - mit entsprechendem Vorteil im Hinblick auf die Wahrnehmung der Rollbewegungen.
Bei gleicher Rumpflänge und Bauqualität sind Achtercockpityachten in der Regel nicht ganz so teuer wie Mittelcockpitschiffe, denn der bauliche Aufwand ist etwas geringer. Allein der aufwendigere Innenausbau der Achterkajüte verursacht schon eine erhebliche Preisdifferenz.
Und so bleibt es schließlich eine Frage der subjektiven Prioritäten, welches Deckskonzept bevorzugt wird.
Welchen konkreten Gesichtspunkten sollte nun aber - unabhängig von der Bauart des Cockpits - an Deck besondere Bedeutung zukommen?
Zu allererst ist eine gute Rutschfestigkeit der Decksoberfläche zu fordern. Manch eine schicke Yacht hat - für das Licht unter Deck optimal, aber für die Sicherheit der sich an Deck bewegenden Crew höchstgefährlich - flach-schräg in den Decksaufbau eingesetzte, große Fensterflächen, die insbesondere bei Regen und übergekommener Gischt so rutschig sind wie ein Dutzend Bananenschalen. Gleiches gilt für die schrägen Übergänge vom Decksaufbau auf die Laufdecks. Schickes Design wird von manch einer Werft leider vor Zweckmäßigkeit gesetzt. Da hilft nur das konsequente Aufkleben von Antirutschstreifen, die es als Meterware zu kaufen gibt.
Ob ein Teakdeck unter dem Gesichtspunkt der Rutschfestigkeit die beste Lösung ist, lässt sich durchaus diskutieren. Abgesehen davon, dass es - sofern in gepflegtem Zustand - gut aussieht und eine sehr gute thermische und akustische Isolierung bietet, ist die Rutschfestigkeit gerade bei Nässe keineswegs besser als die anderer Decksbeläge wie Kork oder Schmirgelpapier-ähnlicher Granulat-Decksfarbe. Von der Arbeit und den Kosten der Renovierung eines in die Jahre gekomme-

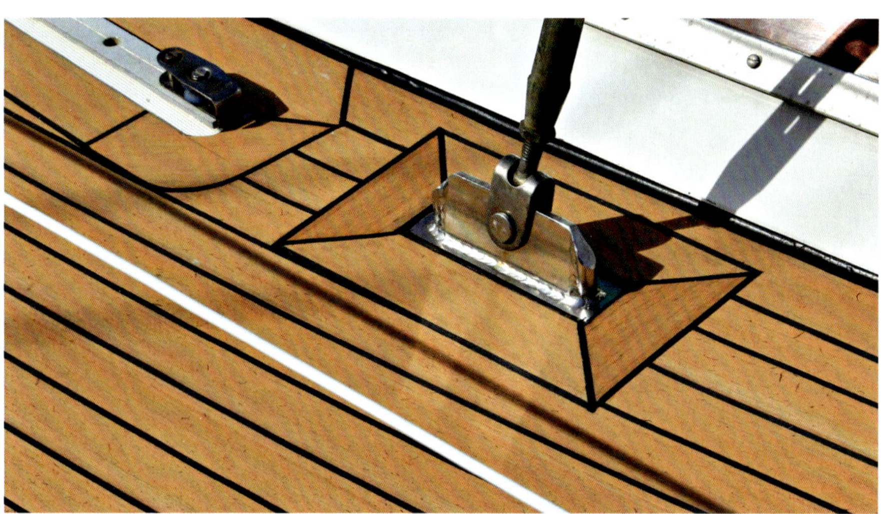

Fast wie echtes Holz - sauber verlegtes Teakdeck-Imitat.

nen Teakdecks ganz zu schweigen. Unter ökologischem Gesichtspunkt lässt sich allerdings schon seit mehr als zwei Jahrzehnten nicht mehr viel gegen Teak einwenden, denn das Holz kommt aus Plantagen. Das Projekt Mama Earth in den Philippinen ist ein beachtenswertes Beispiel für ökologisch sinnvolle Wiederaufforstung mit tropischen Hölzern wie Teak und Mahagoni in den Tropen.

Seit einigen Jahren gibt es aus Kunststoff hergestellte, pflegeleichte Teakdeck-Imitate mit durchaus guter Rutschfestigkeit, die auch langfristig UV-beständig sind

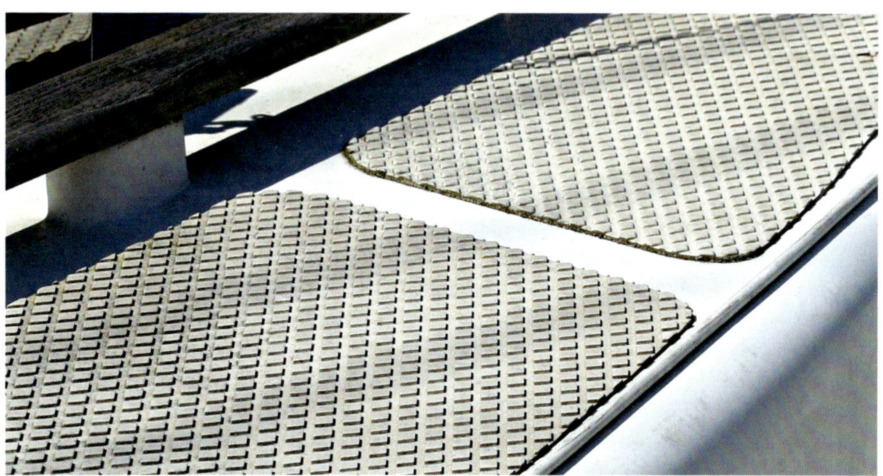

Rutschfestes Deck mit zuschneidbaren Platten aus Treadmaster-Material.

und damit ihre Trittsicherheit behalten. Doch es bleibt Plastik, und die Kosten liegen nur geringfügig unter denen eines Natur-Teakdecks.

Auf Stahl- und Aluminiumrümpfen recht verbreitet, doch prinzipiell für jedes Deck geeignet, ist ein Decksbelag aus einer Kork-Gummi-Mischung, der nicht flächendeckend, sondern in passend zugeschnittenen Teilflächen an den strategisch wichtigen Stellen an Deck aufgeklebt wird, bekannt unter dem Namen Treadmaster. Es spricht nichts dagegen, diesen Belag als Patches auch auf die rutschige Flächen eines GFK-Decks zu kleben. Der Belag ist nicht nur hoch-rutschfest, UV-beständig und pflegeleicht, sondern darüber hinaus auch kostengünstig als Quadratmeterware in verschiedenen Farben zu kaufen und leicht zu verarbeiten. Quasi die eierlegende Wollmilchsau ...

Neben der Rutschfestigkeit ist die allgemeine Begehbarkeit des Decks ein wichtiger Aspekt bei der Beurteilung einer Fahrtenyacht. Es sollten möglichst wenige Stolperfallen zwischen der Plicht, dem Mast und dem Vorschiff vorhanden sein. Eine erfahrene Werft wird das Deck so gestalten, dass alle Beschläge wie Klampen, Püttings, Winschen, Umlenkrollen, Genuaschienen, Luken etc. einerseits bedienungsorientiert und zweckmäßig platziert sind und andererseits den Gang von der Plicht zum Mast oder auf das Vordeck nicht oder zumindest nicht zu sehr behindern. Ausreichend zahlreiche, lange und gut verankerte Handläufe sollten für sicheren Halt auch in schwerer See sorgen. Und für extremes Wetter gehören etliche U-Bolzen an die strategisch wichtigen Stellen, wo ein Lifebelt eingepickt werden kann. Es ist ausgesprochen aufschlussreich zu sehen, dass nicht nur die Großserienwerften, sondern selbst kleinere, renommierte skandinavische Werften auf ihre Schiffe serienmäßig nicht einen einzigen U-Bolzen für Lifebelts montieren. Soll so versucht werden, die Besucher der Yachten auf Bootsmessen möglichst nicht darauf aufmerksam zu machen, dass manchmal auch bei schlechtem Wetter gesegelt werden muss?

Die Größe und Form des Cockpits hat sich mit der Entwicklung zu immer breiteren Hecks deutlich verändert. Es erfordert nicht viel Vorstellungskraft, zu erkennen, dass die partyfreundlichen Freiräume der Plicht einer modernen 44-Fuß-Achtercockpit-Yacht mit zwei Steuerständen wenig geeignet sind, um bei 6 Bft. und mehr, hoch am Wind mit 25° Krängung einer 4-Personen-Crew noch einigermaßen guten Halt zu geben. Und die nach achtern offenen Hecks mancher moderner Schiffe sehen zwar sehr sportlich aus, doch sollte auf Raumschotskurs in steifem Wind und grober See der Niedergang ständig geschlossen bleiben, denn sonst ist die Bilgepumpe im Dauereinsatz. Nicht wenige Langfahrtsegler berichten von einzelnen – zum Glück seltenen – Wellen, die im Passat, selbst bei nur 4-5 Bft. von achtern ins offene Achtercockpit eingestiegen sind und unter Deck die Flamme des Gaskochers gelöscht haben.

Im Hinblick auf die Decksausrüstung sollen noch zwei wichtige Punkte angesprochen werden, die beim Kauf einer Fahrtenyacht bedacht werden sollten: Die Lagerungsmöglichkeiten für das Beiboot und für den Anker. Immer mehr Skipper fah-

ren ihr Beiboot am Heck aufgehängt an Davits. Das mag auf Kurzstrecke praktisch und akzeptabel sein, ist aber segeltechnisch von Nachteil und ästhetisch diskutabel. Während einer längeren Überfahrt – insbesondere falls eine Windsteuerung angebaut werden soll – muss das Beiboot jedenfalls anders gestaut werden. Für die weit verbreiteten Semi-Rigid-Beiboote mit festem Boden bleibt nur das Vordeck als Staufläche. Es sei denn, man segelt eine 55-Fuß-Yacht mit viel Platz auch hinter dem Mast. Zwar kann bei einem Semi-Rigid die Luft aus den Schläuchen abgelassen werden, aber der feste Boden erfordert immer noch mindestens 2,5 m freie Länge an Deck. Auf einer 40-Fuß-Yacht sollte das Vordeck also so gestaltet sein, dass das umgedrehte Beiboot dort gut und fest gestaut werden kann. Eventuell sind zusätzliche Augbolzen zur sicheren Verspannung in das Deck zu setzen.
Das Thema Ankern kann ein ganzes Buch füllen. Hier soll nur kurz auf die Beobachtung hingewiesen werden, dass manch eine moderne Yacht einfach einen viel zu kleinen Ankerkasten hat. Manche Ankerkästen können kaum 25 m Kette plus 20 m Leine aufnehmen. Der Ankerkasten einer 12-m-Fahrtenyacht muss groß genug sein, um mindestens 50 m Kette in 10 mm Stärke und dazu mindestens 30 m zusätzliche Ankertrosse aufnehmen zu können. Dazu sollte der Bugbeschlag so gebaut sein, dass mindestens ein 20 kg schwerer Anker sicher gestaut, gefiert und geborgen werden kann.

Unter Deck

Manchmal hört man die vielleicht etwas zu stark vereinfachende Aussage: »Früher wurden Yachtrümpfe für das Seesegeln gezeichnet und anschließend überlegt, wie eine praxisorientierte Inneneinrichtung in diesen Rumpf gebaut werden kann. Heute wird zuerst die Innengestaltung gezeichnet und dann überlegt, wie der Rumpf aussehen muss, der um diese Inneneinrichtung herum gebaut werden kann.«
Tendenziell ist die Aussage nicht ganz falsch, wenngleich es sicherlich etliche Werften gibt, die eine durchdachte Inneneinrichtung mit einem gut segelnden Rumpf verbinden können.
Es ist verständlich, dass Großserienwerften heutzutage eher den Chartermarkt als den Eignermarkt im Vordergrund sehen. Schließlich müssen sie sich aus wirtschaftlichen Gründen primär an ihrer Hauptkundschaft orientieren. Für den Fahrtensegler mit Reiseplänen, der ein eigenes Schiff sucht, bedeutet dies allerdings, dass er vor allem kleinere Werften und ältere, gebrauchte Boote genauer ins Auge fassen sollte (s. Kap. 6).
Über die reisegeeigneten Rumpfformen wurde schon weiter oben nachgedacht. Aber was kennzeichnet eine langfahrtorientierte Inneneinrichtung, und was ist unter Deck sonst noch im Hinblick auf längere Seereisen zu beachten?
Stauraum, Stauraum, Stauraum!
Es kann nicht genug betont werden, wie wichtig großzügig angelegter und geschickt platzierter Stauraum auf einer Langfahrtyacht ist. Pro Koje an Bord

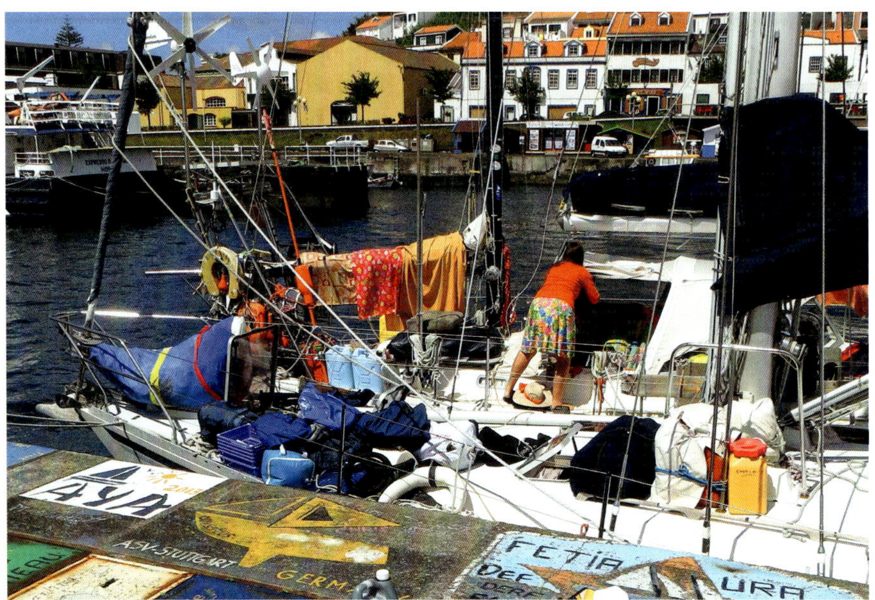

Trocknen der Ausrüstung in der Sonne der Azoren nach nasser Atlantikfahrt mit undichten Decksluken.

sollte mindestens ein halber Kubikmeter Stauraum zur Verfügung stehen, denn derjenige, der die Koje belegt, muss ja auch seine Ausrüstung irgendwo lassen. Wobei noch nicht berücksichtigt ist, dass für jedes zusätzliche Besatzungsmitglied ja auch Lebensmittel, Getränke und Wasser gebunkert werden müssen. Unter Kostengesichtspunkten ist zu bedenken, dass die Preise für Lebensmittel, Wasser und Diesel in den verschiedenen Segelrevieren sehr stark differieren können. Wer von den französischen Antillen kommend auf die British Virgin Islands oder die Bahamas will, sollte aus Kostengründen auf Guadeloupe alle Stauräume maximal mit allem auffüllen, was später gebraucht wird, denn weiter im Norden verdoppelt sich die Einkaufsrechnung. Kurzum: lieber weniger Kojen, aber mehr Stauraum, sodass dort, wo der Einkauf günstig ist, auch wirklich viel gekauft und verstaut werden kann.

Auf einem seegehenden Boot sollten alle Kojen und Stauräume unter allen Umständen immer wirklich trocken bleiben. Eine Selbstverständlichkeit? Ein Gang über die Pontons der auf den Azoren aus der Karibik zurückkehrenden Yachten mit ihren in der Sonne trocknenden Matratzen macht schnell deutlich, dass dies keineswegs selbstverständlich ist (s. Foto). Auf jeden Fall sollte alles getan werden, um, so gut es eben geht, Nässe und Feuchtigkeit unter Deck zu vermeiden. Dass Luken und Fenster dicht sind, sollte normal sein, ist aber beileibe nicht selbstverständlich. Und wenn der Skipper dann alle Lecks erfolgreich gedichtet hat, kommt es auf längeren Strecken mit Schietwetter dennoch zu hoher Feuchtigkeit unter Deck durch Kondenswasser und Sprühnebel von fliegendem Salzwasser. »Wasser trocknet doch« meinen viele. Keineswegs! Salzwasser ist hygroskopisch. Heißt: Was einmal mit Salzwasser in Berührung gekommen ist, scheint bei Sonnenschein zu trocknen und ist aber am nächsten Morgen wieder genauso feucht wie zuvor. Da hilft nur Waschen in Süßwasser. Aber Süßwasser ist auf See ein kostbares Gut. Haben Sie schon einmal versucht, eine seewasserdurchtränkte Matratze mit Süßwasser zu waschen und zu trocknen?

Kojen

Die meisten Fahrtensegler sind zu zweit oder zu dritt, auf längeren Hochseestrecken auch aus Gründen des Wachwechsels manchmal zu viert unterwegs. Größere Crews sieht man in der Regel eher auf Überführungstörns auf kommerziell genutzten Yachten. Auf einer privat gesegelten 12–13-m-Yacht werden somit vier ausreichend lange Kojen (mindestens 2 m Länge) benötigt. Auf zwei getrennte Kabinen verteilt, bleibt so genügend Stauraum für die persönliche Ausrüstung der Crew. Eine Fahrtenyacht mittlerer Größe mit zwei Kabinen unter dem Achtercockpit ist wenig sinnvoll, denn dann gibt es kaum noch Stauraum im Cockpitbereich. Und mehr Stauraum ist wichtiger als mehr Kojen.

Für das Hochseesegeln sind außerdem gute Schlafplätze nahe am Drehzentrum des Schiffes (Rollen und Stampfen) wünschenswert, denn nur dort kann auf Langstrecke bei etwas mehr Seegang einigermaßen komfortabel geschlafen werden. Ein Hauptproblem auf Langfahrt ist Schlafmangel. Guter, erholsamer Schlaf ist aber die Voraussetzung für eine effizient einsetzbare Wachmannschaft. Wenn ein Crewmitglied während der Zeit der Freiwache keine gute Koje hat, wird auch seine Einsatzfähigkeit, Ausdauer und Konzentration auf Wache darunter leiden. Wenn man ferner

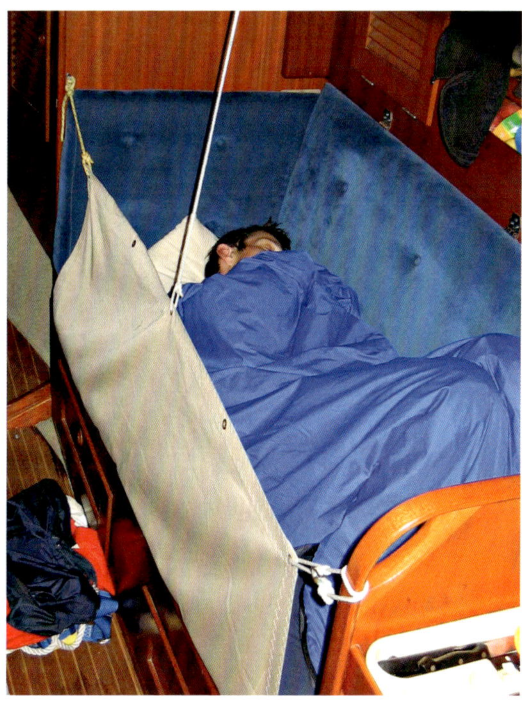

Die Salonkoje mit Leesegel ist der beste Schlafplatz bei viel Wind.

bedenkt, dass bei viel Seegang die Schlafplätze im Vorschiff und in der Achterkajüte wegen der heftigen Schiffsbewegungen in den Enden des Schiffes kaum oder gar nicht benutzbar sind, wird verständlich, dass die Forderung nach Salonkojen ihre Berechtigung hat.
Auf Küstentörns hingegen, wo nachts vor Anker oder im Hafen geschlafen wird, müssen im Salon keine Schlafmöglichkeiten zur Verfügung stehen. Da die Mehrzahl der Yachten ohnehin eher für Küstentörns als für Ozeanpassagen gebaut werden, findet man im Salon immer häufiger Rundsofas, Einzelsessel, kurze Sitzbänke – aber leider immer seltener 2 m lange Schlafmöglichkeiten. Dabei ist natürlich die Leeseite die Schokoladenseite. Um auch auf der Luvseite gut schlafen zu können (bei 3er- und 4er-Crew notwendig), sind Leesegel unbedingt notwendig, denn nur sie verhindern, dass der Schlafende bei Rollbewegungen aus der Koje fällt.
Über die Größe der Diesel- und Wassertanks ist schon weiter oben nachgedacht worden. Aber wo sollten die Tanks eingebaut sein? Auf jeden Fall so tief wie möglich, um den Gesamtschwerpunkt tief zu halten. Unter den Längskojen im Salon wäre Platz für Tanks, aber da dieser Bereich leicht zugänglich ist, wird er bevorzugt für Dinge benutzt, die täglich häufiger gebraucht werden. Optimal für den Tankeinbau wären die Bereiche unter den Bodenbrettern. Moderne, leichte Schiffe haben dort allerdings meist nur 10 bis maximal 20 cm Freiraum, was für Tanks kaum ausreichend ist. Daran ist wieder erkennbar, dass das Reiseschiff etwas mehr Verdrängung haben sollte als moderne, flache Cruiser-Racer, denn schwerere Schiffe haben auch mehr Platz unter den Bodenbrettern.

Seegerechte Pantry

Auf mindestens 13–14 m langen Yachten ist die Rumpfbreite ausreichend, um mittschiffs im Salonbereich nicht nur sechs Sitzplätze um den Tisch herum vorzusehen, sondern auch noch die Pantry in Längsrichtung parallel zum Tisch längs an die Bordwand zu bauen. Sofern sich die in der Pantry arbeitende Crew dabei auch im Seegang noch gut abstützen und festhalten kann, ist diese Einbaulösung durchaus sinnvoll. Nur ist das leider auf vielen dieser Yachten konstruktiv nicht gegeben. Zweckmäßiger ist eine L-förmige, oder besser noch U-förmig gebaute Pantry nah am Niedergang. Diese Bauweise ist gerade auch auf 11–12 m langen Schiffen gut realisierbar. So wird nicht nur gewährleistet, dass sich der Koch auch im Seegang noch einigermaßen sicher bewegen und halten kann, sondern auch die Dämpfe und Gerüche vom Herd ziehen schneller durch den Niedergang nach draußen. Ein kleiner Tipp am Rande: Das Schiff sollte im Hafen möglichst mit dem Bug im Wind festgemacht werden, denn nur so können die Küchendämpfe durch den offenen Niedergang gut abziehen. Haben Sie schon einmal bei Dauerregen von achtern und geschlossenem Niedergang für eine größere Crew 20 Minuten lang Kartoffeln gekocht? Das Boot wird durch das Kondenswasser zur Tropfsteinhöhle ... Ein Druckkochtopf ist übrigens – nebenbei bemerkt – ein praktisches Kochutensil, um die Kochzeiten zu verkürzen.

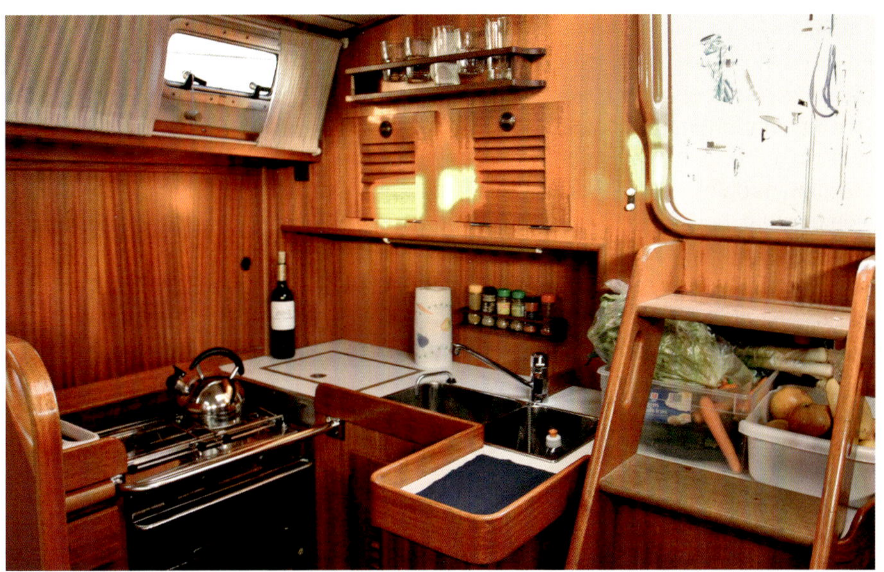

Seegerecht konzipierte Pantry mit viel Stauraum und Ablagen.

Zum Wassersparen können viele Lebensmittel auch mit Meerwasser (je nach Zweck auch verdünnt) gekocht werden: Nudeln, Reis, Hülsenfrüchte, Kartoffeln. Sollte das Süßwasser knapp werden, kann auch das Spülen mit Meerwasser erledigt werden, doch sollte möglichst am Ende mit etwas Süßwasser nachgespült werden, denn sonst werden Töpfe und Besteck über kurz oder lang Rost ansetzten. Selbst wenn es sich um sogenannten Edelstahl handelt. Denn die meisten der für den Einsatz in der Küche gewählten Legierungen sind nicht wirklich seewasserfest. Die Wasserversorgung sollte sowohl in der Pantry als auch in der Nasszelle nicht nur über ein elektrisches Druckwassersystem, sondern sicherheitshalber zusätzlich über eine mechanische Fußpumpe funktionieren. Elektrische Druckwasserpumpen gehören mit zu den am häufigsten ausfallenden Geräten an Bord. Auf Langfahrt ist es ratsam, eine Reservepumpe dabei zu haben. Eine zusätzliche Seewasserpumpe in der Pantry zum Wassersparen zu installieren, mag praktisch sein, ist aber nicht wirklich notwendig. Ein sauberer Eimer reicht auch, und er erspart einen zusätzlichen Rumpfdurchbruch.

Während einer Ozeanüberquerung ist es vielleicht auch nicht verkehrt, das Druckwassersystem ganz abzuschalten und allein die mechanischen Pumpen zu benutzen. Es ist schon vorgekommen, dass mitten auf dem Ozean – wie auch immer verursacht – über einen offenen Wasserhahn in der Nasszelle das gesamte Süßwasser ungewollt ins Meer gepumpt wurde ... Da bleibt nur zu hoffen, dass das Wasser an Bord nicht in einem einzigen Tank gebunkert wird, sondern auf mindestens zwei mit Sperrventil voneinander getrennte Tanks verteilt ist.

Kühlschrank

Er verdient - insbesondere in wärmeren Segelrevieren - besondere Aufmerksamkeit: Elektrisch betriebene Kühlaggregate gibt es mit Luft- oder Seewasserkühlung. Wer längere Zeit in tropischen Revieren oder im Sommer im Mittelmeer unterwegs ist, kann seinen Stromverbrauch für den Kühlschrank erheblich reduzieren, indem er ein wassergekühltes Aggregat einbaut. Aber das beste Kühlaggregat hilft nur wenig, wenn der Kühlschrank selbst schlecht isoliert ist. Die Kühlschrank-Reparateure in der Karibik können ein Lied von den zahlreichen Yachten aus Großserienproduktion singen, deren Skipper sich mit einem vermeintlich defekten Kühlaggregat bei ihnen melden. Tatsächlich ist das Aggregat meist völlig in Ordnung. Aber die Isolierung des Kühlbehälters ist einfach viel zu dünn und aus billigem Material. Da hilft nur Nachrüsten mit speziellen, hochwertigen Polyurethanplatten, die nachträglich eingeklebt und versiegelt werden müssen, was allerdings das nutzbare Volumen verringert.
Ein Tipp für heiße Reviere: An vielen Bootstankstellen gibt es 10 l große Eisblöcke zu kaufen, die - schnell genug in einen Behälter in den Kühlschrank gestaut - den Stromverbrauch erheblich reduzieren.

Problemzone Toilette

Die Bordtoilette wird in der Segelliteratur meist etwas stiefmütterlich behandelt. Wenngleich dieser Ort zu den Haupt-Problemzonen an Bord gehört. Sei es, weil sie von vornherein von der Werft schlecht eingebaut wurde, sei es weil sie falsch benutzt wurde. Schlechter Einbau heißt: Zu beengter Toilettenbereich mit wenig durchdachter Schlauchführung, kein Schwanenhals zur Vermeidung von Überschwemmungen, zu dünne und/oder zu eng geführte Bögen oder T-Stücke zwischen Auslass und Fäkalientank, schlecht zugängliche Seeventile, billige und störanfällige Pumpe. Wünschenswert wäre der Einbau mit Oberrand des Beckens über der Wasserlinie, doch ist das nicht auf allen Schiffen machbar. Dann sollte auf jeden Fall über einen hohen Schwanenhals und gut zugängliche Seeventile die Überschwemmungskatastrophe vermeidbar gemacht werden.
Falsche Bedienung: Vor dem Gebrauch wurde kein Wasser eingepumpt, Papier in zu großer Menge oder sich nicht auflösende Dinge wie Feuchtigkeitstücher und Ähnliches hineingeworfen, zu wenig nach Gebrauch gepumpt etc. In eine gut gebaute Bordtoilette mit guter Pumpe und dicken, gut geführten Schläuchen kann durchaus das benutzte Toilettenpapier in kleineren Mengen hineingeworfen werden. Wenn auf vielen Yachten, insbesondere auf Charteryachten, das benutzte Toilettenpapier in einem Eimerchen neben der Toilette - wenig hygienisch - gesammelt wird, ist dies eine Konsequenz der Tatsache, dass es erfahrungsgemäß immer wieder Crewmitglieder gibt, die die Bordtoilette so wie ihre Toilette zuhause auch als Mülleimerersatz benutzen.

Belüftung

Das Thema Toilette ist natürlich nah am Thema Belüftung. Dass der Toilettenbereich nicht nur einen kleinen Doradelüfter, sondern eine vollständig zu öffnende Luke oder ein zu öffnendes Fenster haben sollte, versteht sich. Das Gleiche gilt aber auch für die Pantry und alle Kojenbereiche. Nur mit guter Belüftung kann mittel- und langfristig Spark- und Schimmelbefall verhindert werden. Auch an diesem Punkt gibt es auf vielen Serienyachten Nachbesserungsbedarf.

Kartentisch

Dass für erfahrene Langfahrtsegler in der Raumgestaltung unter Deck ein ausreichend großer Kartentisch nach wie vor Priorität hat, wurde bereits weiter oben mehrfach betont und begründet. Doch wo und wie sollte er eingebaut sein? Der Navigator muss vom Kartentisch aus gut mit der Crew im Cockpit kommunizieren können. Folglich gehört der Kartentisch in die Nähe des Niedergangs. Ob er bevorzugt mit oder gegen die Vorausrichtung eingebaut ist, ließe sich diskutieren. Er könnte sogar 90° quer zur Kielrichtung und ohne Sitz konzipiert sein – Hauptsache er ist groß genug, bietet genug Platz für den Einbau der wichtigsten Navigationsinstrumente und verfügt über ausreichenden Stauraum für Karten und Bücher in Reichweite.

Großthema Reparaturen

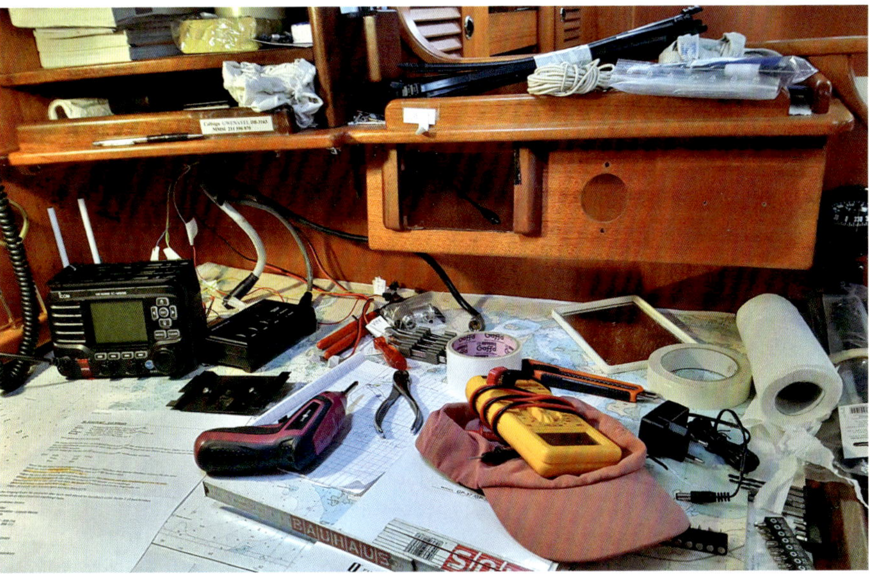

Reparaturen gehören zum Bordalltag eines Langfahrtseglers.

»Reparierst Du noch oder segelst Du schon?« Egal ob der gutbetuchte Skipper mit einem nagelneuen Boot losfährt oder der Segler mit dünnerer Brieftasche für die Reise ein gebrauchtes Boot gekauft hat, wird es unterwegs auf Langfahrt früher oder später technische Probleme geben. Leider und gerade eben auch auf manchen nagelneuen Schiffen, denn nicht alle Werften machen vor der Übergabe eine hundertprozentige Rundum-Qualitätskontrolle. Bei Neuentwicklungen sind es nicht selten die Ersteigner, denen man das Herausfinden der Kinderkrankheiten überlässt.

Um auf einer Seereise mit dem eigenen Boot möglichst wenig abhängig von Fremdhilfe, Reparaturbetrieben, Ersatzteilbeschaffung etc. zu sein, sollte nicht nur die Bootsausrüstung komplett und in gutem Zustand, sondern darüber hinaus auch umfangreiches Werkzeug und Reparaturmaterial für die meisten möglicherweise auftretenden Pannen und Notfälle an Bord sein. Dass der Skipper oder ein anderes Crewmitglied auch damit umgehen können muss, versteht sich. Nicht jeder Segler ist ein geschickter Handwerker. Aber vieles lässt sich recht schnell lernen, sei es aus Büchern (s. Literaturtipps im Anhang) oder zum Beispiel über YouTube-Videos. Der Wechsel des Impellers einer Kühlwasserpumpe ist so genauso schnell verstanden wie die Reparatur eines Polyesterschadens am Rumpf oder der Wechsel der Toilettenpumpe.

Allgemein benötigtes Werkzeug

- Schraubendreher, Schraubenschlüssel, Kombizangen, Leatherman, Engländer
- Sägen für Holz, Plastik und Metall mit Ersatzblättern
- Bolzenschneider, Beil, Axt, Hammer, Brecheisen, Meißel, Feilen, Schmirgelpapier
- zwei Bohrmaschinen mit allen benötigten Bohreinsätzen
- eine gut sortierte Sammlung von Schrauben, Muttern, Scheiben
- auf einem Stahlschiff evtl. ein kleines Schweißgerät

Probleme am Dieselmotor

Ein Ausfall der Maschine auf hoher See ist in der Regel nicht so dramatisch wie in Küstennähe, denn man hat meist viel Zeit, um die Ursache zu finden und zu beheben. In Küstennähe hingegen, insbesondere dort, wo Gezeitenströme setzen, Untiefen unter Wasser lauern und vielleicht zahlreiche Fischereifahrzeuge mit Wegerecht in unmittelbarer Umgebung unterwegs sind, kommt es schnell zu Stress.

Zur Schnelldiagnose hier eine kurze Übersicht der am häufigsten auftretenden Motor-Probleme und deren Beseitigung in Kurzform:

- Alarm bei zu geringem Ölstand: Motor sofort abstellen! Ölstand kontrollieren und gegebenenfalls nachfüllen.
- Alarm wegen fehlender Motorkühlung: Motor sofort abstellen! Kühlwassereinlass kontrollieren. Verstopfter Kühlwassereinlass? Kühlwasserpumpe ausgefallen? Keilriemen gerissen? Seewasserfilter verstopft?

- Motor abgewürgt, Drehzahl schlagartig auf Null: Leine im Propeller. Mit Tauchmaske und scharfem Messer ins Wasser, Propeller freischneiden.
- Anlasser dreht beim Starten nicht durch: Motorbatterie leer oder defekt. Motorbatterie abklemmen und, eventuell mittels Überbrückungskabeln, die Starterkabel an den zweiten Batterieblock anschließen. Zweite Möglichkeit: defekter Anlasser; mit Hammer beim Startversuch leicht auf das evtl. verklemmte Relais klopfen.
- Anlasser dreht beim Starten normal durch, Motor startet aber nicht: vermutlich keine Dieselzufuhr; leerer Tank oder Dieselfilter verstopft. Oder Wasser im Diesel oder Luft in der Dieselzufuhr. Diesel nachfüllen, Filter wechseln, Dieselleitungen entlüften, eventuell mit frischem Diesel durchspülen.
- Motor läuft unregelmäßig, stottert und bleibt dann stehen: gleiche Diagnose wie beim vorherigen Punkt.

Die Maschine kann auch dadurch ausfallen, dass sie gar nicht gestartet werden kann wegen eines elektrischen Fehlers, der vielfältige Ursachen haben kann:

- defektes Zündschloss (Kontakte durch Seewasser oxydiert)
- Wackelkontakt an den Zuleitungen (Vibrationsschaden)
- defekter Anlasser u. v. m.

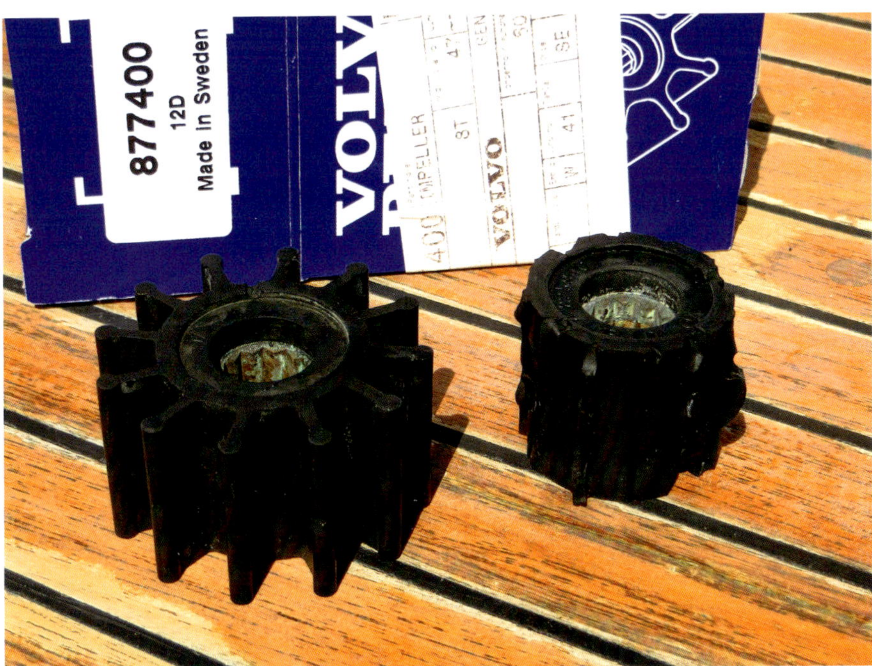

Kühlwasser-Impeller – links neu, rechts nach Verstopfung des Kühlwassereinlasses.

Um Maschinenprobleme zu vermeiden oder in den Griff zu bekommen, ist es sinnvoll, folgende Dinge an Bord zu haben:

- Wartungshandbuch des Motorenherstellers
- Motoröl für zwei Ölwechsel
- Pumpe zum Abpumpen des alten Motoröls
- Auffanggefäße für das Altöl
- mindestens 2 Ölfilter
- mindestens 2 Dieselvorfilter
- mindestens 2 Dieselhauptfilter
- alle Dichtungen für die o. g. Filterwechsel
- 1–2 Keilriemen
- 2–3 Impeller für die Kühlwasserpumpe
- Dichtungs-Ersatzteilset zur Reparatur der Kühlwasserpumpe
- Ersatz-Sicherungen für die Stromversorgung
- 2–3 m Dieselschlauch
- Dieseladditiv zur Bekämpfung der Dieselpest
- Zylinderkopfdichtung
- 1 Satz Einspritzdüsen
- Dichtungen für alle eventuell zu reparierenden Teile im Zusammenhang mit Wasser oder Diesel
- spezielles Reparaturtape für Diesel- und Kühlwasserschläuche
- Kontaktspray
- Opferanoden für Motor (falls dort vorhanden) und Propellerwelle
- Multimeter (Volt, Ampere, Ohm)

Für Beiboot und Außenbordmotor ist es sinnvoll, mindestens folgendes an Bord zu haben:

- Zündkerzen mit passendem Kerzenschlüssel
- Impeller für Kühlwasserpumpe
- Benzinfilter, Reserveschmieröl
- Pumpball für Benzinleitung
- Flickzeug für die Schläuche
- Pütz
- mobile Positionslampen (in den USA vorgeschrieben!)

Für die Pantry sollte man folgende Dinge in Reserve haben:

- neue Gasschläuche
- Thermozünder und Fühler für den Herd
- neuen Druckminderer für die Gasflasche
- Adapterset zum Füllen der Gasflaschen im Ausland
- zweite Gasflasche in Reserve

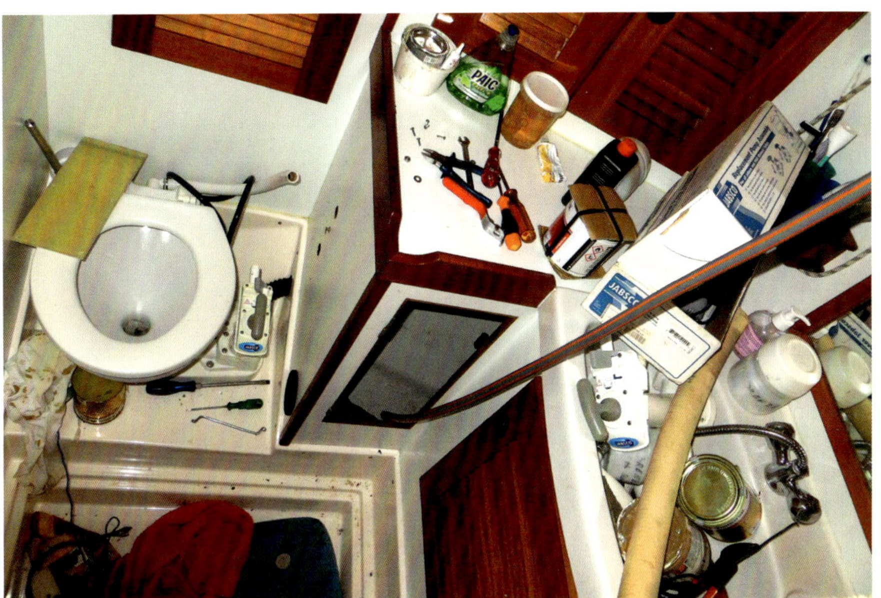

Eine verstopfte Toilette erfordert meist einen aufwendigen Arbeitseinsatz …

Für Reparaturen im Sanitärbereich

- Klempnerwerkzeug, Rohrzangen, verstellbare Schlüssel
- Schläuche für Toilette u. Ä. mit passenden Schlauchklemmen
- Ersatzteilset für die Toilette, Dichtungssatz, evtl. komplette Reservepumpe
- Dichtungsfett, Silikon

Für Elektroreparaturen

- Ein zuverlässiges Multi-Messgerät, mit dem Spannung, Stromstärke und Widerstand an einem beliebigen Ort des Bordnetzes gemessen werden können (Handhabung s. Kap. 7). Zugehörige Reservebatterie nicht vergessen!
- Elektroinstallationsmaterial, Kabelschuhe, Kabelpresszange, Schrumpfschläuche, verschiedene Längen und Durchmesser von Kabeln, Isolierband
- Glühbirnen, LED-Lampen
- Schmelzsicherungen und Ersatz für andere an Bord befindliche Sicherungen
- Reservebatterien, evtl. mobiles Ladegerät für Akkus
- Lötkolben und Lötzinn
- Adapter zum Anschluss des Landanschlusses an ausländische Steckdosen

Für Holzreparaturen

- Rohmaterial wie Holzleisten und Platten verschiedener Größe und Stärke zum Improvisieren

- Holzsägen mit Reservesägeblättern
- Schleifmaschinen mit passenden Schleifscheiben
- Schraubzwingen
- Holzbohrer
- Holzkleber

Für Kunststoffreparaturen

- Rohmaterial wie GFK-Brettchen, Plastikstücke
- Polyester-Mattengewebe verschiedener Art
- Epoxy inkl. Härter, auch für den Unterwasserbereich!
- Polyesterharz mit Härter / Beschleuniger

Abdichtungsprobleme / Leckbekämpfung

- Holzpfropfen in den Größen aller an Bord befindlichen Seeventile und Schläuche
- Holzbretter, Stangen, Keile
- Silikonkleber, Polyurethankleber, aushärtende Flüssigdichtung für provisorische Maßnahmen, zugehörige Presspistole

Probleme mit dem Rigg

Worst case ist ein Mastbruch. Die Wahrscheinlichkeit, dass heutzutage der Mast einer gut gewarteten Yacht bricht, ist allerdings nicht größer als die, mitten auf dem Atlantik einem Ruderboot zu begegnen. Bevor ein Mast tatsächlich bricht, zeigen sich in der Regel Vorwarnungen im Rigg in Form angerissener Drähte an einem oder mehreren Wanten, meist an den Pressungen der Terminals (s. Foto). Im Falle eines angerissenen Wants sollte zuerst einmal die Segelfläche verkleinert werden. Bei nicht all zu kräftigem Wind kann die Reise durchaus wie geplant fortgesetzt werden. Der Mast wird nicht gleich wegen eines einzelnen angerissenen Drahtes in einem Want brechen. Anders sieht es natürlich aus, wenn das ganze Want gebrochen ist. In diesem Falle wird zuerst einmal auf dem Bug weitergesegelt, auf dem das gerissene Want auf der Leeseite liegt.

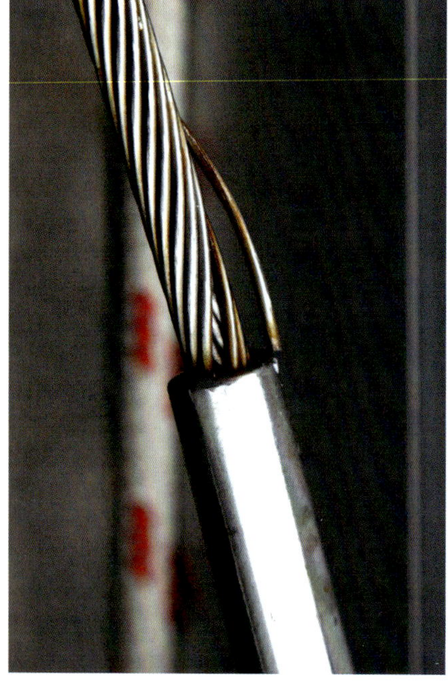

Angerissener Wantendraht am unteren Pressterminal.

Anschließend kann in Ruhe über eine eventuelle Reparatur nachgedacht werden. Für Reparaturen im Rigg sollten folgende Dinge an Bord sein:

- Reservedraht für gebrochene Wanten und dazugehörige Schraubterminals (z.B. Sta-Lock oder Norseman)
- Alternativ zum Reservestahldraht mindestens 30 m Dyneema-Leine
- Schäkel, Bolzen, Splinte, Ringe, Scheiben, Blöcke
- einige Meter Stahlkette, je nach Schiffsgröße in 8, 10 oder 12 mm Stärke, um verkürzt reparierte Wanten passend verlängern zu können
- gute Eisensäge
- Nietzangen und alle an Bord benötigten Größen von Nieten
- für den schlimmsten Fall: ein starker Wantenschneider

Segelreparatur

Das Material der heutzutage verarbeiteten Segeltuche ist in der Regel so gut, dass kaum eine Crew selbst bei Starkwind mit zerrissenen Segeln rechnen muss. Wenn Schäden an den Segeln auftreten, liegt das meist daran, dass Nähte aufreißen. Meist ist es eine Folge von Unachtsamkeit. Segel, die am Mast in den Salingen oder an den Wanten scheuern oder hin und her schlagen, verschleißen in kurzer Zeit. Die grundsätzlich lange Haltbarkeit der Segel wird auch drastisch verkürzt durch zu langes Killen beim Setzen und Bergen oder beim Motorsegeln.

Als Reparaturmaterial wird Folgendes gebraucht:

- selbstklebendes Segeltuch
- Segeltuch wie in den Segeln
- Segelmachernadeln
- UV-beständiges Segelgarn in mehreren Stärken
- Marlspieker
- Segelmacherhandschuh
- Großsegelrutscher bzw. -wagen bei durchgelatteten Segeln
- Stagreiter für die Sturmfock (falls fliegendes Vorstag)
- Leder

Sonstiges

- mindestens 3 Eimer mit je 3 m Halteleine
- Farben und Pinsel
- Aceton, Spiritus u. Ä.
- verschiedene Arten von Kleber und Tape
- Putzlappen

Einer meiner Freunde ist der Meinung, dass mein Boot mindestens einen Viertelknoten schneller segeln könnte, wenn ich das ganze nicht ständig benötigte Material aus meinen rappelvollen Stauräumen herausholen und an Land verfrachten würde ... Es mag sein, dass ich tatsächlich einen Zehntelknoten gewinnen könnte. Aber verlieren würde ich damit das gute Gefühl, in den meisten technischen

Problemsituationen mit Bordmitteln ein unerwartetes Problem lösen zu können. Zwar nicht häufig, aber immerhin doch einige Male ist es mir in drei Jahrzehnten des Hochseesegelns passiert, dass ich in einer unvorhergesehenen Situation ein technisches Problem dank eines Gegenstandes lösen konnte, der seit mehr als 10 Jahren in der Sammlung der »sowieso nie gebrauchten Dinge« über die See gefahren worden war.

Bekleidung

Dass eine klimatisch angepasste und vor jedem Wetter schützende Bekleidung an Bord unabdingbar ist, steht außer Frage. Aber braucht man wirklich den Drei-Lagen-Offshore-Polar-Segelanzug in gemäßigten Breiten? Natürlich ist es eine Frage der Jahreszeit. Ein Starkwind-Trainingstörn im März auf der Nordsee ist normalerweise härter und kälter als eine Kap-Hoorn-Umrundung im Januar. Und so kann das Drei-Lagen-Ölzeug in der Nordsee genau richtig sein. Dennoch gilt im Allgemeinen, dass in den gemäßigten Breiten zwischen Ostern und Oktober nicht unbedingt das neueste High-Tech-Offshore-Ölzeug notwendig ist. Im Sommer ist meist nur leichtes Ölzeug ausreichend. Nicht selten reicht sogar die einfache Fahrrad-Regenbekleidung, auch wenn sie vielleicht nicht der neuesten Seglermode entspricht. Wichtig ist, dass das Gewebe atmungsaktiv und die Nähte dicht sind. Die Wärmeisolierung wird am besten nach dem Zwiebelprinzip bei der Wahl der Unterbekleidung der jeweiligen Temperatur angepasst.

Bordapotheke

Zur Zusammenstellung einer der Reise angemessenen Bordapotheke ist es wohl am zweckmäßigsten, einen Allgemeinmediziner zu befragen, der selbst Segler ist. Die Themengruppe Gesundheit, Erste Hilfe, Bordapotheke ist zu umfangreich, um hier angemessen behandelt werden zu können. Ich verweise darum auf die Literaturtipps im Anhang.

Schlussbemerkung

Die meisten Schäden und Probleme lassen sich durch vorausschauende Planung und Beobachtung verhindern. Riggkontrolle auf gebrochene Drähte, Öl oder Abrieb im Motorraum, Spiel im Ruder, leckende Fenster, Scheuerstellen an den Segeln, gelöste Schäkel oder Splinte, frühzeitiger, vorausschauender Kleidungswechsel: Antizipieren heißt das allgemeine Zauberwort beim Segeln.

4. Gute Navigation, die Spaß macht ohne Displayherrschaft

Mit meinem allerersten eigenen Segelboot, einem trailerbaren, nur 6,20 m kurzen Kajütkreuzer, hatte ich mir das Ziel gesetzt, vom Golfe du Morbihan in der Süd-Bretagne zur Ile de Sein unweit von Brest zu segeln, etwa 120 Meilen nach Nordwesten. Die erste Tagesetappe war kurz und bei gutem Wetter einfach zu segeln. Doch je weiter ich nach Nordwesten vorankam, desto schlechter wurde das Wetter, und am Morgen der etwa 40 Meilen langen letzten Etappe von Le Guilvinec bis zur Ile de Sein war der Wetterbericht nicht gerade ermutigend. Wind mit Regen aus SW, von 3 auf 5 Bft. Auffrischend. Soweit kein Problem, aber die Sicht sollte sich im Laufe des Tages von fünf auf weniger als eine Meile verschlechtern. Aus heutiger Sicht kein Problem dank GPS, aber 1982 musste der Segler gerade bei schlechter Sicht den Gezeitenstrom präzise mit in die Kursberechnung einfließen lassen, denn sonst konnte man leicht an einer flachen Insel vorbeisegeln. Also lieber auf besseres Wetter warten? Mein Zeitplan war knapp bemessen, und mein Ziel Ile de Sein wollte ich möglichst nicht aufgeben. Schließlich herrschte ja kein dichter Nebel,

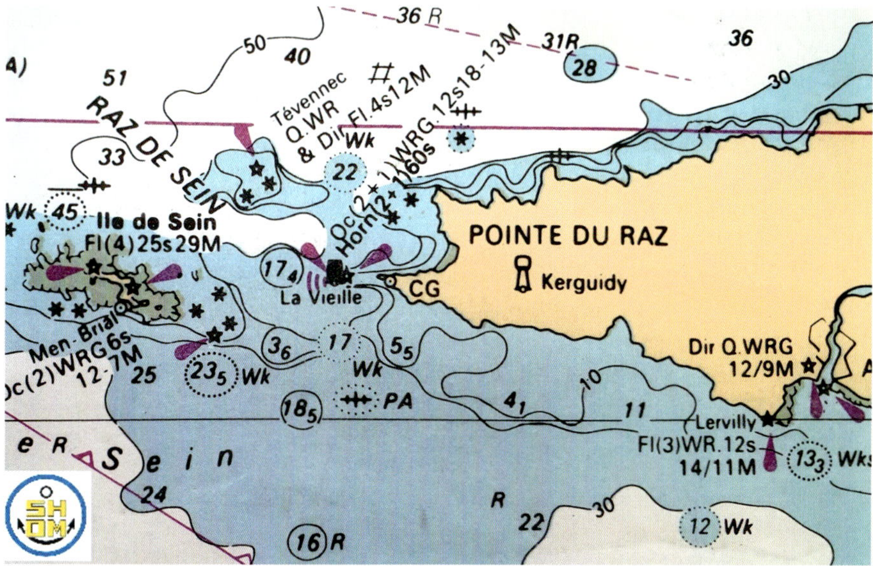

Seekartenausschnitt vom Pointe du Raz, Bretagne.

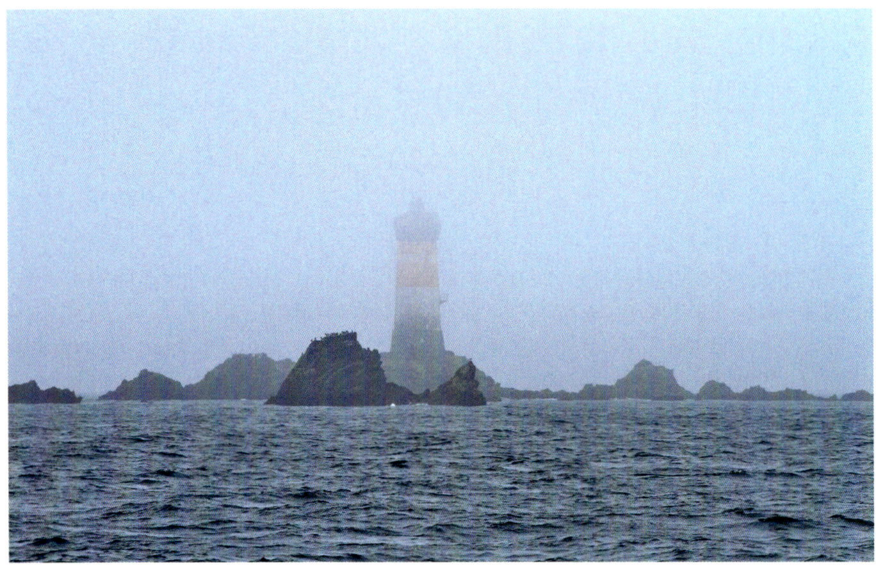

Glücklich ist, wer das Land ohne Havarie im sich lichtenden Nebel auftauchen sieht.

sondern nur ziemlich schlechte Sicht, und Windrichtung sowie Tide waren günstig. Die Ile de Sein liegt etwa drei Meilen westlich der Pointe du Raz, dem wegen seiner kräftigen Tidenströme berüchtigten Kap im Westen der Bretagne. Die Insel ist weniger als eine Meile breit und von unzähligen Felsen und Untiefen umgeben. Sich ohne ausreichend genaue Kenntnis der Position bei schlechter Sicht in die Nähe der Pointe du Raz zu wagen, ist auch heute noch leichtsinnig. Was also tun? Immerhin sind die Gewässer dort sehr gut betonnt, was gerade bei schlechter Sicht jede Tonne zu einem wahren Freund macht. Glücklicherweise sind die Wassertiefen in diesem Seegebiet sehr markant wechselnd und erlauben es, die Tiefenlinien zur Navigation zu nutzen. Somit wird das Echolot dort bei schlechter Sicht zu einem hilfreichen, ja unerlässlichen Navigationsinstrument. Ich hangelte mich also dank meines zuverlässigen Echolots in respektvollem Abstand die Küste auf einer Tiefenlinie entlang, bis ich – weit genug von der Pointe du Raz, aber nah genug an der Ile de Sein – schließlich Kurs auf die Insel nehmen konnte, wenngleich ohne Landsicht. Gekoppelter Abstand zur Insel etwa fünf Seemeilen. Nach etwa einer halben Stunde verringerte sich die Wassertiefe wie erhofft deutlich und erlaubte nach Berichtigung um den Tidenstand sogar eine brauchbare Abstandsbestimmung zum Ufer der Insel. Ich musste unbedingt die Ansteuerungstonne vor der Osteinfahrt in den klitzekleinen Fischerhafen von Sein finden, sonst bekam ich ein Problem. Die Sicht verschlechterte sich weiter auf geschätzte 500 Meter, aber meine Tiefenlinien-Navigation erwies sich als erfolgreich, denn nach etwa weiteren zwei Meilen auf den Tiefen-Schlangenlinien hörte ich – anfangs kaum wahrnehmbar, dann aber immer deutlicher – das Bimmeln der Glockentonne, die die Ansteuerung in den Hafen markiert. Gänsehaut lief mir über den Rücken, als sich der stählerne Freund schemenhaft langsam aus der grauen Suppe löste. Mit einer Mischung aus Erleichterung, Glücksgefühl und auch ein wenig Stolz fiel der Anker hinter der Hafenmole der ersehnten Insel.

Im Laufe der folgenden 35 Jahre ankerte ich immer mal wieder unter verschiedensten Wetterbedingungen an derselben Stelle vor der Ile de Sein, aber mit der inzwischen selbstverständlich gewordenen GPS-Wunderkiste an Bord wollte sich das Glücksgefühl meiner allerersten Ansteuerung niemals wieder einstellen.

Das GPS ist ohne jeden Zweifel eine der wertvollsten Errungenschaften unserer Zeit, und es gehört ohne Diskussion zur Ausrüstung eines jedes Fahrtenschiffes. Die entscheidende Frage ist allerdings, in welchem Maße wir bereit sein wollen, die Freude, die aus erfolgreicher, »handgemachter« Navigation entsteht, der Bequemlichkeit zu opfern. Wollen wir der Bequemlichkeit auch dann nachgeben, wenn es sicherheitstechnisch gar nicht notwendig ist?

Mal angenommen, das Wetter ist gut, der Wind mittelkräftig, die Sicht etwa zwei Seemeilen, keine technischen Probleme an Bord, kein Zeitdruck. Warum sollten wir dann nicht einmal – um klein anzufangen – versuchen, von Cuxhaven nach Helgoland ohne GPS zu segeln. Das Fahrwasser ist bis ins tiefe Wasser der Außenelbe gut betonnt. Und wenn am westlichen Ende der Elbe-Betonnung Helgoland noch nicht in Sicht ist, umso besser, denn dann entsteht mit ausgeschaltetem GPS ein angenehmes Prickeln, wann und wo denn genau die Insel in Sicht kommt. Bringt es einem weniger erfahrenen Segler nicht erheblich mehr Freude, nach ein bis zwei Stunden ohne Landsicht, nur nach Kompass gesteuert in einem strömungsreichen Tidengewässer, die Konturen der erwarteten Insel im Dunst dort auftauchen zu sehen, wo man sie erwartet hat, anstatt ständig die Schiffsposition mit dem Plotter vor der Nase zu verfolgen? Keine Frage: Es macht mehr »Arbeit«, denn der Tidenstrom muss ja unter Benutzung des Strömungsatlas kompensiert werden. Das spontane Kompensieren vom Kurs über Grund auf dem Plotter ist da einfacher. Aber es vermittelt keinen Spaß. Es ist die banale Fortsetzung der Tätigkeit eines GPS-hörigen Autofahrers, der seinen Weg nicht kennt. Gehen wir dafür segeln?

Vor einigen Jahren segelte ich nach einer Überwinterung in der Karibik im Frühjahr von Antigua zu den Azoren und danach zurück in die Bretagne. Die Ozeanreise und anschließende Ansteuerung der Azoren ist in der Regel eher unproblematisch, denn es gibt auf den 2100 Meilen zwischen English Harbour auf Antigua und Horta auf der Azoreninsel Faial nicht eine einzige Untiefe und keine beachtenswerten quersetzenden Strömungen. Auch ist es statistisch gesehen im Mai / Juni eher unwahrscheinlich, in schlechtes Wetter zu geraten. Und das Azorenhoch steht dann häufig tatsächlich über den Azoren, was gute Sicht bedeutet. Warum also nicht die Chance nutzen – vorausgesetzt, dass es an Bord keine unvorhergesehenen Probleme gibt – den Landfall »klassisch« zu machen, nämlich ohne GPS. Wer keine ausreichenden Kenntnisse in der Astronavigation besitzt, um die gesamte

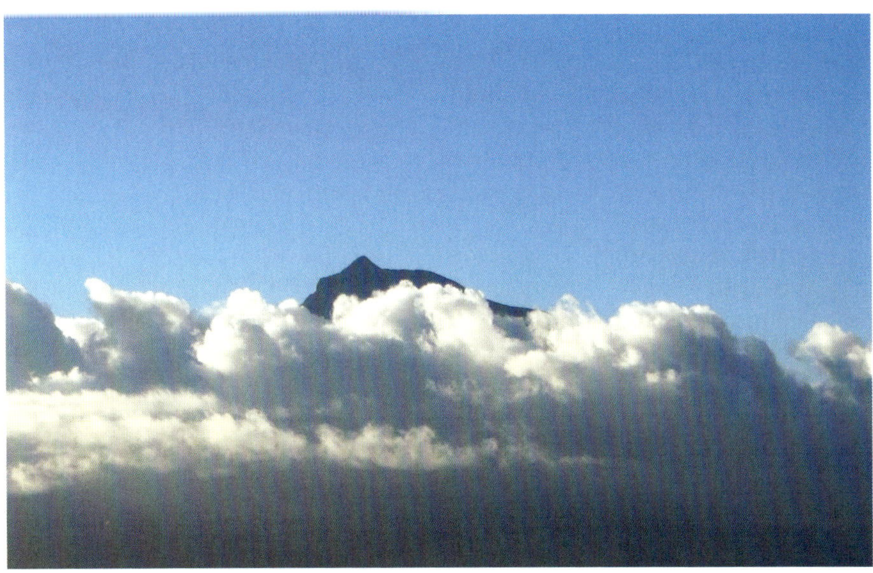

Die Spitze von Pico (Azoren) durchbricht die Wolkendecke.

Strecke ohne GPS zu segeln, der könnte unter GPS-Einsatz bis etwa 200 Meilen an die Azoren heransegeln und dann spaßeshalber während der letzten zwei Tage nur mit Koppelnavigation versuchen, nach zwei Wochen Blauwasser die ersehnte Inselgruppe zu finden. In der Regel verrät eine isolierte Wolkengruppe über den größeren und höheren Inseln ohnehin bei guter Sicht auf mehr als 50 Seemeilen die Lage des Ziels. Oft ist die 2350 m hohe Spitze des Vulkankraters von Pico von einer ringförmigen Wolkenformation umgeben, die schon einen halben Tag eher gesehen werden kann als das Land in Meereshöhe. Genauso habe ich es vor einigen Jahren erlebt, und Sie können sich die Freude vorstellen, als ohne sonstige Landsicht die Spitze von Pico plötzlich aus den Wolken herausragte.
Im Folgenden sollen nicht die Grundlagen der terrestrischen Navigation ausführlich dargestellt werden, denn dazu gibt es hinreichend viele, gute Lehrbücher (s. Anhang). Der interessierte Segler wird ohnehin wahrscheinlich bereits den SKS-Schein in der Tasche haben oder ihn demnächst ablegen. Allerdings sollen ein paar Elemente der traditionellen Navigationsmethoden mit dem Ziel angesprochen werden, die Freude beim Einsatz der eigenen fünf Sinne zu steigern.

Steuern nach Magnetkompass

Vor einiger Zeit erschien in der Yacht ein längerer Artikel über die Bedeutung des Magnetkompasses mit dem für mich verblüffenden einleitenden Hinweis, dass zwar inzwischen die meisten Rudergänger überwiegend nach GPS steuern, dass aber

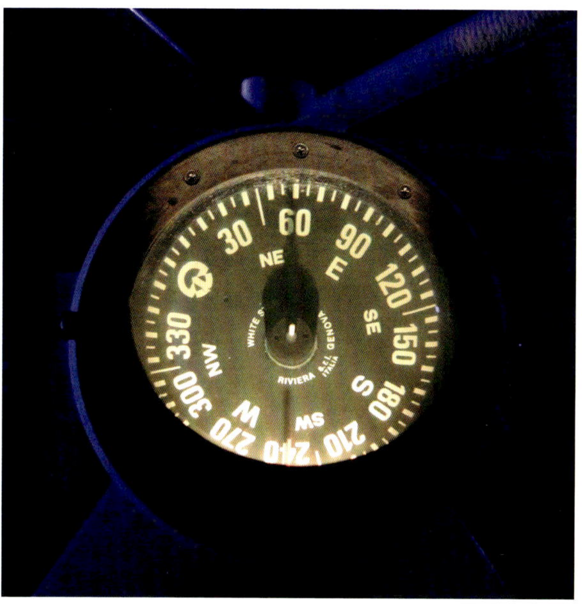

Magnetkompass an der Steuersäule.

auch in heutiger Zeit der Magnetkompass noch seine Bedeutung hat. Ist ein solcher Hinweis inzwischen tatsächlich notwendig geworden? Ist es nicht mehr selbstverständlich, dass primär nach dem magnetischen Steuerkompass gesteuert wird? Offensichtlich nicht!

Wenn dem so ist, kann ich nur jedem GPS-hörigen Rudergänger empfehlen, einmal gezielt längere Zeit zu überprüfen, ob es leichter ist, nach dem elektronisch-digitalen GPS-Kompass oder nach dem Magnetkompass zu steuern. Meines Wissens gibt es bisher in der Freizeitschifffahrt noch keine bezahlbare elektronische GPS-gesteuerte Kursanzeige, die ohne inakzeptabel große Verzögerungen auf Kursänderungen reagiert. Zwar reagiert selbst ein sehr guter Magnetkompass etwas verzögert auf Kursänderungen, allerdings in akzeptablen Grenzen. Kein Rudergänger kann in bewegter See ein mittelgroßes Segelboot längere Zeit konstant mit weniger als 5° Abweichung auf dem gewünschten Kurs halten. Das ist übrigens auch der Hauptgrund, warum die Kompassrose keine 1°-Einteilung, sondern eine 5°-Einteilung hat. Demgegenüber ist ein guter Rudergänger, dem ein guter Magnetkompass zur Verfügung steht, mit etwas Erfahrung sehr wohl in der Lage, die wellenbedingten Gierbewegungen des Schiffes ausreichend gut zu kompensieren. Versucht nun der gleiche Rudergänger, das Schiff allein mittels GPS-Kompass auf Kurs zu halten, wird er schnell feststellen müssen, dass ihm dies nicht zufriedenstellend gelingt, denn die Anzeige reagiert mit zu großer Verzögerung. Am schlechtesten sind die Steuerergebnisse, wenn nach einer Digitalanzeige gesteuert wird, denn das menschliche Gehirn verarbeitet digital angezeigte Werte langsamer als analog angezeigte. Schlussfolgerung: Auf jedes Segelboot gehört an eine vom Rudergänger gut ablesbare Stelle ein wirklich guter Magnet-Steuerkompass. An dieser Stelle sollte nicht mit dem Geld gespart werden, denn das Dämpfungsverhalten im Hinblick auf Rollen, Stampfen und Gieren, also die Ruhe der Anzeige, ist bei kleineren und billigen Kompassen deutlich schlechter (zur Frage des Einbauortes s. S. 92).

Abstands-, Kurs- und Positionsbestimmungen

Am bequemsten navigiert es sich natürlich mit einem Kartenplotter. Inzwischen von vielen Seglern bevorzugt direkt am Steuerstand vor der Nase des Rudergängers. Die Parallele zum Autofahren ist offensichtlich. Was nach meiner Ansicht unter dem Gesichtspunkt des Segelvergnügens davon zu halten ist, habe ich ja bereits in Kapitel 3 dargestellt. Aber geben wir es zu: Kaum ein Skipper wird in Landnähe bei 7 Windstärken, 2 m Seegang und fliegender Gischt seinen Peilkompass benutzen, um über Kreuzpeilungen die Schiffsposition zu bestimmen, sofern ein GPS-Gerät an Bord ist. Das ist so auch völlig in Ordnung. Doch zum Glück segeln wir überwiegend bei besserem Wetter. Und das bedeutet, dass die traditionellen terrestrischen Methoden zur Positionsbestimmung manchmal einfach »aus Spaß an der Sache« benutzt werden sollten.

Mitsegler bei mir an Bord zeigen immer wieder ein sehr zufriedenes Lächeln, wenn sie nach Gebrauch von Peilkompass, Seekarte, Papier und Bleistift zu ihrer Freude feststellen können, dass ihr manuell bestimmter Ort aus zwei oder drei Landpeilungen doch recht genau mit der GPS-Position übereinstimmt. Und darum geht es doch! Während des Törns in möglichst vielen Situationen Freude zu erleben. Der Plotter ist bequem, aber er ist ein Spaßkiller.

Wenn der Rudergänger oder Navigator aber nicht ständig mit der Nase auf dem Plotter hängen will, ist es unter anderem wichtig, Winkel und Abstände genügend genau schätzen zu können. Wenn die Crew beispielsweise auf ein bestimmtes Objekt am Horizont aufmerksam gemacht werden soll, ist es am einfachsten, ihr das Objekt in Peilung und Abstand zu beschreiben: Habt Ihr die Tonne dort gesehen? 20° Steuerbord in etwa 2 Meilen Abstand.

Die Fähigkeit, gut zu schätzen, lässt sich am besten trainieren, wenn man regelmäßig Peilungen nimmt und den Sinneseindruck mit Messwerten vom Peilkompass vergleicht. Dasselbe gilt für die Fahrtmessung in Knoten. Es ist sehr hilfreich, sich anzugewöhnen, vor oder nach einem Blick auf die Logge neben das Boot auf die Wasseroberfläche zu schauen, um über den Vergleich zwischen Schätzwert und Messwert seine Sinneswahrnehmung zu schärfen.

Durch den ständigen Gebrauch von Messgeräten und automatisierten Kurskorrekturen (Autopilot, eventuell sogar gekoppelt an GPS oder Kartenplotter) verringert sich nach und nach die Sensibilität unserer Sinneswahrnehmung. Die menschlichen Sinne werden immer stärker durch Messautomaten ersetzt. Während dies beim Autofahren durchaus seine Vorteile haben kann (Einparkhilfen, Unfallvermeidung durch Abstandshalter etc.) verkommt der Segler immer mehr zum Ausführungsorgan seiner Instrumente. Ursprünglich wollte er eigentlich in der Freizeit das Meer über seine Sinneswahrnehmungen genießen, aber die verführerische moderne Technik lässt schließlich die Bequemlichkeit siegen. Wollen wir das? Natürlich ist es sicherheitstechnisch gesehen sinnvoll, einen gewissen Grad an Technisierung in die Ausrüstung einfließen zu lassen. Niemand wird im Nebel das vorhandene Radar ausgeschaltet lassen, weil er seine Sinne schärfen will. Aber auf den 50 Seemeilen von Rügen nach Bornholm darf bei gutem Wetter der Plotter auch mal ausgeschaltet bleiben. Die Freude des »Land in Sicht« ist so mit Sicherheit deutlich größer.

Ein Radargerät lässt sich allerdings durchaus sehr gut zur Schärfung der Sinne bei guter Sicht einsetzen, indem zuerst Peilungen und Abstände zu beobachteten Objekten (Tonnen, Kaps, Fahrzeuge) geschätzt werden und anschließend diese Schätzwerte mit dem Radar-Messwert verglichen werden. Bei regelmäßigem Vergleich werden die Schätzwerte im Laufe der Zeit immer besser.

Bei Nachtfahrt sind gute Zeitschätzungen wichtig: Nicht immer steht eine Stoppuhr zur Verfügung, um die Kennungen von Leuchtfeuern zu beurteilen. Zwar lässt sich die Periode eines Leuchtfeuers auch mittels Sekundenzeiger der Armbanduhr und Taschenlampe gut bestimmen, aber es ist ein kleines Erfolgserlebnis, wenn der Wert in rhythmisch zählender Weise geschätzt wird und der Navigator dann feststellt, dass der Schätzwert mit der Karteneintragung hinreichend gut übereinstimmt. Auch dies lässt sich nachts in Küstennähe gut üben. Eine Beschäftigung für die Wache an Deck.

Für die Abstandsbestimmung zu einer entfernteren, bergigen Küste gibt es ohne ein einziges technisches Gerät eine sehr einfache Methode, allein mit ein paar Fingern und einer kleinen Rechnung, deren Grundlage der bekannte Strahlensatz ist: Am ausgestreckten Arm werden ein oder mehrere Finger 90° abgewinkelt so miteinander parallel kombiniert, dass der Berg, zu dem der Abstand bestimmt werden soll, gerade genau abgedeckt wird. Anhand der abgebildeten Zeichnung »70 Zeichnung Strahlensatz« versteht man schnell, wie die Rechnung abläuft:

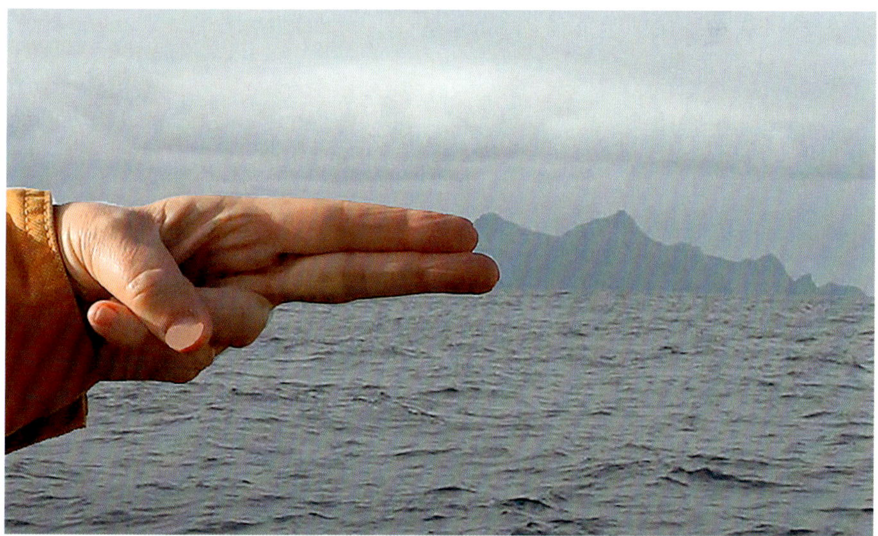

Einfache Abstandsbestimmung zum Land mithilfe von zwei Fingern.

Die Länge der zu bestimmenden Strecke a (Abstand zwischen Schiffsposition und Bergspitze) verhält sich zur Berghöhe h (s. Seekarte) wie der Abstand b (Auge-Finger) zur kombinierten Fingerbreite f. Kurzgefasst: **a : h = b : f** (gleiche Proportionen). Da h aus der Seekarte bekannt ist, und b und f leicht gemessen werden können, ist die Bestimmung von a schnell gemacht:

a = (b : f) x h

Die Fingerbreite lässt sich mit einem Lineal oder besser mit einer Schieblehre (gehört ohnehin in die Werkzeugkiste) ausreichend genau bestimmen. Achtung: Dabei ist es wichtig, immer alle Werte in Metern anzugeben, sodass das Ergebnis ebenfalls in Metern erscheint. Dass diese Methode keine sehr präzisen Ergebnisse ermöglicht, ist selbstverständlich, aber bei etwas Geschicklichkeit ist ein Fehler von weniger als 10 % erreichbar. Wenn ich also in der Praxis statt realer 4 nur 3,6 Seemeilen als Abstand berechne, ist das immerhin doch ein pragmatisch nutzbarer Wert. Natürlich lassen sich die Finger auch direkt durch ein senkrecht gehaltenes Lineal ersetzen.

Wer eine genauere Methode, den Abstand zur Küste, zu einem Berg im Hinterland oder auch zu einem Leuchtturm ohne GPS zu bestimmen sucht, der benötigt einen Sextanten. Dieses hochwertige Messinstrument ist im Grunde nichts anderes als ein sehr präziser Winkelmesser. Er ist keineswegs nur in der Astronavigation einzusetzen, sondern bietet auch gute Dienste in der terrestrischen Navigation in Küstennähe. Die Höhe von Leuchttürmen, aber auch von Bergen in Küstennähe kann der Seekarte entnommen werden. Über eine simple Winkelmessung zwischen Küstenlinie und Oberkante Berg bzw. Leuchtturm und einer kleinen mathematischen Formel lässt sich der Abstand schnell und präzise bestimmen (s. Zeichnung).

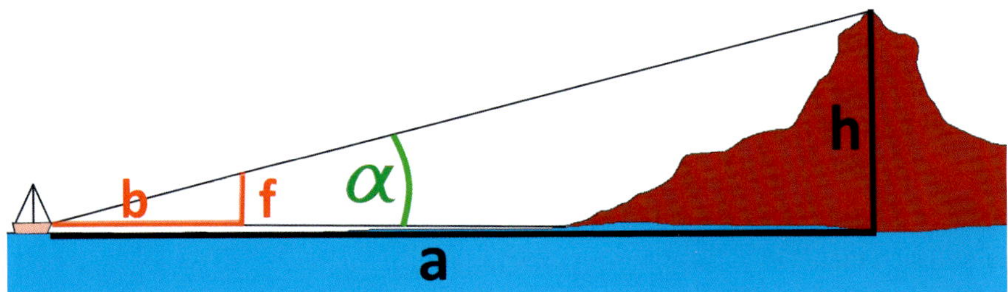

Abstandsbestimmung zum Land mithilfe präziser Höhenwinkelmessung.

Mit dem Sextanten wird der Winkel α bestimmt. Die Objekthöhe h wird der Seekarte entnommen. Der Abstand zum Objekt ergibt sich über die Formel

tan α = h : a

wobei a der Winkel zwischen Küstenlinie und Oberkante Objekt, h die Objekthöhe und a der Abstand zwischen der Position des Beobachters und dem Fußpunkt des

Objekts ist. Die Formel ergibt sich über die Tangens-Funktion im rechtwinkligen Dreieck.

Vom SKS-Schein kennt der Leser darüber hinaus auch die folgende Formel:

$$\mathbf{a = \frac{13}{7} \times \frac{h}{n}}$$

a ist die Entfernung in Seemeilen zwischen Standort und Objekt, 13 / 7 ist ein Näherungswert für die Länge einer Seemeile, h ist die Objekthöhe, n ist der der gemessene Höhenwinkel in Bogenminuten (nicht in Grad!).

Dabei muss in Gezeitengewässern berücksichtigt werden, auf welches Meeresniveau sich die Höhenangabe bezieht. Dies ist der Seekarte zu entnehmen. Zur Beruhigung des Navigators darf aber betont werden, dass bei 2–3 m Tidenhub und mehreren Seemeilen Abstand, dieser mögliche Fehler deutlich geringer ist, als derjenige, der sich aus der Messtoleranz ergibt – vorausgesetzt, dass das Messobjekt hoch genug ist.

Kombiniert man diese Abstandsbestimmung mit einer Kompasspeilung, ist der aktuelle Standort schnell bestimmt. Die Abweichung vom GPS-Standort wird bei sorgfältiger Messung in der Regel weniger als eine Drittel Seemeile sein. Vorsicht: Bei der Peilung Missweisung und Deviation nicht vergessen!

Deckpeilungen sind dem Skipper bei Hafenansteuerungen vertraut. Sie lassen sich aber auch unterwegs auf See vor der Küste manchmal gewinnbringend verwenden. Insbesondere an einer felsenreichen Küste mit zahlreichen Kaps, vorgelagerten Untiefen und teilweise aus der Wasseroberfläche herausragenden Steinen lassen sich mancherorts individuell zu suchende Deckpeilungen finden, die für eine sichere Navigation von Nutzen sind. Der nebenstehende Seekartenausschnitt zeigt ein Beispiel. Um zwischen den Untiefen A und B (s. Zeichnung auf Seekarte) die sichere Durchfahrt zu finden, wird von N kommend

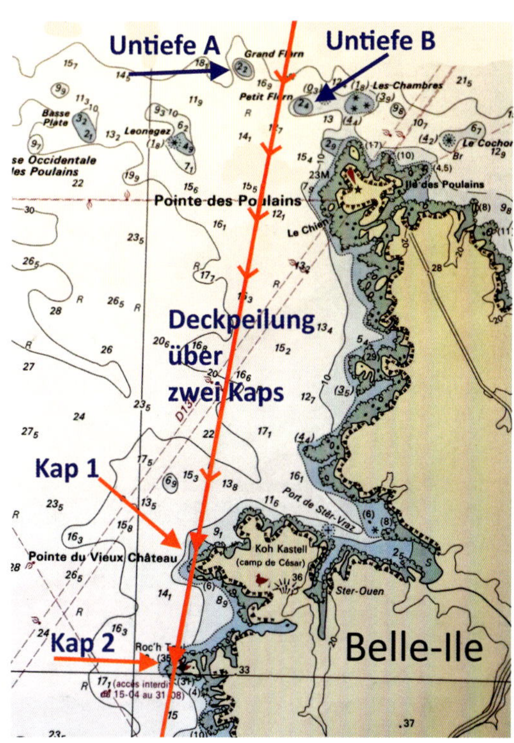

Seekartenausschnitt Belle-Ile – sichere Passage zwischen Untiefen mithilfe einer Deckpeilung über zwei Kaps.

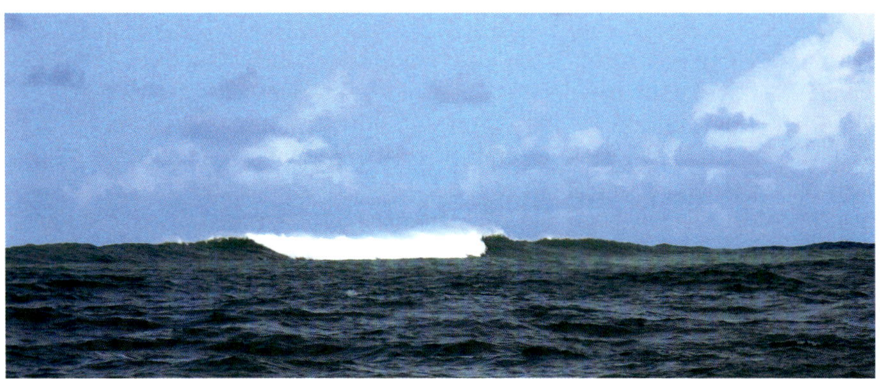

Brechende Dünung über einer Sandbank.

das Kap 1 mit dem Kap 2 in Deckung gebracht und als Kurs gesegelt. Selbst bei quersetzendem Strom ist so die sichere Passage zwischen den Steinen A und B gewährleistet.

Eine Navigationsmethode, die inzwischen kaum noch benutzt wird und die zugegebenermaßen auch nur in begrenztem Umfang benutzbar ist, aber immer noch ihre Reize hat, ist die grobe Positionsbestimmung mit dem Echolot (s. kleine Geschichte zu Beginn des Kapitels). Vorausgesetzt, dass der Meeresboden nicht homogen tief ist und sich auf der geplanten Kurslinie einige markante, örtlich begrenzte Unebenheiten am Meeresboden befinden, kann mit dem Echolot – je nach Gegebenheiten – die ungefähre Position, manchmal sogar bis auf eine Zehntelseemeile genau bestimmt werden. Je markanter das Bodenprofil ist, desto besser ist diese Methode anwendbar.

Aber Vorsicht: Nicht alle Erhebungen am Meeresboden sind für diese Methode geeignet. Manche Untiefen liegen in einer Wassertiefe, sodass bei ruhiger See gefahrlos über sie hinweg gesegelt werden kann, es bei höherer Dünung aber nicht ausgeschlossen ist, dass die Yacht in einem besonders tiefen Wellental mit dem Kiel aufschlägt. Ein Felsen in 4 m Wassertiefe stellt bei ruhiger See für eine Yacht mit 2 m Tiefgang keine Gefahr dar, doch wird er in grober See in einem etwas tieferen Wellental zu einer bedrohlichen Gefahrenquelle. Meist lassen sich diese besonders gefährlichen Felsen, die einige Meter unter der Wasseroberfläche lauern, bei hoher Dünung an dem geänderten Wellenbild erkennen. Nicht immer entstehen Brecher, aber die Rücken der Wellen bäumen sich auf.

Aus der Ausbildung für den SKS erinnert sich jeder Skipper an die Positionsbestimmungen durch Kreuzpeilung, Doppelpeilung und abgestumpfte Doppelpeilung. In der heutigen Navigationspraxis werden diese Methoden dank GPS kaum bis gar nicht mehr angewendet. Wer jedoch seine navigatorische Handlungskompetenz nicht einrosten lassen möchte, findet vermutlich neue Freude bei der Anwendung dieser »veralteten« Techniken.

Meteorologische Navigation

Für eine seriöse Törnplanung sind meteorologische Informationen über das zu befahrende Seegebiet unabdingbar. Dies gilt für die Grobplanung genauso wie für kurzfristige Kursentscheidungen. Der Begriff »Klimawandel« ist zwar allgegenwärtig und damit auch die Zweifel an statistischen Aussagen über jahreszeitlich wechselnde Wetterveränderungen, aber in der Grobplanung für eine längere Reise ist es dennoch auch heute noch wertvoll und ratsam, statistische Werte für Windstärke und -richtung, Temperaturen und Meeresströmungen mit zu berücksichtigen. Kein verantwortungsbewusster Skipper wird im November mit einer kleinen Yacht die Biskaya überqueren oder im August eine längere Karibikreise planen (Wirbelstürme!). Auch wenn es einige »Ausreißer« in den Wettersituationen gibt, bieten dennoch die amerikanischen »Pilot Charts« und – noch besser, da vor kurzem aktualisiert – der sehr umfangreiche Windatlas von J. Cornell (s. Literaturanhang) wertvolle Planungsgrundlagen für alle Segelreviere rund um den Globus.
Wer beispielsweise im Frühjahr aus der Karibik zurück nach Hause in Richtung Europa segeln möchte, muss sich natürlich die Frage stellen, in welchem Monat die Wahrscheinlichkeit, in ein Starkwindtief zu geraten, am geringsten ist. Statistisch basierte Windatlanten sind dabei nach wie vor wertvoll, auch wenn es im Einzelfall immer mal zu unerwarteten Wettersituationen kommen kann.

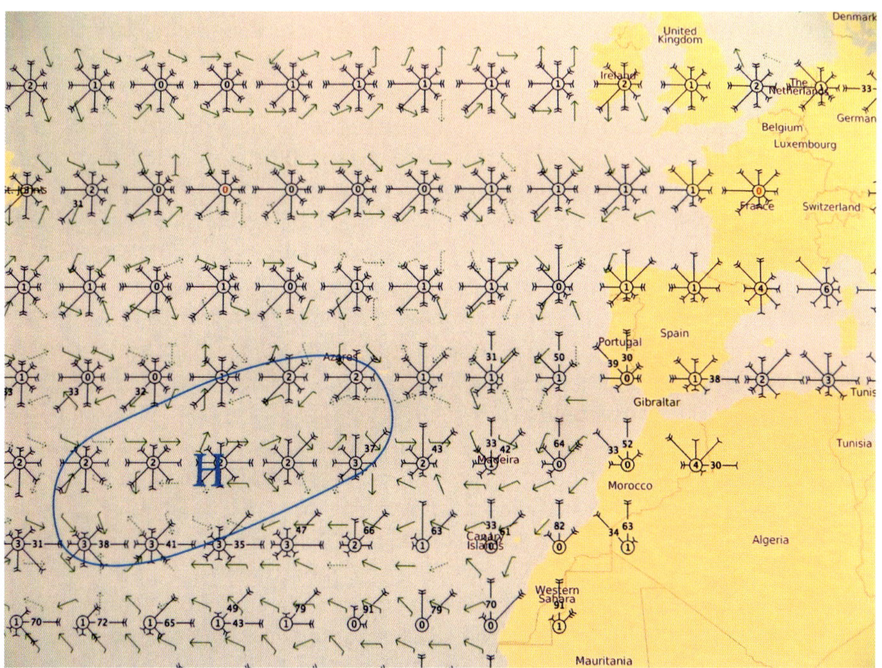

Ausschnitt aus einem Wind-Atlas mit statistischen Angaben zur Windverteilung.

Für kurz- und mittelfristige Planungen ist es inzwischen die Regel, Grib Files aus dem Internet als Grundlage zu benutzen, die, je nach Seegebiet, auf zwei bis drei, manchmal auch vier Tage, recht zuverlässig die zu erwartende Windrichtung und -stärke angeben. Selbst mitten auf dem Ozean sind sie per Satellit abrufbar.
Wünschenswert wäre es allerdings, wenn der Skipper nicht nur die Windinformationen hätte, sondern auch verstehen würde, wie und warum es zu dieser Wettersituation kommt. Für dieses Verständnis sind Wetterkarten und die Fähigkeit, diese zu interpretieren, von grundlegender Bedeutung. Um die Hintergründe der Grib Files zu verstehen, ist es notwendig, die Lage der Hoch- und Tiefdruckgebiete im Großraum von mindestens 1000 Meilen um den Schiffsort zu kennen. Aus mehreren, täglich aufeinander folgenden Vorhersagekarten für die nächsten Tage wird die Verlagerung und Zugrichtung der Druckgebilde deutlich, sodass verstanden werden kann, warum der Wind stärker oder schwächer wird und warum er rechtdrehend oder rückdrehend ist.
Es darf aber in Frage gestellt werden, ob dazu ein kostspieliger Satelliten-gestützter Internetzugang an Bord sein muss. Immer mehr Skipper abonnieren auch für Küstenfahrt, aber insbesondere für Ozeanüberquerungen eine individuelle Wetterberatung von meteorologischen Instituten, die dann täglich über das Satellitentelefon an Bord Kursempfehlungen zur Yacht übermitteln. Einmal mehr reduziert sich der Segler zum fremdgesteuerten Ausführungsorgan. Dass diese bewusst eingegangene Abhängigkeit mit dem Sicherheitsargument legitimiert wird, ist verständlich, wenngleich auch hier wieder ein entscheidender Reiz des Hochseesegelns verloren geht: Die durch Lektüre, Ausbildung und Erfahrung selbsterworbene Kompetenz anzuwenden, Schiff und Besatzung selbstständig auch durch schwierigere Situationen verantwortungsbewusst über das Meer zu bringen. Eine verantwortungsvoll durchgeführte Ozeanüberquerung ist auch heute noch ohne Fremdhilfe, ohne Satellitentelefon und ohne Wetterrouting möglich. Das aus der Regatta-Weltumseglerszene stammende Wetter-Routing als Verknüpfung der Polarkoordinaten des Bootes mit den Zugbahnen der Hochs und Tiefs steht inzwischen auch dem Freizeitsegler zur Verfügung. Es ermöglicht damit auch weniger erfahrenen Skippern eine meteorologisch weitgehend abgesicherte Ozeanüberquerung und damit eine schnelle Reise. Aber ist das der wahre Sinn einer Hochseereise? Wer möglichst schnell von den Bahamas zurück nach Europa will, der sollte vielleicht eher das Flugzeug als das Segelboot wählen. Wer aber in der Ozeanüberquerung eine Herausforderung sieht, der er sich verantwortungsvoll, kompetent und sicherheitsorientiert stellen will und für die er am Ende der Reise mit einem Gefühl tiefer Zufriedenheit belohnt wird, verzichtet auf hoher See lieber auf die tägliche Wetterberatung per Satellit.
Woher dann aber auf hoher See die für eine sinnvolle Planung notwendigen Informationen holen? Die für eine erfolgreiche Ozeanreise wichtigste Entscheidung ist die Wahl des passenden Monats im Jahr. Wer im März von New York zu den Azoren segelt, hat selbst schuld, wenn er in einen Sturm gerät. Im Mai / Juni hingegen

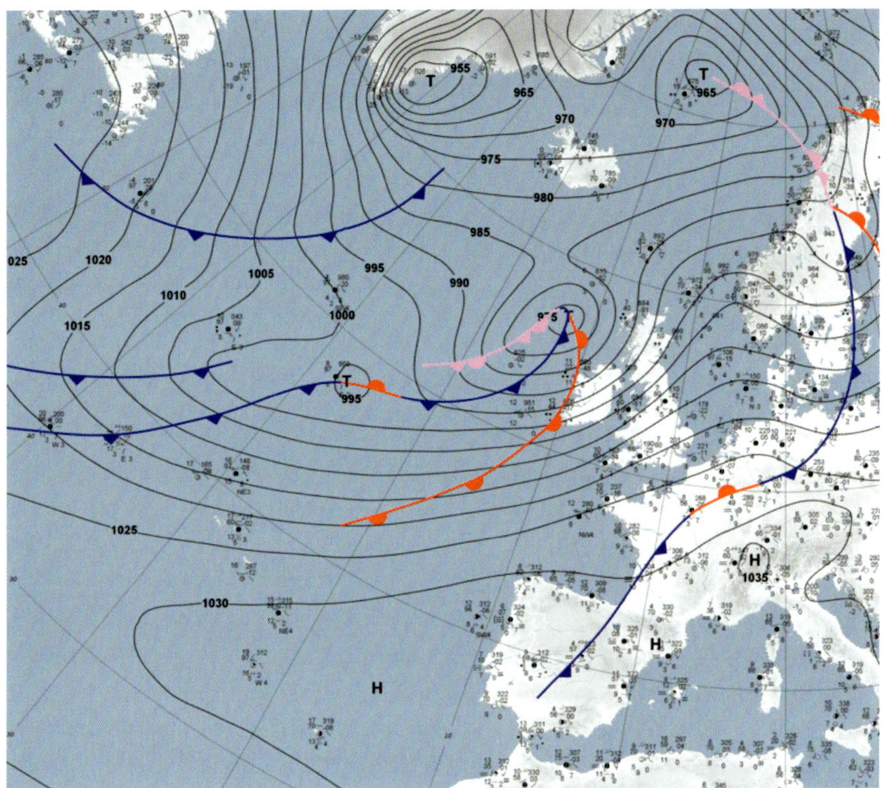

Wetterkarte des Nord-Atlantik mit mehreren Warm- und Kaltfronten.

ist auf dieser Strecke Schwerwetter zwar nicht ausgeschlossen, aber erheblich weniger wahrscheinlich. Auf der Grundlage der oben genannten Wind-Atlanten lässt sich die Entscheidung für den passenden Monat sinnvoll treffen. Den konkreten Tag des Ablegens wird man natürlich von der aktuellen Großwetterlage abhängig machen. Aber dazu sollte der Skipper bereits zwei bis drei Wochen vor dem geplanten Abreisetag beginnen, die Entwicklung der Großwetterlage zu verfolgen, um Tendenzen zu erkennen. Dass dies eine gewisse Kompetenz im Lesen von Wetterkarten voraussetzt, ist selbstverständlich und gehört in die langfristige Vorbereitung auf eine lange Seereise. Wer ungern aus Büchern lernt, dem stehen inzwischen zahlreiche Blauwasser-Vorbereitungsseminare an Land zur Verfügung. Doch darf man sich keiner Illusion hingeben: Ganz ohne die Lektüre von guter Fachliteratur bleibt das Wissen recht oberflächlich.

Ein Tipp zum Üben des Lesens von Wetterkarten: Versuchen Sie doch einmal mittels einer guten Wetterkarte (z.B. DWD-Bodendruckkarte mit Isobaren) aus der Lage der Hochs und Tiefs sowie dem Verlauf und der Dichte der Isobaren eine

Aussage über die an einem frei gewählten Ort X zu erwartende Windrichtung und Windstärke zu machen. Wechseln Sie dann auf eine Webseite, die in Tabellenform Windrichtung und -stärke am gewählten Ort X angibt (z.B. Windfinder), und vergleichen Sie dann ihre vermuteten Werte mit denen der Realität. Nach einigen Tagen Übung wird sich so die Fähigkeit, Wetterkarten zu interpretieren, deutlich steigern lassen.

Und wie soll das auf hoher See ohne Satellitenzugang funktionieren? Für die ersten 3 bis 4 Tage nach dem Ablegen stehen ja noch die Wetterkarten aus dem letzten Hafen zur Verfügung. Anschließend sind die Fähigkeiten des Skippers gefordert, Änderungen der Windrichtung und -stärke, der Temperatur, der Luftfeuchtigkeit, der Bewölkung und insbesondere des Luftdrucks richtig zu deuten. Aus dem Zusammenspiel dieser Wettervariablen lässt sich oft recht gut eine brauchbare Aussage über die weitere Entwicklung ableiten.

Eine Einführung in das Lesen von Wetterkarten und das bewusste Beobachten und Beurteilen von Änderungen der Wettervariablen würde den Rahmen dieses Buches sprengen. Dem interessierten Leser seien die Literaturangaben im Anhang empfohlen. Stichwortartig hier nur in Kurzform ein paar Punkte, deren Beobachtung eine gute Grundlage für die Kursplanung auf Langfahrt gibt:

- Wie entwickelt sich der Luftdruck? Bei 3 hPa und mehr Druckabfall binnen maximal 3 Stunden muss innerhalb der nächsten 24 Stunden mit Starkwind gerechnet werden.
- Wie entwickelt sich die Luftfeuchtigkeit? Steigende Luftfeuchtigkeit in Verbindung mit fallendem Luftdruck ist ein Hinweis auf wahrscheinlichen Starkwind. Beobachtung: Salzkristalle an Deck verwandeln sich zu Wassertropfen.
- Wie dreht der Wind? In den gemäßigten Breiten der Nordhalbkugel ist rückdrehender Wind ein weiterer Hinweis auf ein herannahendes Tief.
- Wie ändert sich die Bewölkung? Wenn bei fallendem Luftdruck, rückdrehendem Wind und steigender Luftfeuchtigkeit Cirren aufziehen, muss mit großer Wahrscheinlichkeit innerhalb der folgenden 24 Stunden mit Regen und Wind, bei starkem Druckabfall auch mit Starkwind gerechnet werden.

Wichtig zu wissen ist allerdings, dass wenn nur eine der oben beschriebenen Veränderungen isoliert beobachtet wird, eine Schlussfolgerung auf die zu erwartende Wetteränderung nicht möglich ist. Es sollten mindestens drei Wettervariablen beobachtet werden, deren Aussagen sich gegenseitig bestätigen. Jedem weniger erfahrenen Langfahrtsegler kann nur wärmstens empfohlen werden, ein gutes Einführungsbuch in Meteorologie durchzuarbeiten (s. Literaturliste).

An Bord gehört in jedem Fall nach wie vor auch heute noch ein gutes Barometer, besser noch ein Barograph. Denn im Gegensatz zu Änderungen der Windrichtung, Bewölkung und Luftfeuchtigkeit kann die Luftdruckänderung bei aller Sensibilität des Skippers nicht mit menschlichen Sinnen wahrgenommen werden.

Sollten dem Skipper bei der Beurteilung der Wetterentwicklung Zweifel kommen, ist es auf hoher See binnen 1 bis 2 Tagen fast immer möglich, einen Frachter oder

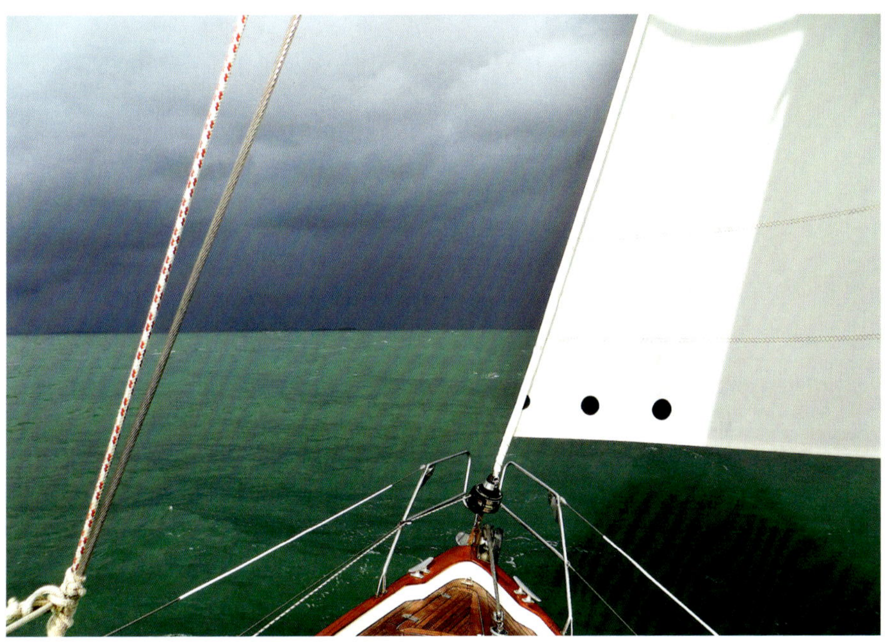

Bedrohliche Wolkenbank auf hoher See: Da kommt Wind!

Tanker per UKW anzufunken, um den neuesten Wetterbericht zu erfragen. Dazu ist es praktisch, wenigstens einen AIS-Empfänger an Bord zu haben, um das Schiff zu identifizieren und mit Namen ansprechen zu können. Bis zum Horizont ist meist tagelang kein Schiff in Sicht, aber das AIS zeigt fast täglich auch mitten auf dem Ozean andere Berufsfahrzeuge im Radius von 50 Seemeilen an. Die UKW-Reichweite ist auf hoher See in der Regel sehr gut, sodass auch auf 30 bis 40 Meilen bei gutem Wetter fast immer ein Gespräch möglich ist.

Eine konkret erlebte Situation: Wir segelten am sechsten Tag unserer Transatlantikreise von den Bermudas kommend raumschots bei leichtem Westwind in Richtung Azoren. Das Barometer war in den letzten drei Stunden um 4 hPa gefallen, der Wind drehte langsam von West auf Südwest, die Salzrückstände an der Sprayhood verwandelten sich verdächtigerweise in Wassertropfen, und achteraus entwickelte sich langsam ein dünner, milchiger Wolkenschleier mit ersten Cirren. Die Situation war eindeutig: Im Laufe der kommenden 20 bis 30 Stunden würde eine Starkwindfront heranziehen. Was tun? Natürlich an Deck und unter Deck alles aufklaren, festzurren, Lebensmittel für Schlechtwetter vorbereiten. Aber das Entscheidende: Blinker rechts! Kursänderung nach Südsüdost, hoch am Wind solange es geht! Auch ohne Satellitenbild oder Grib Files war klar, dass das Tief von Westen heranahen würde. Und auf unserer Breite von etwa 35° N ist es statistisch so gut wie sicher, dass das Zentrum des Tiefs nördlich von uns durchziehen würde. Je weiter

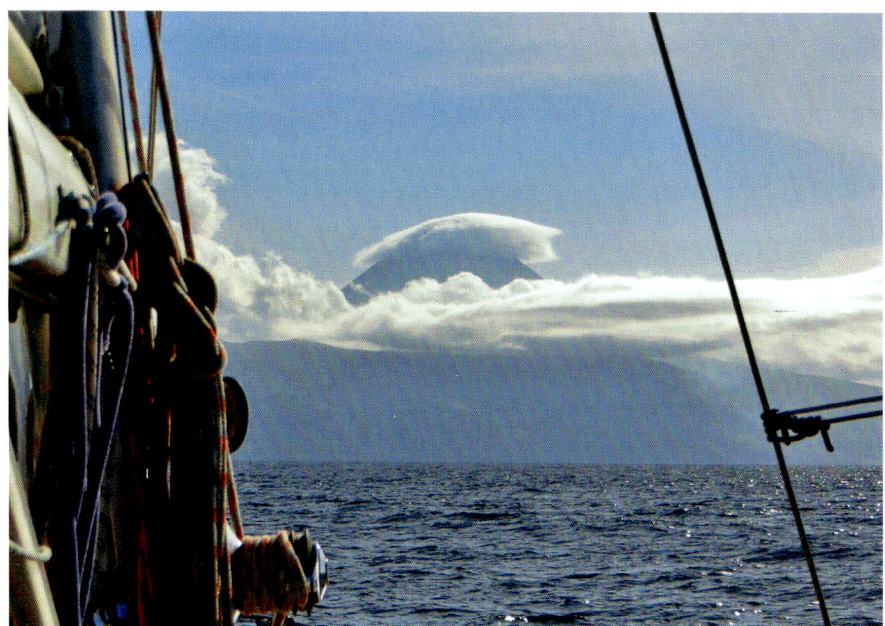

Pico (Azoren) hat sich seinen Sommerhut aufgesetzt.

wir uns nach Süden vom Zentrum des Tiefs entfernten, desto wahrscheinlicher wurde es, nicht in das Gebiet der allerschwersten Böen zu geraten. Wir können bei 6 Knoten Fahrt in 24 Stunden etwa 150 Meilen nach Süden ausweichen, was immerhin zweieinhalb Grad Breitenunterschied ausmacht. Grund genug zu hoffen, weiter südlich einem nicht ganz so brutalem Wind ausgesetzt zu sein. Tatsächlich habe ich es so vor einigen Jahren erlebt. Die Entscheidung der Kursänderung nach Süden war goldrichtig. Das Tief brachte uns »nur« etwa 7 Bft., die dann später nach Durchzug der Warmfront raumschots gesegelt werden konnten. Und zur Begrüßung, noch bevor Land in Sicht kam, setzte sich Pico, der höchste Berg der Azoren, seinen schönsten Hut auf (s. Foto). In Horta angekommen erfuhr ich später von Seglern, die weiter nördlich geblieben waren, dass sie dort von Böen mit 9 bis 10 Bft. gebeutelt worden waren.

Astronavigation

Keine Sorge: Sie sollen nun nicht mit anspruchsvoller, schwer verständlicher Mathematik belastet werden. Für eine gut verständliche Einführung in die Astronavigation sind geeignete Bücher im Literaturanhang genannt. Ich werde auch nicht das verstaubte Argument aus der Kiste holen, dass das GPS ja ausfallen könnte. Hier soll lediglich dazu ermuntert werden, sich von weitverbreiteten Vorurteilen, Astronavigation sei zu schwierig zu verstehen und viel zu komplex, zu befreien. An einigen, wenigen Beispielen soll erkennbar werden, dass Astronavigation eine Kompetenzbereicherung für den Segler ist, die Spaß macht. Es geht um die Freude, Navigation selbstständig, nah an der Natur und ohne Elektronik erfolgreich zu betreiben. Und es ist leichter als die meisten glauben.

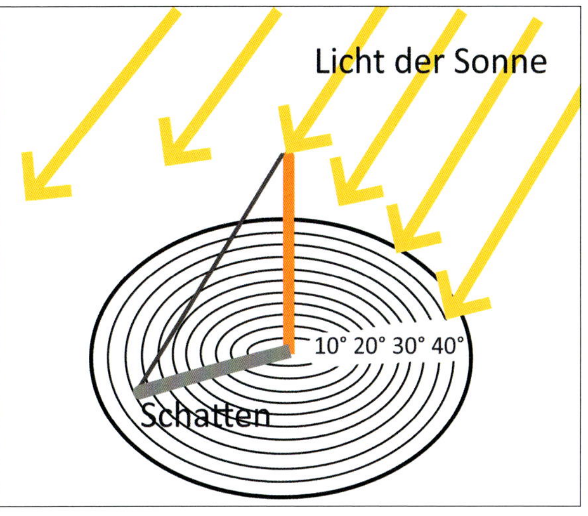

Winkelmessung des Sonnenstands mithilfe eines Schattenstifts.

Dass die Erde eine Kugel ist, war bereits im klassischen Griechenland im 3. Jhr. vor Chr. bekannt. Erathostenes von Alexandria ermittelte etwa um 240 v. Chr. nicht nur den Erdumfang mit erstaunlicher Genauigkeit, sondern bestimmte auch die Schiefe der Ekliptik (den Winkel zwischen der Erdachse und der Ebene der Erdbahn um die Sonne), wodurch die Begriffe der Wendekreise und der Polarkreise eingeführt wurden und somit die Entstehung der Jahreszeiten verständlich gemacht werden konnte. Der sich täglich ändernde Sonnenstand wurde so verständlich und tabellarisch quantifizierbar.

Auf dieser Wissensgrundlage benutzten Seefahrer (u. a. auch Kolumbus) bis ins späte Mittelalter einen sogenannten Schattenstift (s. Zeichnung) zur Breitenbestimmung auf See.

Dabei handelt es sich um eine kreisförmige, waagerecht gehaltene Holzscheibe, in deren Mittelpunkt ein Stift senkrecht eingesetzt ist. Um den Mittelpunkt sind konzentrische Kreise gezeichnet, auf die der Stift bei Sonnenschein einen Schatten wirft, dessen Ende dem Sonnenstand, also dem Winkel zwischen Sonne und Horizont zugeordnet werden kann. Somit kann der Höchststand der Sonne (Kulmination) an einem der konzentrischen Kreise als Winkel abgelesen werden, denn die Kreise wurden ihrerseits zuvor an Land mit den jeweils zugeordneten Höhenwinkeln der Sonne geeicht und beschriftet. Technisch problematisch ist dabei die Einhaltung der Waagerechten der Holzscheibe, denn jede Abweichung von der Waagerechten verfälscht das Messergebnis. Also wurde die Scheibe zur Eichung an Land auf eine Wasseroberfläche in ein Becken gelegt. Auf See schwappt das Wasser zu leicht hin und her. Darum wurde an Bord das Wasser durch Öl ersetzt. Der astronomisch bereits vorgebildete Leser wird einwenden, dass mit dieser Technik nur dann die geographische Breite ermittelt werden kann, wenn gleichzeitig weitergehende Kalender-Tabellen über den Sonnenstand (Ephemeriden) vorhanden sind. Das ist richtig. In der Tat wurden bereits von den Babyloniern in vorchristlicher Zeit erste »Sonnentabellen« für astronomische Zwecke erstellt. Doch sind diese umfassenden Ephemeriden-Tabellen gar nicht zwingend notwendig, um beispielsweise von Lissabon kommend Madeira zu finden. Die meisten portugiesischen Seefahrer im 15. Jhr., die in bereits erkundetem Revier segelten, besaßen lediglich Tabellen über den täglichen Sonnenhöchststand von ihrem Ausgangshafen und vom Zielhafen. Sie segelten zum Beispiel mit Ziel Madeira von Lissabon solange nach Südwesten, bis sie mit dem Schattenstift mittags zum Sonnenhöchststand den Höhenwinkel messen konnten, der dem Tabellenwert von Madeira entsprach. Von dort an wurde dann möglichst genau nach Westen gesegelt, bis die Berge der anzusteuernden Insel in Sicht kamen. Man nennt dies auch Breitengradsegeln. Allerdings war dies in der Praxis doch nicht ganz so einfach, denn ein Messfehler von 1° entspricht ja bekanntlich 60 Seemeilen Breitenunterschied. Der Schattenstift erlaubte in der Regel aber nur eine Messgenauigkeit von etwa 2°. So versteht man, warum der Oktant und später der Sextant als extrem präzise Winkelmesser so hoch geschätzt und gehütet waren. Tatsächlich wurde in den Jahrhunderten vor der Erfindung präziser Winkelmesser zusätzlich zum Schattenstift-Messwert auch die Beobachtung ortspezifischer Vogelarten und deren Flug bei der Annäherung an eine Insel zur Navigation genutzt. Viele dieser Vogelarten sind heutzutage nicht mehr vorhanden. Eine weitere Hilfe bietet aber – auch heute noch – die über einer größeren Insel oft markante Bewölkung. So stehen über Madeira auch bei bestem Wetter nachmittags oft hohe Cumuluswolken, während der Himmel auf offener See wolkenfrei ist. Diese Wolken sind meist auf mehr als 60 Seemeilen weit zu sehen.

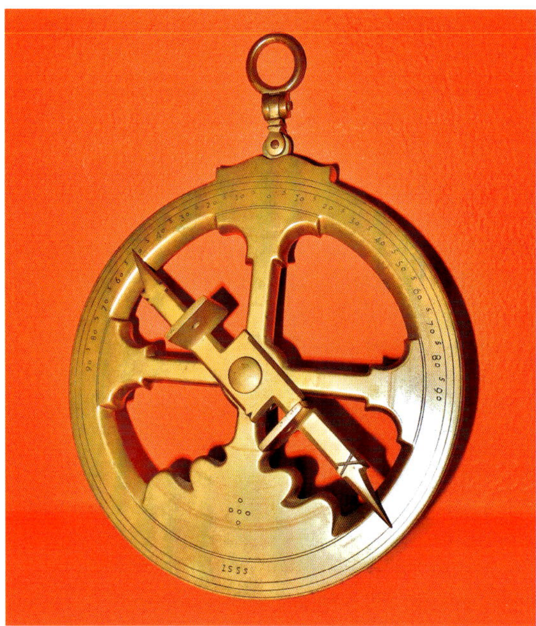

Astrolabium zur Höhenwinkelmessung von Himmelskörpern.

Ein zu Columbus' Zeiten ebenfalls weit verbreitetes Navigationsinstrument war das Astrolabium. Dabei handelt es sich um einen kreisförmigen Winkelmesser, der sich – durch den Navigator an einem Ring gehalten –

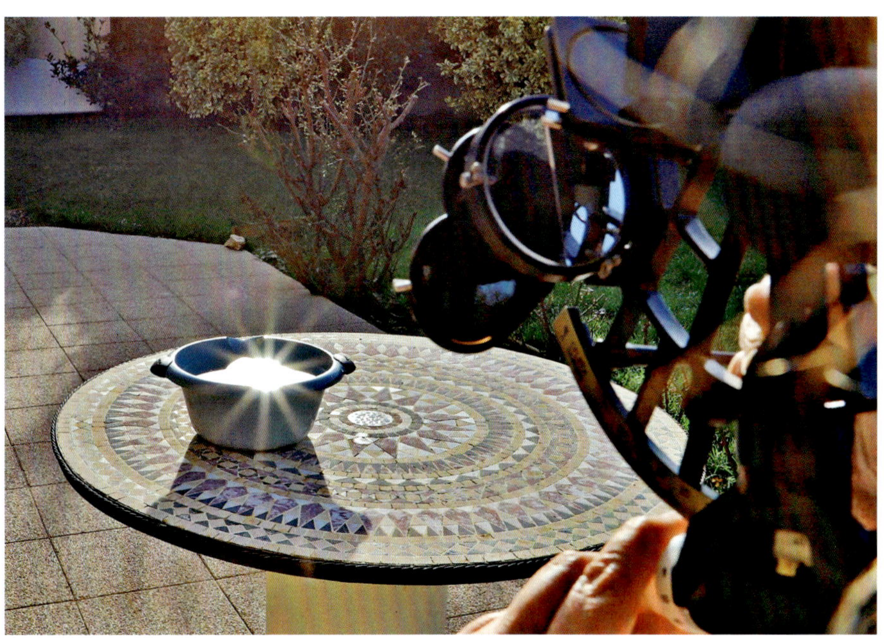

Übung zum Gebrauch des Sextanten mit Schüssel im Garten.

selbsttätig in der Senkrechten hält. Ein zentrisch angebrachter, drehbarer Peil-Bügel mit Kimme und Korn erlaubt die Bestimmung des Winkels zwischen der Horizontalen und dem angepeilten Gestirn (s. Foto). So kann beispielsweise über Messung des Winkels zwischen dem Nordstern und dem Horizont die eigene Breite auf bis zu 1° genau ermittelt werden.

Mit einem guten Sextanten hingegen kann - sofern der Navigator einen möglichst ruhigen Beobachtungsstandort gefunden hat - auf wenige Bogenminuten genau gemessen werden. Unter optimalen Bedingungen sogar noch genauer. (Eine Bogenminute, 1′, ist der sechzigste Teil von einem Grad, somit 60′ = 1°). Theoretisch ist so beispielsweise mit einem Sextanten eine Breitenbestimmung auf eine Seemeile genau machbar. Allerdings wirklich nur theoretisch, denn in der Praxis auf See verschlechtern die Schiffsbewegungen und eventuell auch die Dünung am Horizont das Messergebnis um einige Bogenminuten. Verständlicherweise erfordert somit der Gebrauch eines Sextanten etwas Übung. Aber die lässt sich auch an Land im eigenen Garten ohne Horizont, lange vor dem Ablegen zur großen Seereise gewinnen: Mit einer wassergefüllten, passend platzierten Waschschüssel auf dem Gartentisch wird - mangels Horizont - der Winkel zwischen der realen Sonne und der an der Wasseroberfläche reflektierten Sonne gemessen. Und wenn sich der Land-Navigator dabei auch noch auf einen klapprigen Gartenstuhl stellt, ist die Messung schon fast so ungenau wie bei bewegter See ...

Mithilfe des im Anhang genannten Buches zur Einführung in die Astronavigation wird der interessierte Leser sicherlich binnen weniger Stunden in der Lage sein, auf See die geografische Breite der Schiffsposition zum Schiffsmittag (Sonnenhöchststand) ohne viel Mathematik zu bestimmen. Dazu sind lediglich ein paar Messungen mit dem Sextanten, ein wenig Nachschlagen in einer leicht lesbaren Tabelle und eine wirklich simple rechnerische Auswertung notwendig, die lediglich aus ein paar Additionen besteht. Man nennt dieses Verfahren »Mittagsbreite«. Auch über den Nordstern (Polaris) lässt sich die eigene geografische Breite ohne großartige Mathematik recht schnell und einfach ermitteln, denn er steht in einem Winkel über dem Horizont, der – abgesehen von einer sich jahreszeitlich ändernden kleinen Abweichung – gleich der Breite der Beobachterposition ist.
Die Bestimmung der geografischen Länge zum Schiffsmittag ist ebenfalls recht schnell erlernbar und erfordert nicht mehr mathematische Kenntnisse als die eines Achtklässlers (Chronometerlänge). Der interessierte Leser wird sich schnell in die Details über die Buchtipps im Anhang einlesen können (s. Literaturanhang). Schwieriger und mathematisch anspruchsvoller wird die astronomische Positionsbestimmung hingegen, wenn der Skipper zu einem beliebigen Zeitpunkt während des Tages (also nicht nur zur Mittagszeit) seinen Schiffsort ermitteln und auch verstehen will. Dafür ist in der Tat eine umfassendere Ausbildung und auch mehr Mathematik unumgänglich. Zwar lassen sich dazu Computerprogramme nutzten, die auch als App existieren, aber wollten wir nicht mit weniger Elektronik segeln? Wem die Mittagsbreite reicht – so wie es jahrhundertelang in der Navigation auf hoher See üblich war –, kann auf diese komplizierteren Methoden verzichten.
Für manchen Segler mag der Anschaffungspreis eines neuen Sextanten ein Grund sein, sich nicht mit der Astronavigation zu beschäftigen. Dazu ein Tipp: Über Internet-Börsen werden häufig zum Teil nagelneue, aber jahrzehntelang im Wohnzimmerschrank verstaubte, hochwertige Sextanten zu äußerst interessanten Preisen angeboten.
Zum Schluss des Kapitels noch ein Hinweis auf naturnahe Navigationsmethoden, die insbesondere im Pazifik bis vor etwa einem halben Jahrhundert noch praktiziert wurden: Die Polynesier, aber auch andere seefahrende Völker im Pazifik, waren noch zu Anfang des letzten Jahrhunderts in der Lage, ohne Einsatz von Messinstrumenten, ja auch ohne Magnetkompass, Inseln, die Hunderte von Meilen auseinander lagen, zielsicher anzusteuern. Nur durch den Einsatz ihrer menschlichen Sinne und von Generation zu Generation mündlich weitergegebenen Navigationskenntnissen segelten sie mit ihren hölzernen Auslegerbooten oft mehr als eine Woche auf hoher See ohne Landsicht und erreichten ihr Ziel dank der Beobachtung von Sonne und Sternen, vorherrschenden Windrichtungen im Passat, Bewölkung, markanter Wellenstrukturen (Dünung) und vorbeiziehenden Vögeln. Wer gern mehr Details dazu kennenlernen möchte, dem sei das zu diesem Thema einzigartige Buch »We the Navigators« von David Lewis empfohlen (s. Literaturanhang).

5. Wie viel Öko ist realistisch machbar?

Manch ein Segler distanziert sich gern von Motorbootfahrern mit der Überzeugung, dass Segeln ein umweltfreundlicher Sport sei. Doch stimmt das wirklich? Selbst der Jollensegler, der nicht einmal einen Außenborder benutzt, lebt seine Segelfreuden in der Regel auf einem Kunststoffrumpf mit Kunststoffsegeln aus. Er benutzt zur Bootspflege ein Dutzend chemisch produzierter Flüssigkeiten, Pasten und Öle, und er trägt aus Neopren oder anderen Kunststoffen hergestellte Sportbekleidung. Weil zudem nicht jeder Segelbegeisterte direkt am Wasser lebt, verbringen nicht wenige Segler einen Teil ihres wertvollen Wochenendes mit laufendem Automotor im Stau auf der Autobahn.
Aufgrund gewisser erwarteter Minimalstandards im Hinblick auf das Leben an Bord und den Bedingungen, unter denen wir segeln wollen, ist es – das müssen wir uns wohl einfach eingestehen – kaum möglich, unseren geliebten Segelsport völlig ohne Umweltbelastung auszuüben. Die Frage kann daher nur lauten: Wie können wir bei der Wahl des Bootes, der Ausrüstung, der Wartung und Pflege sowie der Törngestaltung die Umweltbelastung möglichst klein halten? Wie kann die Nach-

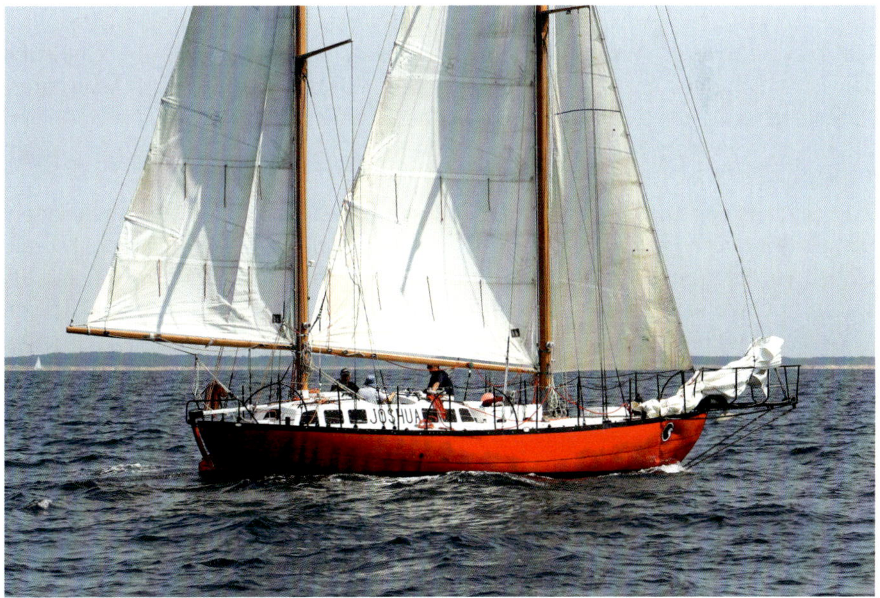

Die legendäre Stahlketsch JOSHUA von Bernard Moistessier – Blauwassersegeln minimalistisch.

haltigkeit unseres Handelns und die Achtsamkeit gegenüber dem Meer und der Küste stärker berücksichtigt werden?
Natürlich gibt es Öko-Dogmatiker, die ihr Segelboot nicht mit einem Motor ausrüsten, im Rigg statt Dacron lieber Baumwollsegel setzen und beim Einkauf für den Törn grundsätzlich keine Verpackungen aus Plastik akzeptieren. Die Zielrichtung ist konsequent, aber realistisch gesehen wird eine solch puristische Grundhaltung sicherlich nicht von der Mehrheit der Segler akzeptiert werden. (Ganz abgesehen davon, dass beispielsweise zur Herstellung von Baumwolltuch Unmengen von kostbarem Süßwasser benötigt werden: etwa 20 m^3 für 1 kg Baumwolle!)
Es stellt sich somit die Frage: In welchen Bereichen können wir Segler unseren Sport also mit mehr Nachhaltigkeit ausüben, und wie kann das konkret geschehen?

Das Rumpfmaterial

Bei der Auswahl des Bootes spielt natürlich das Baumaterial, speziell das des Rumpfes, eine große Rolle. Ökologisch gesehen müssen dabei die Herstellung des Materials, die Verarbeitung, die Pflege, die Möglichkeiten des Recyclings und die Entsorgung beurteilt werden.

Stahl

Die Herstellung ist sehr energie- und damit CO_2-intensiv, dafür ist aber der Pflegeaufwand – vorausgesetzt, dass die Oberfläche beim Bau gut gegen Rost geschützt wurde – viele Jahre lang eher gering. Eine gute Lackierung ist nach einer sorgfältigen Grundierung allerdings unerlässlich. Das Material ist gut mehrfach recyclebar, wenngleich das Einschmelzen ebenfalls wieder viel Energie erfordert und damit eine ungünstige CO_2-Bilanz mit sich bringt. Die Reparaturmöglichkeiten sind sehr gut, da das Schweißen von Stahl technisch einfach ist.

Aluminium

Hier gilt hinsichtlich der Herstellung und der Recyclebarkeit das Gleiche wie für Stahl, wenngleich mit noch höherem Energieeinsatz und damit noch ungünstigerer CO_2-Bilanz. Vorausgesetzt, dass der Rumpf fachgerecht verschweißt und im Wasser mittels Anoden ständig gut gegen Elektrolyse geschützt wurde, ist der Pflegeaufwand minimal. Eine Lackierung ist technisch nicht notwendig, da sich die Aluminiumoberfläche selbst durch Oxydierung schützt. Die Reparaturmöglichkeiten sind sehr gut, aber das Schweißen von Alu erfordert höhere technische Sachkenntnis als das Schweißen von Stahl und ist somit nicht in jedem Hafen möglich.

GFK (Polyester)

Die Herstellung und Verarbeitung der Harze und Polyestermatten für den Bootsrumpf erfordert deutlich weniger Energie, als für den Bau eines entsprechenden Stahlrumpfes benötigt wird. Der GFK-Rumpf muss allerdings innen und außen mit Gelcoat auf Polyester- oder Epoxybasis versiegelt werden. Eine Neulackierung des

Rumpfes im Außenbereich ist – je nach Güte und Polierpflege des Gelcoats – erst nach 15–25 Jahren notwendig. Der Pflegeaufwand ist somit gering. Die Reparaturmöglichkeiten sind recht gut, denn abgesehen von Einschränkungen im Temperaturbereich des Arbeitsplatzes sind die Reparaturmaterialien (Harz und GFK-Matten) einfach zu beschaffen, leicht zu verarbeiten und auch auf Langfahrt lange lagerfähig. Es gibt inzwischen auch technisch ausgereifte Methoden des Recyclings, wobei das GFK-Material zerhäckselt wird und dann allerdings nur einmal wiederverwendet werden kann, während Stahl und Aluminium mehrfach eingeschmolzen werden können. Die zerhäckselten GFK-Reste werden als Zementzusatzstoff eingesetzt und zu neuen Baumaterialien (spezielle Sorten von Beton) verarbeitet. Bei der Wiederverwendung von einer Tonne GFK in der Zementbetonherstellung können etwa 400 kg Kohle, 200 kg Kreide, 200 kg Sand und 150 kg Aluminiumoxyd eingespart werden. Die CO_2-Bilanz ist deutlich günstiger als die von Stahl oder Aluminium.

Holz

Im Hinblick auf die CO_2-Bilanz ist Holz eindeutig allen anderen Bootsbaumaterialien überlegen, denn Bäume binden CO_2 während ihres Wachstums. Doch Holz ist nicht gleich Holz: Es muss unterschieden werden zwischen Massivholz, das in Planken verarbeitet wird, Sperrholz, das in größeren Flächen mit Klebern (heute

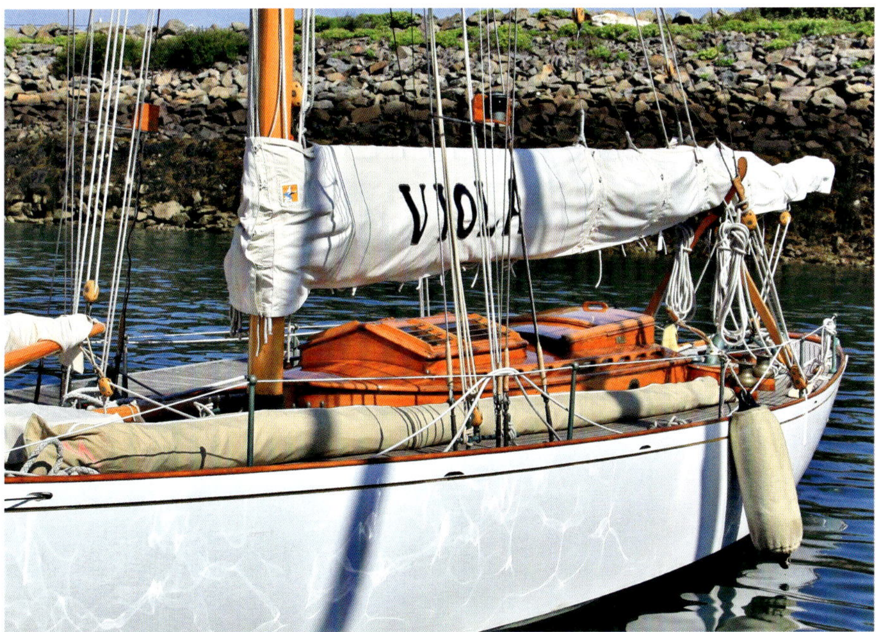

Liebevoll gepflegtes Holz an Deck der VIOLA, gebaut 1908, gezeichnet von William Fife.

meist Epoxy) zu einem Knickspantrumpf zusammengefügt wird, und Furnierholz, bei dem in dünnen Schichten Holzfurniere zu einem Rundspantrumpf übereinander geklebt werden, heute ebenfalls vorzugsweise mit Epoxy. Der Energieaufwand bei der Herstellung eines Holzrumpfs ist vergleichsweise gering. Ein gleich großer GFK-Rumpf erfordert in der Herstellung etwa 6-mal so viel Energie, ein Stahl-Rumpf etwa 24-mal so viel und ein Alu-Rumpf verblüffende 126-mal mehr als ein Holzrumpf (Studie der TU München). Die Reparaturmöglichkeiten sind gut, wenngleich mehr Sachkenntnis notwendig ist als bei der Reparatur eines GFK-Rumpfes. Der Pflegeaufwand ist je nach Bauqualität geringfügig oder deutlich höher als bei einem GFK-Rumpf, denn die Holzoberfläche muss durch eine gute Lackierung gegen eindringendes Wasser geschützt werden. Hat ein Holzrumpf sein Lebensende erreicht (es gibt gut gebaute und gepflegte Holzrümpfe, die mehr als 100 Jahre alt sind), muss er nicht unbedingt verbrannt werden. Auch Holz kann recycelt werden. Zerhäckselte Holzstücke können mit flüssigem Kunststoff zu einem neuen Verbundwerkstoff verarbeitet werden, der z. B. für Fußbodenbeläge genutzt werden kann.
Hinsichtlich der Herstellungskosten ist der Holzrumpf der teuerste, der Stahlrumpf der billigste. Dazwischen liegen Aluminium und GFK.

Carbon

Eher in der Regattaszene als im Bau von Fahrtenbooten zu finden, ist der Werkstoff Carbon, dessen Hauptmerkmal eine sehr hohe Festigkeit bei gleichzeitig geringem Gewicht ist. Die CO_2-Bilanz fällt allerdings ausgesprochen schlecht aus, denn zur Herstellung der Carbonfasern muss erheblich mehr Energie eingesetzt werden als zur Herstellung aller anderen konkurrierenden Baumaterialien. Die Reparatur ist technisch schwierig, erfordert viel Sachverstand, ist nur in engen Temperaturgrenzen möglich und entsprechend teuer. Das Recycling steckt momentan noch in den Kinderschuhen und ist weder unter Kostengesichtspunkten noch unter Wertschöpfungsgesichtspunkten überzeugend, denn das Recycleprodukt besitzt deutlich minderwertigere Verwendungsmöglichkeiten als die ursprüngliche Carbonfaser.

Andere innovative Bootsbaumaterialien

Momentan noch in einer etwas exotischen Nische produzierend, gibt es inzwischen ein paar kleine Bootsbaubetriebe, die sich zum Ziel gesetzt haben, Bootsrümpfe mit möglichst geringem CO_2-Fußabdruck aus Materialien zu bauen, die nicht nur mehrfach 100 % recyclebar sind, sondern selbst aus recyceltem Material bestehen. So baut beispielsweise die Firma Greenboats in Bremen in Kooperation mit der Hochschule Bremen einen Daysailer (Flax 27), der in Kompositbauweise aus Flachsfasern mit einem Schaumkern aus recyceltem PET entsteht. Als Harz dient ein vergleichsweise umweltfreundliches Epoxid, das überwiegend auf pflanzlicher Basis gewonnen wird. NFK (Naturfaserverstärkter Kunststoff) statt GFK (Glasfaserverstärkter Kunststoff).

Das französische Chemie-Unternehmen Arkema hat vor Kurzem auf einer Komposit-Messe erstmals einen Mini 6.50 aus Komposit-Materialien vorgestellt, der zu 100 % aller verwendeten Materialien recycelt werden kann. Der entscheidende Unterschied zu klassischen GFK-Rümpfen besteht vor allem darin, dass der recycelte Kunststoff wieder für die gleichen Bauzwecke verwendet werden kann wie beim Erstbau. Bei Polyester ist dies nicht der Fall (s. o. Recycelprodukt Zement). In den nächsten Jahren wird sich zeigen, welche Rumpfmaterialien im Spannungsfeld zwischen ökologisch sinnvoller Herstellung, Verarbeitung und Entsorgung einerseits und langfristiger Haltbarkeit, Festigkeit, geringem Gewicht und Kosten andererseits überzeugen können. Die Entwicklung geht allerdings eindeutig zu Kompositwerkstoffen, die möglichst oft Wiederverwendung finden können.

Decksbeläge

Ein guter Decksbelag sollte rutschfest, UV-beständig, pflegeleicht, langfristig im Salzwassermilieu belastbar, recyclebar und möglichst auch kostengünstig sowie mit möglichst günstiger CO_2-Bilanz herzustellen sein. Momentan gibt es leider keinen Belag, der unter jedem dieser Gesichtspunkte optimal ist.

Teak erfüllt zwar fast alle der o.g. Forderungen, geriet aber bereits vor einigen Jahrzehnten in Verruf, weil das Abholzen von Tropenbäumen nicht mehr zu verantworten war. In der Folge wurden insbesondere in Asien großflächig Teakplantagen angelegt, deren Bäume inzwischen alt genug sind, um den Bedarf an Teakholz fast vollständig zu decken. In diesem Zusammenhang ist das philippinische Unternehmen Mama Earth Foundation als Vorbild interessant. Die CO_2-Bilanz ist selbstredend günstig, da Bäume beim Wachsen CO_2 binden. Es gibt nur zwei Argumente gegen Teakdecks: die Kosten und der Pflegeaufwand. Insbesondere ältere Teakdecks (älter als 10 Jahre, in sonnenreichen Segelrevieren auch schon früher) müssen im Abstand einiger Jahre immer wieder nachgeschliffen werden, um eine gut aussehende und rutschfeste Oberfläche zu behalten. Bei älteren Teakdecks brechen oft die Dichtungsfugen zwischen den Stäben heraus und müssen erneuert werden. Allerdings gibt es inzwischen großflächig hergestellte und passend ausgesägte Teakdecks mit langfristig haltbarem Fugenmaterial, deren Pflege deutlich erleichtert ist. Es bleibt der hohe Kostenfaktor im Vergleich zu Kunststoffdecks.

Seit einigen Jahren sieht man immer mehr Segelyachten mit Decks aus Kork-Gummi-Mischungen oder mit reinen Kunststoffdecks in verblüffend echt aussehendem Holzimitat. Korkdecks haben sich allerdings nicht als langfristig ausreichend haltbar erwiesen, während sich Beläge aus guten Holzimitaten immer mehr durchsetzen. Problematisch ist allerdings deren hohe Wärmeaufnahme. Bei längerer, hoher Sonneneinstrahlung kann man kaum barfuß an Deck gehen, ohne sich die Füße zu verbrennen. Es gibt allerdings seit Kurzem unter diesem Gesichtspunkt leicht verbesserte und auch recycelbare Kunststoffdecks, die optisch einem echten Teakdeck recht nahe kommen.

Wer rein pragmatisch denkt und hohe Rutschfestigkeit bei geringem Gewicht, geringen Kosten und geringen Recyclingproblemen den Vorrang vor edlem Aussehen gibt, wird gar keinen Decksbelag wählen, sondern das Deck mit einer speziellen Farbe streichen, die durch eingemischte Körnchen im ausgehärteten Zustand eine rutschfeste Oberfläche ergibt.

Segel

Wohl kaum ein Segler wird heutzutage seinen textilen Bootsantrieb aus Baumwolle anfertigen lassen. Selbst engagierte Holzbootsegler verwenden Dacron-Tücher, die allerdings oft rotbraun gefärbt sind, um den Eindruck von traditionellen Baumwollsegeln aus vergangenen Zeiten zu erwecken. Aufgrund der erheblich besseren Langlebigkeit und Formstabilität, aber auch wegen des geringeren Gewichts werden Kunststofffasern den Naturfasern vorgezogen. Um die Umweltbelastung gering zu halten, kann beim Kauf, in der Handhabung und Pflege sowie beim Entsorgen der Segel Einiges beachtet werden.

Kurz und prägnant kann man sagen: Segel altern kaum durch segeln, Segel altern in erster Linie durch unachtsame Handhabung.

Um das Altern der Segel weitestgehend einzuschränken, sollte vor allem das Schlagen und Killen der Segel so gut wie möglich vermieden werden. Dies gilt beim Setzen und Bergen, aber auch bei Manövern wie Wenden und Halsen. Schlagende Segel altern in zehn Minuten mehr als in einem Jahr normalen Segelns. Bei einer zu langsam gefahrenen Wende schlägt das Achterliek des Vorsegels unnötig lange am Mast und an den Wanten. Wenn in der Halse die Fockschoten nicht dicht genug gefahren werden, schlägt das Vorsegel nach vorn um das Vorstag herum und muss mit viel Kraft und Reibung zurück um das Vorstag auf die richtige Seite gezogen werden. Manchmal sieht man Segelyachten mit gesetztem Groß direkt in Windrichtung motoren. Offensichtlich ist den Skippern nicht klar, dass sie ihr Großsegel ruinieren, denn es schlägt kontinuierlich (zwischen den Lazyjacks) und reibt sich die Nähte auf. Sinnvoller ist es, beim Motoren mit gesetztem Groß einen Winkel von etwa 10–20° zum Wind zu halten, um das Segel zu stabilisieren. Der geringe Nachteil an Wegstreckenverlängerung wird mehr als wettgemacht durch einen Geschwindigkeitsvorteil, der durch die Stabilisierung des Bootes erreicht wird. Etwa 5 % Streckenverlängerung stehen etwa 10 % Geschwindigkeitszuwachs entgegen.

Bei der Materialwahl sollten Fahrtensegler eher hochwertige Dacrontücher gegenüber Carbon, Spectra, Sandwich, Foliensegeln bevorzugen, denn sie haben bei richtiger Wahl der Tuchqualität (s. a. Kap. 3) und des Tuchgewichtes eine erheblich längere Haltbarkeit . Wenn der Satz Segel erst nach 10 statt schon nach 5 Jahren (bei Foliensegeln oft nach noch kürzerer Zeit) erneuert werden muss, ist dies eindeutig ein Gewinn im Hinblick auf Nachhaltigkeit. Die großen Tuchhersteller wie Dimension-Polyant und Contender haben auf ihren Websites gut strukturierte Tabellen, nach denen ein Segler das für ihn passende Tuch leicht auswählen kann.

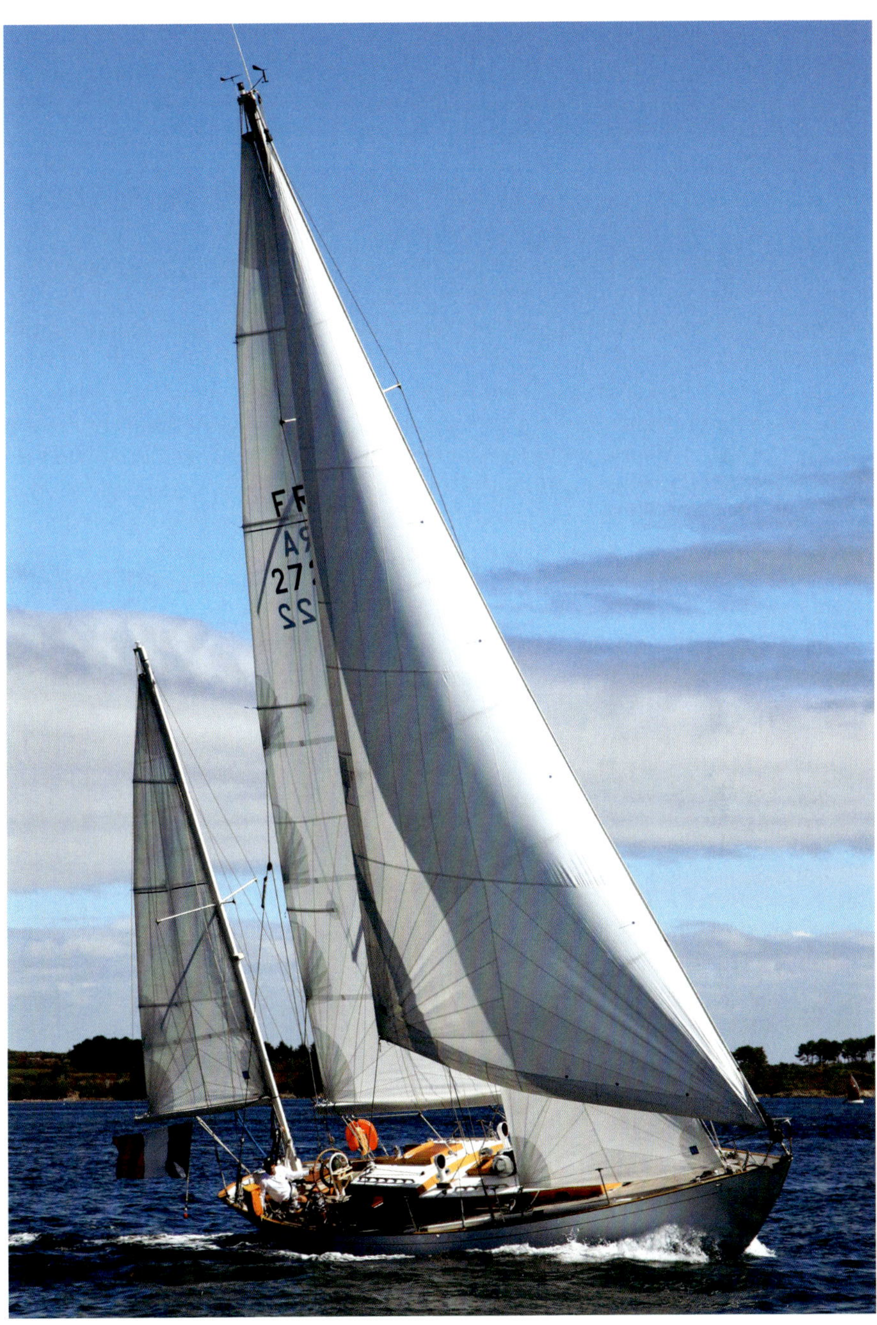

Klassische Ketsch unter Vollzeug am Wind.

Das Altern der Segel wird durch einen weiteren Faktor erheblich beeinflusst: UV-Strahlung. Während des Segelns auf See haben wir darauf keinen Einfluss, aber im Hafen – und dort befindet sich das Boot oft länger als auf See – können die Segel vor der Sonne leicht geschützt werden: Der aufgenähte UV-Streifen schützt das aufgerollte Vorsegel. Und das Groß wird entweder durch eine klassische Großsegelpersenning oder durch einen Lazybag vor der zerstörenden Strahlung geschützt. Dies gilt natürlich in besonderem Maße im Mittelmeer und in den Tropen. Folien- und Laminatsegel erreichen in diesen Segelrevieren manchmal schon nach 2-3 Jahren ihr Lebensende, und das trotz UV-Schutz im Hafen.
Ein weiterer Tipp für Fahrtensegler, der sich sowohl kostensenkend, als auch abfallmindernd auswirkt (die meisten Segelmacher werden dabei allerdings wohl rot sehen): Vorsegel leiden langfristig in allererster Linie entlang des Achterlieks, und zwar selbst dann, wenn ein hochwertiger UV-Streifen aufgenäht wurde. Vorausgesetzt, dass der Skipper bereit ist, einen kleinen Leistungsnachteil in Kauf zu nehmen, kann die Lebensdauer einer Genua glatt verdoppelt werden, indem nach einigen Jahren – wenn der UV-Streifen ohnehin erneuert werden muss – die im Tuch geschwächten letzten 20 cm im Achterliek einfach abgeschnitten werden. Entweder mit stärker konkavem Achterliek, ohne dabei das Schothorn und die Kopfverstärkungen zu verkleinern, oder vom Kopf hinunter zu einem neu zu fertigenden Schothorn mit dann etwas kürzerem Unterliek. Die Kosten belaufen sich auf etwa 10 % des Preises eines neuen Segels, und es findet keine Verschwendung von noch wertvollem Segeltuch auf den verbleibenden 90 % der Tuchfläche, die sonst vermutlich weggeworfen worden wären, statt. Der aus der etwas kleineren Fläche und dem geringfügig veränderten Profil resultierende Geschwindigkeitsverlust liegt bei einer 12-m-Yacht etwa im Bereich eines Zehntel Knotens, was aber manch einem Fahrtensegler egal sein dürfte.
Mit etwas Glück findet man auch gute gebrauchte Segel in einer der zahlreichen Internet-Börsen. Es gibt auch speziell auf den An- und Verkauf von Second-Hand-Segeln spezialisierte Websites, wo keineswegs nur alte, ausrangierte Segel angeboten werden, sondern z. T. auch neue, z. B. falsch vermessene Segel. Eventuell findet man in einer Segelbörse ein grundsätzlich passendes, gut erhaltenes Segel, das lediglich im Vorliek oder Unterliek für das eigene Boot ein paar Zentimeter zu lang ist. Ein auf Fahrtensegel ausgerichteter Segelmacher wird leicht die überschüssige Lieklänge abschneiden und das Schothorn oder den Kopf für etwa 10 % des Wertes eines neuen Segels neu aufarbeiten. Und schon beginnt das Segel sein zweites Leben. Dass diese Vorschläge nichts für Regattasegler sind, versteht sich von selbst.
Apropos »alte Segel«: Was wird eigentlich aus den alten Tüchern? Die meisten lagern wahrscheinlich halb vergessen viele Jahre lang in irgendwelchen Kellern, bevor sie auf den Müll wandern. Andere finden allerdings ein völlig neues Leben an Land: Es gibt inzwischen etliche Textil-Kleinbetriebe, die alte Segel aufkaufen, reinigen, zerschneiden und dann zu maritimen Handtaschen, Einkaufs- oder

Badetaschen, zu Portemonnaies oder originellen Handyhüllen verarbeiten. Jedes Teil ist ein Unikat, denn es werden gern vorhandene Segelzeichen, Reffaugen oder Liekleinen im Tuch belassen, um die Einzigartigkeit des kleinen Kunstwerks zu betonen. Manch ein Segler benutzt seine überalterte Genua auch als stilvolles, dreieckiges Sonnendach über der Terrasse. Man kann nur hoffen, dass die Textilien am Ende ihres zweiten Lebens einigermaßen ökologisch entsorgt werden ...

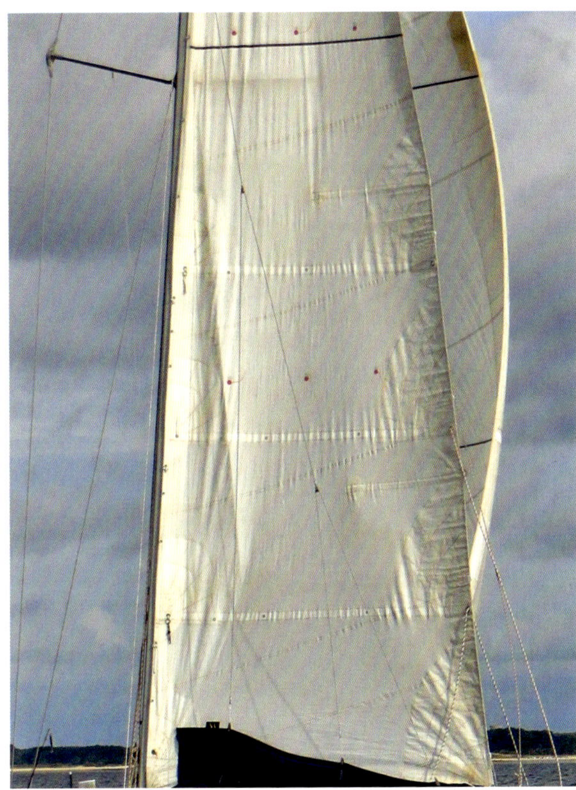

Verschlissenes, altes Großsegel.

Tauwerk

Die wesentlichen Gesichtspunkte zur Auswahl der Fallen, Schoten und anderen Leinen wurden schon weiter oben im Kapitel 3 ausführlich beschrieben.

Hier ein Tipp, wie die Lebensdauer speziell der Schoten und Fallen mindestens verdoppelt, ja verdreifacht werden kann: Statt die Leinen in passender Länge zu wählen, kauft man etwa 3–4 m mehr als die notwendige Mindestlänge und schneidet einmal pro Jahr etwa 20 cm am beim Segel belegten Ende ab. Da die Leinen nicht gleichmäßig über ihre ganze Länge altern, sondern insbesondere dort, wo immer wieder die gleichen Reibungen und Abnutzungen entstehen (beim Fall oben im Masttop an der Umlenkrolle in den Mast hinein; bei den Schoten die Scheuerstellen an den Wanten und auf der Winsch) wird dadurch der am stärksten geschwächte Bereich regelmäßig um etwa 20 cm verlagert, sodass gleich drei Fliegen mit einer Klappe geschlagen werden: Die Wahrscheinlichkeit eines Bruches wird deutlich reduziert, die Kosten für einen Neukauf werden drastisch reduziert, und mit der verlängerten Nutzungsdauer ergibt sich ein ökologischer

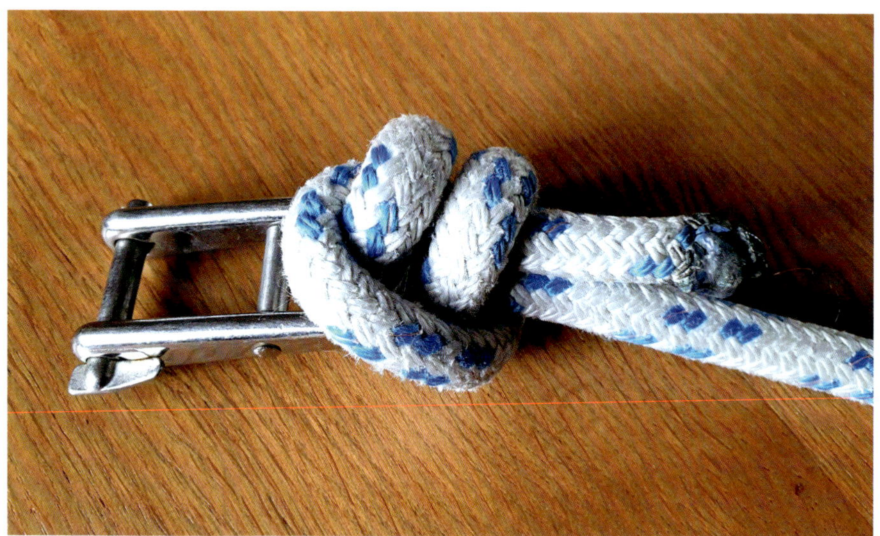

Fallenknoten am Großfallschäkel statt eines Auges um eine Kausch mit Presshülse.

Vorteil. Speziell am Fall lohnt es nicht, nach jedem Abschneiden eine neue Presskausch anzubringen. Es reicht, das Ende mit einem sogenannten Fallenknoten am Fallschäkel anzuknoten. Der Kritiker wird einwenden, dass bei dieser Methode die Bruchlast etwas geschwächt wird, denn ein Knoten reduziert die maximale Haltekraft einer Leine mehr als eine Kausch mit Pressung. Das ist grundsätzlich richtig, aber diese Differenz ist beim Fallenknoten sehr gering und fällt bei einer Leine mit 2 Tonnen Bruchlast (z. B. 12 mm Polyester) quantitativ nicht ins Gewicht. Wichtiger ist, dass die Belastungszone regelmäßig verlagert wird. Ein gebrochenes Großfall auf einem Wochenendtörn ist kein Beinbruch, aber mitten auf dem Atlantik ein echtes Problem. Und wer hat schon ein zweites Großfall als Reservefall bereits angeschlagen? Tipp: Sofern die Dirk im Durchmesser nicht zu dünn gewählt wurde, kann sie vorübergehend als Großsegel-Ersatzfall genutzt werden. Anschließend wird sie als Messenger zum Durchziehen eines neuen Falls benutzt. Geschwindigkeitsorientierte Segler verzichten aus Gewichts- und Luftwiderstandsgründen allerdings gern auf die Dirk – mit entsprechenden Konsequenzen beim Bruch.

Ein Bruch am Genuafall ist weniger problematisch, sofern ein Spifall als provisorischer Ersatz für das Genuafall ständig angeschlagen ist. Doch Vorsicht: Der Winkel des Spifalls passt meist nicht zur Position der Umlenkrolle des Genuafalls, sodass es sehr schnell durch Schamfielen an Beschlägen im Masttopp zum erneuten Bruch kommen kann.

Um die Lebensdauer der Leinen weiter zu verlängern, ist es sinnvoll, sie spätestens zum Saisonende gut in Süßwasser durchzuspülen. Am besten mit ein klein wenig

Waschpulver zu Hause in der Waschmaschine bei 40 °C. Natürlich müssen die Fallen dazu vorübergehend durch Messenger ausgetauscht werden. Eine vorübergehend angenähte 3-mm-Polyesterleine tut diesbezüglich gute Dienste.

Der Bootsmotor

Ohne Zweifel ist ein elektrischer Antrieb für die Yacht ökologisch wünschenswerter als ein Dieselmotor; vorausgesetzt, dass die elektrische Energie nicht aus einem Kohle- oder Kernkraftwerk stammt. Die entscheidende Frage bei der Entscheidung zwischen Elektroantrieb und Dieselmotor ist die der erwünschten Reichweite. Für einen Binnen- oder Ostseesegler, der höchstwahrscheinlich nie mehr als etwa 10 Meilen motoren muss, bevor er einen Hafen mit Stromanschluss erreicht, ist der Elektromotor auch heute schon eine mögliche und ökologisch sinnvolle Alternative zum Dieselantrieb.

Die folgende Rechnung zeigt aber, wie eng die Grenzen in der Reichweite bei einem Elektromotor liegen: Unter der Annahme, dass eine 10-m-Yacht eine Stunde lang mit 10 kW Motorleistung angetrieben werden soll und dabei etwa 4 Knoten Fahrt macht, müssen etwa 10 kWh Energie eingesetzt werden. Somit werden für 4 Seemeilen Strecke 10 kWh Energie benötigt. 10 kWh = 10.000 Wh = 10.000 VAh (Hinweis: 1 W = 1 A x 1 V).

Dividiert man diese 10.000 VAh durch 12 V (Batteriespannung), ergibt sich eine notwendige Batteriekapazität von etwa 833 Ah bei Vollentladung. Das entspricht etwa 6 Batterien mit jeweils 150 Ah Kapazität. Und das bei vollständiger Entladung, was technisch nicht wünschenswert ist. Soll also mit einer beispielsweise 7 t verdrängenden Yacht unter Motor ein Ziel erreicht werden, das etwa 10 Seemeilen entfernt liegt (2,5 Std. Dauer), müssten mindestens 15 Batterien (6 x 2,5) mit jeweils 150 Ah Kapazität zur Verfügung stehen. Einfache Bleibatterien würden dabei ein Gesamtgesicht von etwa 650 kg ins Boot bringen, um mit leegefahrenen Batterien 10 Seemeilen weit zu kommen. Lithiumbatterien hingegen wiegen weniger als die Hälfte bei gleicher Kapazität, sind aber auch sehr viel teurer. Darüber hinaus darf die Umweltbelastung beim Abbau von Lithium und Kobalt und auch während des Herstellungsvorgangs der Batterien nicht übersehen werden.

Aus diesen Überlegungen heraus ergibt sich, dass der Elektroantrieb beim heutigen Stand der Technik für Fahrtensegler, die immer mal wieder auch 50 Seemeilen und mehr motoren müssen, unrealistisch ist. Erst wenn die Energiedichte noch zu entwickelnder Batterien etwa das Zehnfache heutiger Lithiumbatterien erreicht hat, wird der Elektroantrieb für Langfahrtyachten interessant. Daran können auch großflächig installierte Solarpanels nichts ändern, denn es müssten bei 12 V Spannung etwa 1000 A Strom fließen, um einen akzeptablen Elektroantrieb einer mittelgroßen Yacht zu ermöglichen. Dies ist mit heutigen Solarpanels nur bei einer Fläche von mindestens 100 m² möglich. Möglicherweise werden in den nächsten Jahren Segeltücher mit eingearbeiteten Solarzellen entwickelt, die den

für den Elektroantrieb notwendigen Strom liefern können, aber momentan steht dies noch in den Sternen.
Was lässt sich dann also beim momentan noch unumgänglichen Dieselantrieb ökologisch optimieren? Zuerst einmal natürlich der Verbrauch und die Abgasqualität. Jeder Verbrennungsmotor hat einen Drehzahlbereich, bei dem der Kompromiss zwischen erzielter Fahrzeuggeschwindigkeit und Kraftstoffverbrauch optimal ist. Das ist bei den meisten Bootsdieseln etwa zwischen 1500 und 2000 U/min der Fall. Ein Blick in das Handbuch des Motorenherstellers gibt die notwendige Information, wie der Segler mit einem Liter Diesel möglichst weit fahren kann. Die Abgasqualität ist natürlich bei moderneren Motoren in der Regel besser als bei älteren, aber auch eine Frage der Drehzahl und der Pflege des Motors: Einstellung der Einspritzpumpe, Ölqualität, Luftfilter, Ölwechselintervalle etc.
Apropos Ölwechsel: Moderne Motoren haben inzwischen Ölwechselintervalle von 500 Betriebsstunden und mehr, sodass hier mittlerweile die Umweltbelastung erheblich reduziert werden konnte. Fragwürdig ist hingegen der Hinweis vieler Motorenhersteller, den Ölwechsel dennoch mindestens einmal pro Jahr durchzuführen. Die meisten Segler werden deutlich weniger als 500 Stunden pro Jahr motoren (die Mehrzahl liegt sicherlich unter 100 Stunden pro Jahr), sodass das Schmieröl auch nach Aussage von Fachleuten bedenkenlos eine zweite Saison gefahren werden kann. Dass beim Ölwechsel darauf geachtet werden sollte, keine Wasserverschmutzung zu verursachen, versteht sich von selbst, aber wie ist es mit den Abgasen? Ältere Motoren mit verschlissenen Kolbenringen und undichten Ventilen neigen dazu, über das Abgas-Kühlwasser auch etwas unverbrannten Diesel aus dem Auspuff ins Meer zu spucken. Da hilft nur noch eine kostenintensive Grundüberholung des Motors.
Beim Antrieb des Dinghys sollte der ökologisch bewusste Skipper über einen Elektromotor nachdenken, denn in der Regel gibt es dabei keine unlösbaren Reichweitenprobleme wie bei der Hauptmaschine.

Motoren oder Segeln?

Die effizienteste Methode, die Umweltbelastung klein zu halten, ist es natürlich, den Motor abzuschalten und zu segeln. Doch dafür braucht es große, leichte Segel, die auch noch bei nur 1-2 Windstärken stehen. Zwar wird der klassische symmetrische Spinnaker von Fahrtenseglern heutzutage wegen des komplexen Handlings mit dem Spibaum nur noch ungern eingesetzt, aber zumindest ein großer Gennaker, der ohne Baum gefahren werden kann, gehört auf jedes Fahrtenboot, wenn der Skipper so wenig Diesel wie möglich verbrennen will.
Eine aus ökologischer Sicht unverständliche Beobachtung kann man seit einigen Jahren immer häufiger auf dem Meer machen: Es gibt immer mehr Segler, die bei einem Ziel, das direkt im Wind liegt, statt hoch am Wind zu kreuzen, einfach die Segel bergen und direkt gegen den Wind motoren. Manch einer ruiniert zusätzlich auch noch das Großsegel während des Gegenanmotorens, indem er es pa-

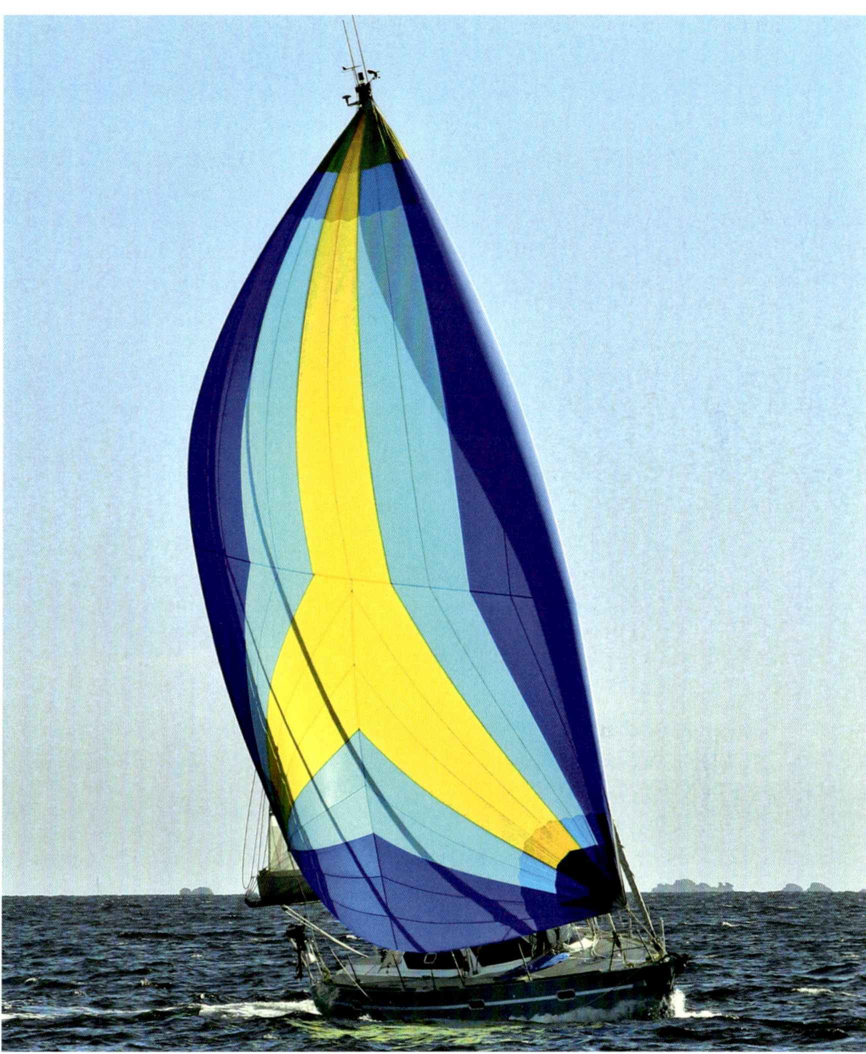

Yacht bei Leichtwind raumschots unter Gennaker.

rallel zur Dieselverschwendung kräftig killend im Wind stehen lässt. Kommentar überflüssig ...

Dabei zeigt eine einfache Rechnung, dass in vielen Situationen das direkte Gegenanmotoren keineswegs deutlich schneller zum Ziel führt: Steht bei 5 Bft. Wind eine etwa 1 m hohe Windsee gegenan, wird der Dieselmotor das Boot bei 1500 U/min nicht mehr mit 5 Knoten wie bei Flaute bewegen, sondern nur noch mit vielleicht gut 3 Knoten. Das entspricht einem Fahrtverlust von etwa

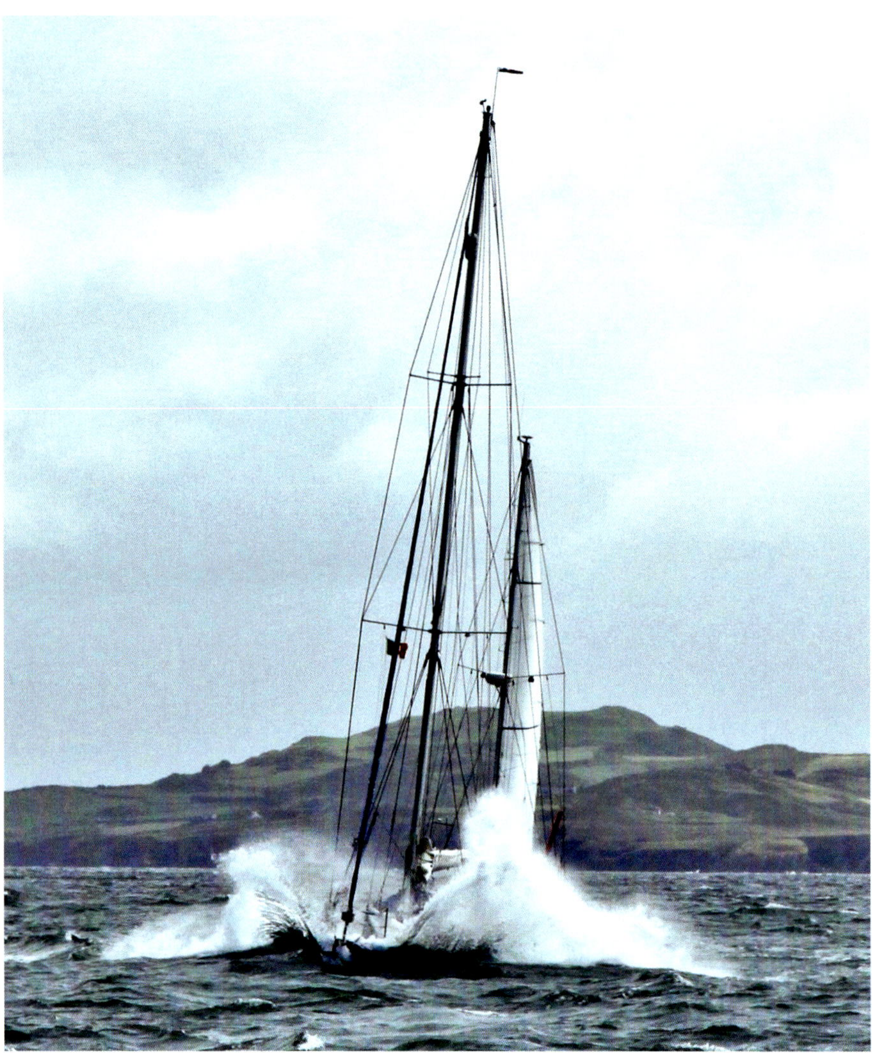

Motorsegeln gegen eine alte Dünung.

40 %. Mit deutlich höherer Drehzahl und entsprechend höherem Dieselverbrauch lässt sich dies natürlich kompensieren, aber ist das wünschenswert? Würde sich der Skipper dazu entschließen, statt zu motoren, die Segel zu setzen und hoch am Wind zu kreuzen, würde sich die zu segelnde Strecke zwar etwa um den Faktor 1,4 bis 1,6 vergrößern, aber gleichzeitig würde auch die Fahrt deutlich zunehmen, sodass er am Ende etwa zur gleichen Zeit ankommt wie im Falle des Motoreinsatzes, denn 1,5 sm mit 5 kn gesegelt erfordern etwa die gleiche Zeit wie 1 sm mit 3 kn motort.

Falls es wirklich einmal notwendig sein sollte, möglichst schnell sein Ziel direkt gegen den Wind zu erreichen, gibt es noch eine weitere Möglichkeit, etwas Diesel einzusparen und dennoch schneller als vierkant motort am Ziel zu sein: Motorsegeln. Statt ohne gesetzte Segel direkt gegenan zu dieseln, ist es bei etwas Wind immer sinnvoller, das Groß zu setzen und etwa 15-20° vom Direktkurs abzufallen, sodass das (durchgelattete) Großsegel knapp, aber sauber steht und dadurch das Boot nicht nur stabilisiert, sondern gleichzeitig auch schneller macht und den Motor weniger Diesel verbrauchen lässt. Die verlängerte Wegstrecke von etwa 5 % wird mehr als ausgeglichen durch den Fahrtgewinn von mindestens 10 %, sodass das Boot am Ende trotz des längeren Weges schneller am Ziel ist als auf der kürzeren Direktlinie.

Umgang mit Süß- und Seewasser

Innerhalb der Bahamas gibt es Inseln, auf denen das Süßwasser im Hafen fast so teuer ist wie der Diesel, denn es wird über aufwendige Seewasserentsalzungsanlagen gewonnen, die über den Wasserpreis amortisiert werden müssen. Wenn man die Kosten des Watermakers an Bord auf den Preis eines gewonnenen Liters Süßwassers umrechnet, ist das Ergebnis möglicherweise ähnlich überraschend wie der Wasserpreis für Hafenbenutzer auf den Bahamas.

Aber nicht nur aus Kostengründen sollte mit Süßwasser achtsam umgegangen werden. Bei einer steigenden Zahl von Wassersportlern (und der ohnehin steigenden Bevölkerungszahl, nicht nur in den Küstenbereichen unserer Erde) wird es in absehbarer Zukunft zunehmend häufiger zu Süßwasserverknappungen kommen. Seit einigen Jahren ist bereits in vielen Häfen am Atlantik und im Mittelmeer das Reinigen der Boote mit Süßwasser während der Sommermonate verboten, weil sich inzwischen der Grundwasserspiegel mangels Regen während der Winter-monate zu weit abgesenkt hat.

In diesem Zusammenhang kann man beispielsweise auch darüber nachdenken, ob eine Wasserspülung der Bordtoiletten mit Süßwasser, so wie es auf größeren Yachten inzwischen immer häufiger zu sehen ist, tatsächlich notwendig ist. Ökologisch vertretbar ist es jedenfalls nicht.

Auf Langfahrt wird man ohnehin - vorausgesetzt, dass man keinen Watermaker an Bord hat - sparsam mit dem kostbaren Trinkwasser aus den Tanks umgehen. Aber auch auf einem im Hafen liegenden Boot ist ein Umdenken im Hinblick auf die in Zukunft zu erwartenden Einschränkungen im Wasserverbrauch sinnvoll. Das Geschirrspülen unter laufendem Wasserhahn muss nicht sein. Biologisch abbaubare Spül- und Reinigungsmittel seien an dieser Stelle ebenfalls erwähnt.

Über die Belastung des Meerwassers durch Fäkalien aus der Bordtoilette im Hafen muss nicht mehr viel geschrieben werden, denn die Probleme sind bekannt. Fäkalientanks an Bord und dazugehörige Absaugvorrichtungen an Land gehören inzwischen in vielen Ländern sinnvollerweise zum Standard. Wenngleich ich mir hier doch nicht

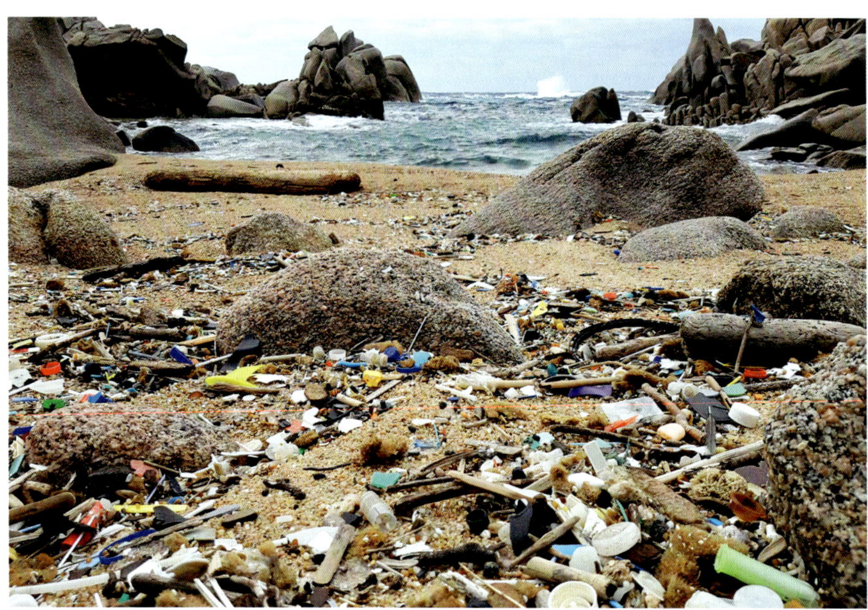

Angeschwemmter Plastikmüll im Winter an der Costa Smeralda (Sardinien).

die Frage verkneifen kann, ob beispielsweise in Tidengewässern am Atlantik außerhalb der Saison in einer wenig belegten, großen Ankerbucht ausnahmsweise der sporadische Gebrauch der Direktpumpe der Bordtoilette eine nennenswerte Umweltbelastung darstellt?

Wesentlich umweltbelastender ist der nach wie vor in die See geworfene Müll. Nicht nur in Asien. Auch in europäischen Gewässern sieht der Seefahrer immer mal wieder treibende Plastikkanister und PET-Flaschen an der Oberfläche. Und das, was an der Oberfläche schwimmt, ist ja nur der geringere Teil dessen, was insgesamt über Bord geworfen wird. Über die Problematik des an der Oberfläche treibenden Plastiks und des Mikroplastiks im Meerwasser wird inzwischen viel geschrieben, aber die notwendigen Schlussfolgerungen sind global bisher nur sporadisch erkennbar. Wer im Mittelmeer oder in der Karibik nach dem Fieren des Ankergeschirrs schnorchelnderweise seinen Haken kontrolliert, wird auch heute noch in wirklich jeder Ankerbucht die Spuren der »modernen« Seefahrt am Meeresboden finden: Zigarettenschachteln, Plastikbehälter, Reste von Leinen, verlorene Wäschestücke, Wein- und Bierflaschen ...

Tipp: Ein ökologisch engagierter norddeutscher Bootsausrüster hat eine Leinen-Innovation auf den Markt gebracht: »Greenline Classic Tauwerk« - ein hochwertiges Yachttauwerk in klassisch-traditionellem Beige, hergestellt zu 100 % aus recycelten PET-Kunststoff-Flaschen. Etwa 40 Flaschen werden benötigt, um ein Kilogramm hochwertiger Polyesterfasern herzustellen. Das daraus gefertigte Tauwerk steht einem herkömmlichen Polyester-Tauwerk in nichts nach.

Stromerzeugung

Im Kapitel 3.7 wurden schon die verschiedenen Möglichkeiten der Stromerzeugung an Bord unter praktisch-technischen Gesichtspunkten behandelt (Wellengenerator, Windgenerator, Solarpanels, Lichtmaschine). Unter dem ökologischen Aspekt ist es unmittelbar einleuchtend, dass es nicht sinnvoll sein kann, beispielsweise vor Anker oder gar unter Segeln den Motor zu starten, um zum Laden der Batterien Diesel in elektrische Energie zu verwandeln. Abgesehen von den Abgasen ist der Wirkungsgrad, also das Verhältnis von investierter Energie zu tatsächlich genutzter Energie, extrem ungünstig. Solarpanels sind umweltbezogen die bessere Alternative, wenngleich zugegeben werden muss, dass es manchmal notwendig ist, die Batterien schneller als mit Solarpanels möglich durch die Lichtmaschine des Motors wieder aufzuladen.

Windgeneratoren sind ökologisch gesehen vor Anker sicherlich eine gute Ergänzung zu Solarpanels, doch sprechen technische Gesichtspunkte an Bord in der Regel eher für Solarpanels (Details dazu s. Kap. 3)

Antifouling

Längerfristig effizienter Bewuchsschutz unter der Wasserlinie am Rumpf einer Yacht ist nach wie vor ein schwieriges Thema. Zinnhaltige Beschichtungen sind in Europa seit vielen Jahren verboten. Hingegen ist das recht gut gegen Bewuchs schützende Kupfer bzw. Kupferoxyd, eingemischt in eine Farbsubstanz, die als Trägermaterie dient, nach wie vor vom deutschen Bundesamt für Umweltschutz als Antifouling für Yachten erlaubt (Bericht des Bundesumweltamtes Juli 2018).

Es gibt sogenannte biozidfreie Beschichtungen auf Teflon- oder Silikonbasis, doch sind auch diese nicht wirklich längerfristig wirksam. Die Wirksamkeit wird im Wesentlichen verringert durch hohe Wassertemperaturen und zu seltene Bewegung des Bootes. In der Berufsschifffahrt sind die Antifoulingbeschichtungen hingegen insbesondere dadurch wirksamer als in der Freizeitschifffahrt, weil diese Fahrzeuge überwiegend in Bewegung sind und dabei mit 15-18 Knoten meist schneller als Freizeitfahrzeuge fahren, sodass durch die Reibung am Wasser das Bewuchswachstum gehemmt wird. Allerdings muss leider auch gesagt werden, dass in der Großschifffahrt z. T. Beschichtungen eingesetzt werden dürfen, die aus ökologischen Gründen in der Freizeitschifffahrt verboten sind.

Es gibt durchaus eine giftfreie Methode, den Bewuchs am Rumpf zu verringern: Mehrere Ultraschallgeber (bei einem 12-m-Rumpf mindestens 4) werden von innen auf den Rumpf geklebt und durch elektrischen Strom in hochfrequente Vibration versetzt. Das mögen Seepocken gar nicht! Leider kann die Wirkung nicht homogen über den gesamten Rumpf verteilt werden, und auch der Stromverbrauch ist recht groß, sodass diese Methode die Batterien unter Segeln und auch vor Anker zu stark belastet.

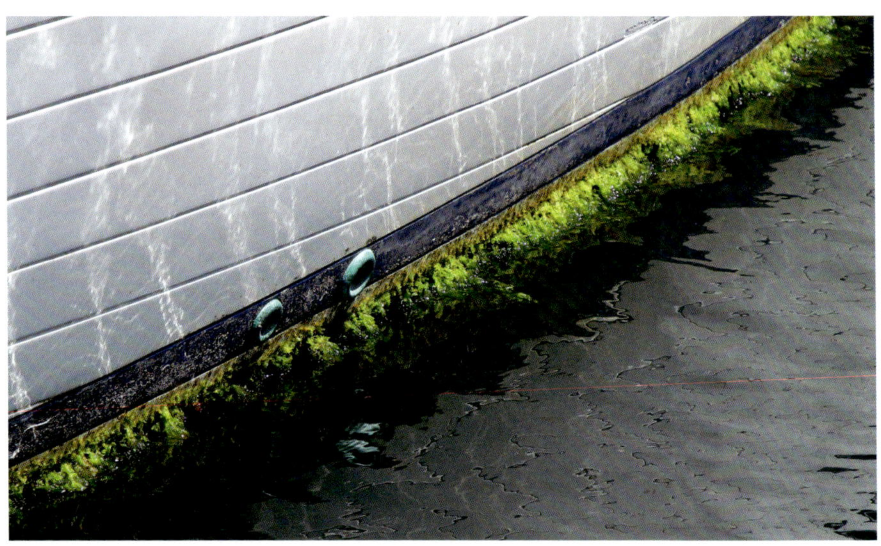

Wann wurde hier zum letzten Mal Antifouling gestrichen? Zentimeterdicker Algenbewuchs an der Wasserlinie.

Unterwasser-Reinigungsmaschinen für Bootsrümpfe, ähnlich zu den Drehbürsten-Wagenwaschanlagen, konnten sich bisher nicht durchsetzen, da sie nicht alle Bereiche der verschiedenen Rumpfformen wirksam erreichen. Außerdem muss eine Antifouling-freie Yacht etwa alle 1–2 Monate in eine solche Bürstenwäsche, um bewuchsfrei zu bleiben.

In warmen Gewässern kann der Skipper bei ausreichend sportlicher Kondition mit Tauchmaske, Schnorchel und Flossen seinen Rumpf durch regelmäßiges Abbürsten sauber halten. Bei einer 12-m-Yacht sicherlich eine Arbeit von mehreren Stunden. Doch verteilt über die Tage einer Woche ist es ein gutes Konditionstraining. Den Propeller kann man so aber bequem binnen weniger Minuten mit Schleifpapier reinigen, es sei denn, man hat die Algen und Muscheln viele Monate lang wachsen lassen. Propellerantifoulings haben sich bisher längerfristig nicht bewährt.

Eine ökologisch unbedenkliche und gleichzeitig sehr wirksame Methode der Bewuchsbeseitigung, die aber leider für die meisten Segler nicht leicht durchführbar ist, ist der Wechsel des Segelreviers vom Salzwasser ins Süßwasser und umgekehrt. Wie auch immer: Um den Bewuchs möglichst gering zu halten, hilft mit Sicherheit einfach viel Segeln!

Exemplarische ökologisch-innovative Projekte in der Seefahrt

Seit 2017 wird in Saint-Malo/Bretagne unter dem Projektnamen »Energy Observer« ein ehemaliger Hochsee-Rennkatamaran zu einem Energie-Forschungsschiff umgebaut, das auf der Basis erneuerbarer Energien Wasserstoff-angetrieben nonstop die Welt umrunden soll. Der Wasserstoff wird auf elektrochemischem Weg aus Seewasser gewonnen. Die dazu notwendige elektrische Energie kommt aus etwa 130 m✢ Solarpanelfläche und zwei Windgeneratoren.

Rentabler, emissionsfreier Warentransport über See: Cornelius Bockermann ist Eigner und Kapitän des 44 m langen, traditionellen Gaffelschoners Avontuur mit Heimathafen Elsfleth. Das Schiff wird u.a. zum Warentransport von »Fair-Trade-Produkten« auf dem Atlantik zwischen der Karibik, Nord- und Südamerika sowie Europa eingesetzt. Ziel ist es, zu zeigen, dass es auch heutzutage möglich ist, Schiffsfracht gewinnbringend mit einem Segelschiff fast ohne Einsatz fossiler Brennstoffe und somit so gut wie emissionsfrei über die Meere zu transportieren. Dahinter steht die Hoffnung, dass die Warentransportreisen der Avontuur als Impuls für weitergehende Projekte mit gleicher Orientierung wirksam werden.

Mit ähnlicher Zielrichtung ist der 33 m lange Schoner Tres Hombres zwischen Amerika und Europa im Fair-Trade-Handel allein unter Segeln unterwegs. Neben 7 Mann Besatzung werden auch 8 Trainees auf die Reisen mitgenommen, die unterwegs zu »ökologischen Botschaftern im maritimen Fair-Trade-Handel« ausgebildet werden, um den Gedanken stärker ökologisch ausgerichteter Seefahrt in die Welt zu tragen.

Low-Tech-Ozeanreisen unter Segeln unter Einbeziehung lokaler Kenntnisse und Wirtschaftsstrukturen: Der junge französische Ingenieur Corentin de Chatelperron baute vor einigen Jahren in Bangladesch gemeinsam mit Einheimischen einen Segelbootsrumpf aus Jutefasern als Ersatz für Glasfasern und segelte mit einem ebenso nur aus Naturfasern und Holz bestehendem Rigg einen Großteil der Strecke zurück nach Frankreich (Gold of Bengal). Auf dieser Erfahrungsgrundlage baute er anschließend gemeinsam mit zwei ebenfalls im naturnahen Bootsbau engagierten Freunden einen Katamaran (Nomade des Mers) zu einem schwimmenden Low-Tech-Laboratorium um. Während einer dreijährigen Weltumsegelung über die Kapverden, Senegal, Brasilien, Südafrika, Madagaskar, Indien, Malaysia und die Philippinen wurden Kontakte geknüpft zu lokalen Low-Tech-Initiativen, mit dem Ziel, diese Kenntnisse auch an anderen Orten der Welt bekannt zu machen. Eine detaillierte Beschreibung dieser Reise findet der Leser in dem auch in deutscher Sprache erschienenen Buch von Corentin de Chatelperron »Sailing for future« (s. Literaturanhang).

6. Der große Törn mit kleinem Geld

Ich stelle mir vor, ich sei etwa 30 Jahre alt und träume von der großen Seereise auf dem eigenen Boot. Hoch motiviert besuche ich die BOOT in Düsseldorf, sauge alle Informationen und Impressionen wie ein Schwamm auf, werde geradezu hypnotisiert von den vielfältig verlockenden Messeprodukten – und verlasse schließlich die Messehallen mit dem bitteren Geschmack der frustrierenden Überzeugung, dass ich mir den Traum wohl für die nächsten 20 Jahre abschminken kann, denn das ist alles einfach viel zu teuer ...
Falsch! Es geht auch einfacher, billiger, aber dennoch freudebringend und durchaus seemannschaftlich sicher.
Vor wenigen Jahren lag ich in Horta / Azoren längsseits neben einer etwa 11 m langen Slup, die – nach dem ersten Eindruck zu urteilen – schon viele tausend Meilen in ihrem Kielwasser gelassen hatte: Ein stäbiger Rumpf, wenngleich nicht mehr ganz jugendfrisch an den Bordwänden, Schwerwettersegel sauber aufgetucht und gegen UV geschützt auf dem Vorschiff an die Reling gezurrt, ein festes Dinghy mit schon etwas angekratztem Boden umgedreht vor dem Mast, mehrere Solarpanels

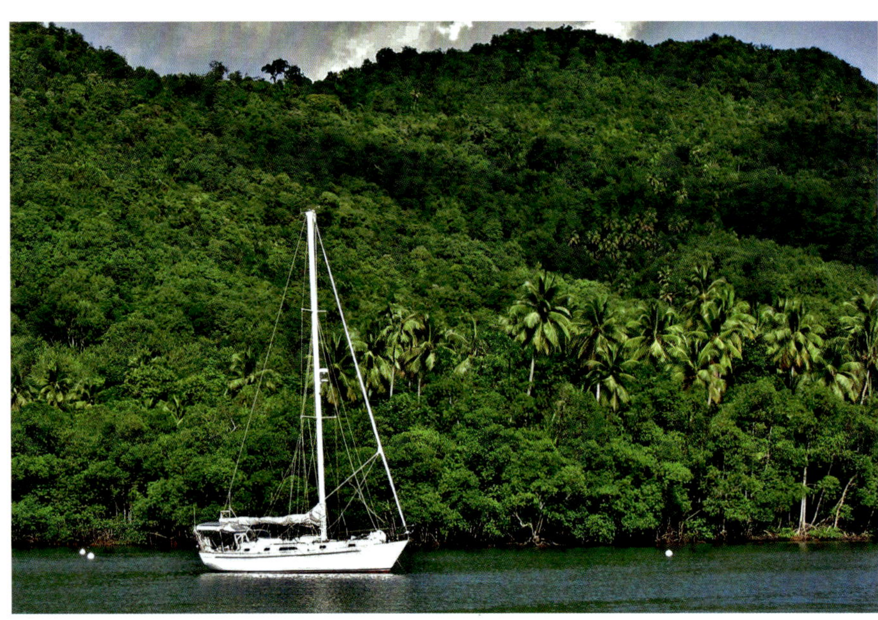

Bewährte Fahrtenyacht von 1985 vor Anker in der Karibik.

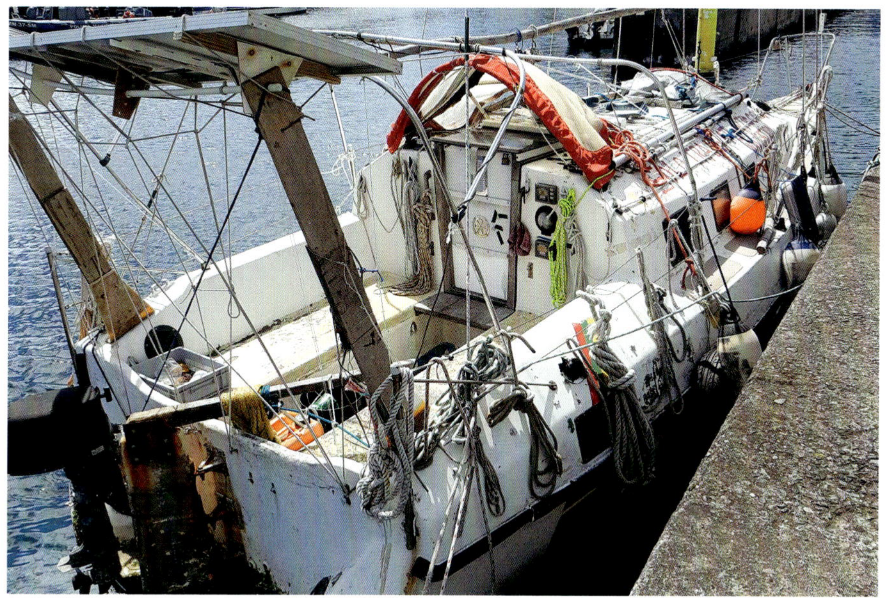

So nicht!

an der Seereling auf beiden Seiten der Plicht, eine stabile Hochseeangel am Heckkorb und eine als Trophäe ans Achterstag gebundene, trocknende Schwanzflosse, die offensichtlich von einem nicht gerade kleinen Thunfisch stammte. Das recht junge Seglerpaar war – wie sie mir erzählten – vor knapp einem Jahr in Bremerhaven zu einer einjährig geplanten Atlantik-Reise aufgebrochen, nachdem sie in mehrmonatiger Wochenendarbeit – parallel zu ihren Jobs an Land – das recht günstig gebraucht gekaufte Schiff in hochseetüchtigen Zustand gebracht hatten. Ein Sabbatjahr auf See war das Ziel. An Deck keine Antennen für Internetzugang auf See, dafür aber einen Seesack voller faszinierender Geschichten von den Kapverden, aus Jamaica, Kuba, von den Bahamas und aus Maine im Gepäck. Wie haben die das hinbekommen?

Es geht im folgenden Kapitel nicht darum, das Leben des konsumverweigernden Seenomaden zu verherrlichen, der sich nahe am finanziellen Abgrund auf seinem Seelenverkäufer von Ankerplatz zu Ankerplatz um die Welt schleppt! Vielmehr soll konkret beschrieben werden, wie das bezahlbare, sichere, reisetauglich-optimale Segelboot gefunden und ausgerüstet werden kann, um mit möglichst wenig Problemen auch eine größere Seereise ohne zu viel High-Tech, dafür aber mit viel Hingabe und Freude zu unternehmen und was bei der Planung und Durchführung einer solchen Reise wichtig ist, ohne sich dabei finanziell zu übernehmen.

Die in diesem Kapitel behandelten Überlegungen sollen aber nicht nur dem zukünftigen Ozeansegler den Horizont erreichbarer machen, sondern auch dem Küstensegler mit weniger weit gesteckten Zielen konkrete Tipps und Planungshilfen geben. Zwar wird jeder zukünftige Yachteigner dabei seine eigenen Prioritäten setzen, doch gibt es einige grundlegende Beurteilungskriterien, die wohl für die überwiegende Mehrheit der Skipper unabdinglich sind: Unkompliziertheit, Sicherheit, Seetauglichkeit, Reparaturfreundlichkeit, langfristige Haltbarkeit und Zuverlässigkeit, ökologische Verträglichkeit, Wirtschaftlichkeit, Wertbeständigkeit.

Wie finde ich das richtige Boot?

Für einen weniger erfahrenen Segler mit Reiseambitionen ist der erste Eindruck auf dem Gebrauchtbootsmarkt verwirrend, manchmal sogar erdrückend. Auf den Webseiten zu gebrauchten Yachten (s. Anhang zu interessanten Websites), genauso wie auf den Anzeigeseiten der Segelzeitschriften ist das Angebot bezüglich Größe, Bootstyp und Preis derartig vielseitig und umfassend, dass der allein auf sich gestellt Suchende schnell überfordert ist. Darum zu Anfang ein paar allgemeine Ratschläge für den Kauf einer blauwasserorientierten Fahrtenyacht:

- Bei der Suche nach dem geeigneten Schiff, sollte man sich auf keinen Fall nur auf Angebote im eigenen Land beschränken. Ein Bootskauf ist kein Autokauf! Eine Langfahrtyacht sollte europaweit gesucht werden. Vielleicht sogar weltweit, wenngleich dann bei der Einfuhr nach Europa die bis dahin nicht gezahlte Mehrwertsteuer auf den aktuellen Bootswert nachzuzahlen ist (außer Baujahr vor 1986). Doch je nach Wechselkurs und Verhandlungserfolg kann es sich trotz nachzuzahlender MwSt. manchmal lohnen, beispielsweise in den USA oder Kanada zu kaufen. Auf jeden Fall sind 500 Euro Reisekosten bei einer Investition von vielleicht 50.000 Euro und mehr schnell amortisiert, wenn das gleich gute Boot in Newport, Stockholm oder Dublin 10.000 Euro billiger zu bekommen ist als in Kiel. In Europa gibt es ein sehr breites Angebot an gebrauchten Segelyachten sowohl in der Ostsee als auch am Atlantik und im Mittelmeer. Allerdings bietet insbesondere der Ostseeraum (Skandinavien und Deutschland) für den bootssuchenden Segler einige

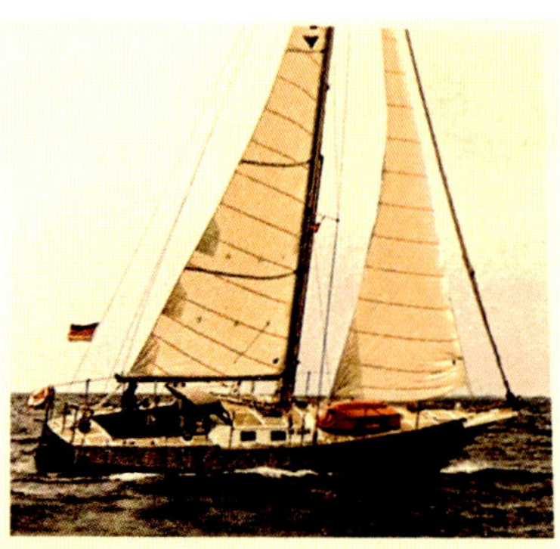

Reinke 12M, Alu, 57.000,- EUR VB, Bj. 1994, 13,40 x 3,70 x 1,50 m, Verdr. 12 t, für weltw. Fahrt nach zu empf. Refit, robust, Innenausbau Twinkiel 3 t Blei, Yanmar 32,4 kW, Segelfl. 83 qm, 3 Elvström-Segel, z. W. 1995, LP Azoren

Verkaufsanzeige für Aluyacht von 1994.

Vorteile gegenüber anderen Segelrevieren: Während die meisten Yachten im Mittelmeer und am Atlantik überwiegend ganzjährig im Wasser liegen und damit Sonne, Salz und Regen ausgesetzt sind, bleiben die meisten Schiffe an der Ostsee nur einige Monate im Wasser und verbringen den Rest der Zeit unter einer Plane an Land. Oder sie stehen sogar den Winter über in einer Halle, von denen manche sogar beheizt sind. Folglich ist der Alterungsprozess bei den meisten Ostseebooten praktisch halbiert. Hinzu kommt die Tatsache, dass insbesondere im Mittelmeer der Pflegezustand sehr vieler Yachten zu wünschen übrig lässt. Was nicht allein daran liegt, dass die hohe Sonneneinstrahlung und der im Vergleich zur Ostsee höhere Salzgehalt des Wassers den Alterungsprozess beschleunigen.

- KISS-Prinzip: Keep it simple and smart! Mach es einfach und clever! Je komplizierter ein Boot ist, desto schwieriger wird es, einen Fehler zu finden und zu beheben. Meist sind komplizierte Systeme auch störanfälliger als einfachere (s. Ladetechnik). Verzicht auf hochmoderne Technik bringt mehr Unabhängigkeit, weniger reparaturbedingte Hafenaufenthalte und mehr Naturnähe im Segel erlebnis.
- Wähle kein zu großes, aber auch kein zu kleines Schiff: Die optimale Bootsgröße ist natürlich abhängig von den Reiseplänen, vom Alter und den Komfortansprüchen von Skipper und Crew. Selbstverständlich auch von den finanziellen Möglichkeiten. Das Schiff sollte aber vor allem groß genug sein, um der Crew wirklich ausreichend viel Stauraum zu bieten. Das heißt: lieber weniger Kojen, aber dafür mehr Stauraum. Es sollte aber auch klein genug sein, um es zur Not auch einhand beherrschen zu können. Und zwar nicht nur auf See, sondern auch und gerade im Hafen. Da die meisten Reisecrews wochenlang nur aus zwei Personen bestehen und nur zeitweise ein oder zwei weitere Crewmitglieder an Bord kommen (Freunde, Familie) ist für viele eine Yacht mit zwei Doppelkojen ausreichend. Die optimale Länge liegt dabei nach meiner Ansicht zwischen 11 und 13 Metern. Bei guter Gesamtkonzeption und umsichtiger Vorbereitung ist selbst auf einem 35-Fuß-Boot (um die 11 m) praktisch jede Reise auf dieser Welt ohne Sicherheitseinbußen machbar. Yachten, die länger als 13 m sind, sind hingegen bei viel Wind im Hafen kaum sicher ohne Fremdhilfe zu manövrieren. Hinsichtlich der Wirtschaftlichkeit ist zu bedenken, dass die Unterhaltskosten einer Yacht mit wachsender Bootslänge überproportional steigen.
- Wähle weder ein zu leichtes noch ein zu schweres Boot (Verdrängung): Leichte Boote sind zwar im Mittel etwa einen halben oder gar einen Knoten schneller als gleich lange, deutlich schwerere Boote, doch ist ihr Bewegungsverhalten in grober See heftiger, ruppiger, anstrengender. Hinzu kommt die Tatsache, dass aufgrund der geringeren Verdrängung auch das Volumen der Stauräume und der Tanks kleiner ist als auf einem schwereren Boot. Müssen für die Reise dann zusätzlich größere Tanks eingebaut werden, verringert dies nicht nur das Volumen der Stauräume, sondern verschlechtert auch spürbar die Segeleigen-

schaften. Eine kleine Rechnung verdeutlicht dies: 1 Tonne Zuladung bei 11 Tonnen Verdrängung entsprechen nur 9 %, während 1 Tonne Zuladung auf einem 7-Tonnen-Schiff 14 % ausmachen. Je geringer dieser Prozentsatz ist, desto geringer ist der negative Einfluss der Zuladung auf das Segelverhalten. Natürlich sollte man nicht ins andere Extrem verfallen und nach einem 15-Tonnen-Boot bei nur 11 m Rumpflänge suchen, denn bei diesen Zahlen wird ein solches Boot aufgrund der sehr großen benetzten Fläche höchstwahrscheinlich recht langsam segeln. Um es auf den Punkt zu bringen: Eine 12-m-Langfahrtyacht sollte leer etwa zwischen 9 und 11 Tonnen verdrängen, was einen guten Kompromiss zwischen ordentlichen Segeleigenschaften auf allen Kursen zum Wind sowie ausreichendem Volumen für Tanks und Stauräume unter der Wasserlinie darstellt.

- Kaufe kein zu neues Boot: Abgesehen davon, dass neue Schiffe ohnehin oft unter »Kinderkrankheiten« leiden, ist der Wertverlust in den ersten Jahren nach dem Neukauf einfach viel zu hoch. Viele Eigner verkaufen ihr Schiff nach einigen Jahren wieder, und jedes Schiff verliert einen erheblichen Teil seines Neuwertes gerade in den ersten 5–10 Jahren, manche bis zu 50 %. Yachten aus einigen anerkannt renommierten Werften stabilisieren allerdings ihren Zeitwert etwa ab dem Alter von 10–15 Jahren. Deshalb beginnt dort das finanziell interessante Alter für den Kauf einer gebrauchten Yacht. Man findet durchaus strukturell und im Pflegezustand makellose Yachten, die 30 oder 40 Jahre alt sind und bei entsprechender Pflege problemlos weitere 20 Jahre sorgenfrei gesegelt werden können. Manche renommierte Schiffe steigern sogar ab dem Alter von etwa 30 Jahren wieder ihren Wert, wobei es sich allerdings immer um Schiffe aus kleinen und für ihre gute Bauqualität bekannte Werften handelt (Beispiele dazu am Ende dieses Kapitels). Hingegen muss bei alten Schiffen aus Großserienproduktion, insbesondere wenn sie öfter ihren Eigner gewechselt haben, nicht selten mit strukturellen Problemen gerechnet werden: leckende Rumpf-Kiel- oder Rumpf-Deck-Verbindungen, Haarrisse und andere Undichtigkeiten im Deck, ausgeschlagene Ruderlager, Elektrolyse am Rigg, leckende Fenster, Motorschwächen etc. Eine eingehende Prüfung durch einen von einer Yachtversicherung anerkannten Sachverständigen ist in der Regel gut investiertes Geld. Wer eine gebrauchte Yacht kauft, sollte wissen, dass einige Großserienwerften etwa seit der Jahrtausendwende eine Preisdumping-Politik betrieben haben (und z. T. weiter betreiben), die dazu führte, dass sowohl beim Bau des Rumpfes als auch bei Wahl und Einbau der Ausrüstung das Qualitätsniveau dem sinkenden Preisniveau angepasst wurde – was für den Kunden nicht immer sofort erkennbar ist. Beim Vergleich eines jüngeren Bootes aus einer Großserienwerft und eines gleich teuren, aber älteren Schiffes aus einer kleineren, renommierten Werft ist dem Letzteren in der Regel der Vorzug zu geben.
- Bootskauf mit der Nase: Insbesondere ungepflegte, ältere Boote weisen meist unter Deck einen unangenehmen Geruch auf. Es riecht nach einer Mischung aus Fäulnis, Diesel und schmutzigem Bilgenwasser, denn der Eigner hat es jahrelang

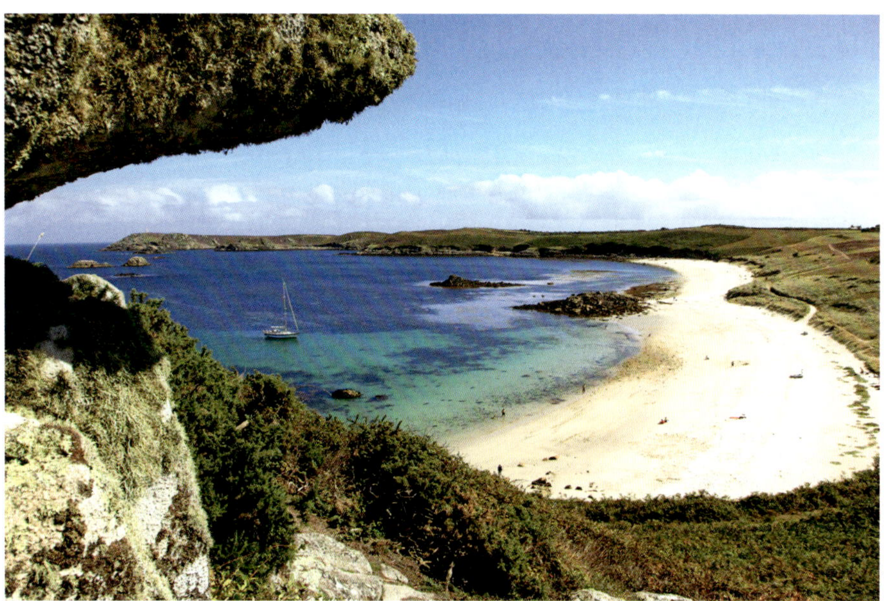

Ruhiges Ankern im Hochsommer bei den Isles of Scilly (Cornwall).

versäumt, Lecks an den Luken, den Fenstern und im Motorraum zu beseitigen. Ein gut gepflegtes Boot ist knochentrocken und geruchsfrei.

- Probesegeln: Es reicht nicht, bei gutem Wetter ein paar Stunden »vor der Haustür« zu segeln, um ein Boot zu beurteilen. Sinnvoller ist es, in der Sondierungsphase sich etwa auf zwei bis drei Yachten festzulegen und diese dann vergleichend 1–2 Tage lang mit dem Eigner segelnd umfassend kennenzulernen.
- Zur Ausrüstung: Ein älteres Boot hat in der Regel auch eine ältere, manchmal deutlich zu alte Ausrüstung, die erneuert werden muss. Es ist durchaus sinnvoll, ein zwar in der Ausrüstung überaltertes, in der Struktur aber gesundes und konzeptionell gutes Boot zu einem entsprechend günstigeren Preis zu kaufen.
- Endpreis: Mit etwas Verhandlungsgeschick kann man in den meisten Fällen den verlangten Kaufpreis um mindestens 10 % senken.

Das wird mein Schiff

Rumpf und Lateralplan

Die Yacht sollte aus einer anerkannten Werft kommen und kein Eigenbau sein, denn sonst wird ein paar Jahre später der Wiederverkauf erheblich erschwert. Zur Wahl des Rumpfmaterials s. o. Kap. 3. Die optimale Bootslänge für Langfahrt liegt als Kompromiss zwischen angenehmem Seeverhalten, Komfort unter Deck, Stau-

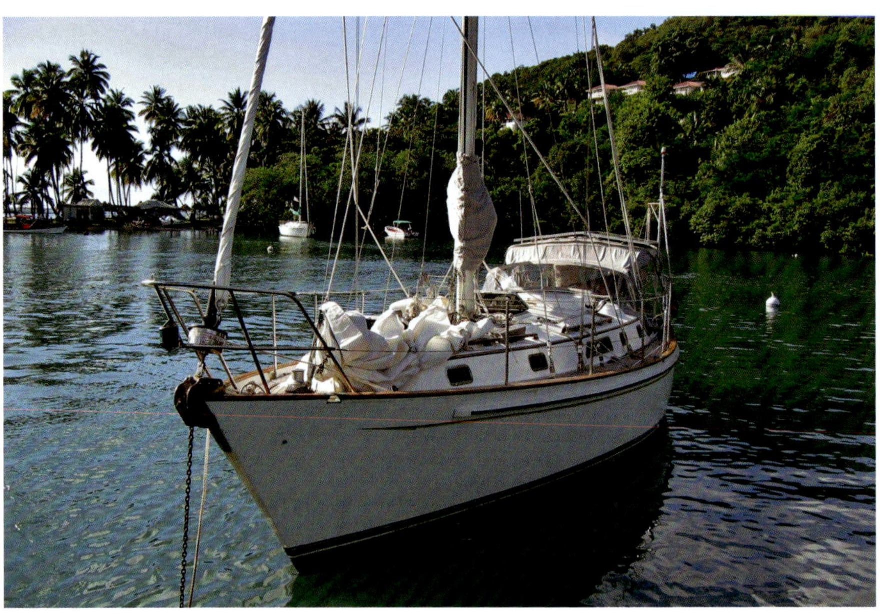

Ältere, gepflegte, zuverlässige Fahrtenyacht sucht neuen Eigner ...

raum und Wirtschaftlichkeit für eine Zweiercrew je nach Budget und Komfortansprüchen wie schon gesagt etwa zwischen 11 und 13 m und einer Verdrängung zwischen 9 und 11 t. Das Heck ist durch einen soliden Heckspiegel geschlossen, um zu verhindern, dass auf Raumschotskursen, z. B. in kräftigem Passat, rollende See von achtern einsteigen kann.

Der Lateralplan zeigt einen Kompromiss zwischen gemäßigtem Langkieler und Kurzkieler, wobei der Kiel kurz genug ist, um gute Manövrierfähigkeiten im Hafen zu gewährleisten, und lang genug für eine gute Kursstabilität auf See. Es gibt eine echte, tiefe Bilge, die verhindert, dass wie auch immer eingedrungenes Wasser unter den Salonkojen hin und her schwappt und dort das Staugut durchnässt. Das Ruder ist kein freistehendes Spatenruder, sondern über drei (statt nur zwei) Lagerungen gut gegen Kollision geschützt mit partiellem Skeg, der zusätzlich zur besseren Kursstabilität beiträgt. Im Rumpf unterhalb der Rumpf-Deck-Verbindung sind keine Fenster eingebaut (Probleme s. S. 17).

Ein Tipp: In letzter Zeit sind immer häufiger sehr gute selbst gebaute Stahlrümpfe in gutem Zustand erstaunlich preisgünstig auf dem Gebrauchtbootsmarkt zu finden, denn die meisten Segler bevorzugen eher leichte, sportlicher orientierte Yachten. Ein älteres, schon beim Bau gut gegen Rost geschütztes Stahlboot kann darum gerade heute ein echtes Schnäppchen sein.

Bei GFK-Rümpfen sollte auf Folgendes geachtet werden: Gibt oder gab es Osmoseschäden? Wurde eine Osmosebehandlung oder Prävention mit Epoxy durchgeführt? Gibt es Spuren von Schäden an der Rumpf-Kiel-Verbindung, möglicherweise hervorgerufen durch eine Grundberührung? Ist die Rumpf-Deck-Verbindung rundum dicht? Hat die Ruderachse Spiel? Gibt es Spuren von Überbelastungen (abgeplatztes Gelcoat) an den Ruderlagern? Vorsicht: Mit Spachtel und Farbe lässt sich viel kaschieren! Sind alle Seeventile leichtgängig und ohne Spuren von Korrosion oder elektrolytischer Zersetzung?

An Deck

Ist die Decksgestaltung um den Steuerstand herum so konzipiert, dass der Rudergänger auch in grober See und bei viel Krängung längere Zeit gut abgestützt das Ruder effizient bedienen kann?
Wie gut ist die Rutschfestigkeit auf den Laufdecks und um den Mast herum? Sind alle Luken und Fenster wirklich seetauglich mit festen Rahmen hergestellt und nicht nur bei Regen dicht? Schwallwassertest im Hafen, evtl. auch mit Hochdruckreiniger durchführen.
Gibt es ausreichend viele und sinnvoll platzierte Handläufe?
Sind Seereling, Bugkorb, Heckkorb, Relingsstützen ausreichend fest verankert und alle Drähte in gutem Zustand?
Sind alle Beschläge (Winschen, Klampen, Stopper) fest und dicht angeschraubt? Sind diese Decksbeschläge wirklich seetauglich platziert? Es gibt tatsächlich Yachten, auf denen sich z. B. bei hochgeklappter Sprayhood einige Winschen nicht mehr 360° bedienen lassen.
Vorsicht beim Teakdeck: Wie stark ist es abgenutzt? Wie oft wurde es bereits geschliffen? Wie viel Restdicke ist vorhanden? (Unter 7 mm beginnen meist Probleme). Platzt Fugenmasse zwischen den Leisten heraus? Sind die Pfropfen noch alle vorhanden und dicht? Sind Spuren vom Einsatz eines Hochdruckreinigers (Riefen im Holz) erkennbar?

Unter Deck

Sind zwei gut voneinander getrennte und auch längere Zeit einigermaßen komfortabel auf See benutzbare, gut belüftete Doppelkabinen vorhanden?
Gibt es genügend Stauraum bezogen auf die Anzahl der tatsächlich genutzten Kojen? Pro Koje sollte mindestens einen Viertel Kubikmeter vorhanden sein. Sind diese Stauräume auch auf See bei größerer Krängung noch brauchbar?
Gibt es nahe der Schiffmitte an Backbord genauso wie an Steuerbord jeweils eine mindestens 2 m lange Liegemöglichkeit, um auf längeren Seepassagen bei schlechtem Wetter einigermaßen ruhig nahe am Drehpunkt des Schiffes (mit Leesegeln) schlafen zu können?
Gibt es einen ausreichend großen und ergonomisch sinnvoll eingebauten Kartentisch? Die Minimalbreite sollte etwa 80 cm betragen.
Sind unter Deck genügend viele, sinnvoll platzierte Handläufe vorhanden, sodass auch bei grober See die Fortbewegung unter Deck nicht wie Bullriding endet?

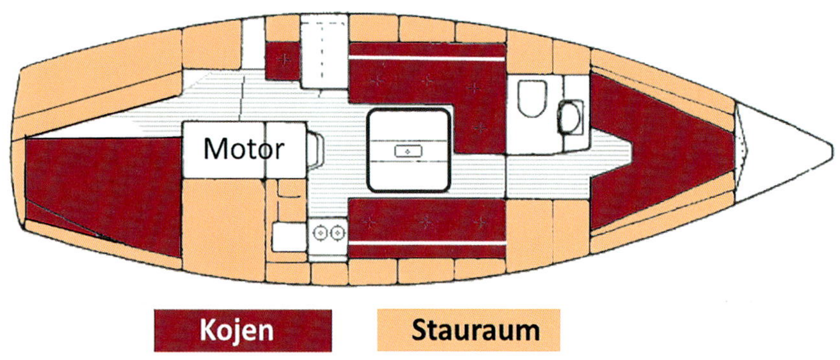

Zweckmäßige, seegerechte Raumaufteilung bzw. Kojenverteilung auf einem 11-12-m-Schiff.

Ist die Pantry seetauglich konzipiert? L-förmig? U-förmig? Gibt es Abstützmöglichkeiten für den Smutje während des Kochens auf See? Genügend Stauraum für Töpfe, Geschirr und alle notwendigen Kochutensilien? Ist belüfteter Stauraum für Obst und Gemüse vorhanden?

Haben alle Kabinen, der Salon und vor allem auch die Pantry ausreichend gute Belüftungsmöglichkeiten, auch bei geschlossenem Niedergang bei schlechtem Wetter?

Ist die elektrische Installation (Navigationsgeräte, Motorbedienpanel, Schaltkasten, Steckdosen etc.), insbesondere auch im Bereich des Kartentisches, ausreichend gegen durch den Niedergang oder durch Fenster bzw. Luken eindringendes Wasser geschützt?

Ist die Toilette so eingebaut, dass sie auch bei bewegter See noch gut zu benutzen ist? Ist sie gut zu belüften?

Rigg

Ist der Mast im Profil auch für Schwerwetter ausreichend dimensioniert?

Ist die Verstagung solide? Bei einem Toprigg oder 9/10-Rigg sind doppelte Unterwanten wünschenswert. Bei einem 7/8-Rigg reicht ein Paar Unterwanten. Allerdings ist auf einem Fahrtenboot ein 9/10-Rigg dem 7/8-Rigg vorzuziehen (Gründe: s. Kap. 3). Falls Kutterrigg, gibt es Backstagen zur besseren Mastsicherung bei Schwerwetter?

Sind alle Salinge zwar abnehmbar, aber dennoch fest mit dem Mast verbunden? Unter den Gesichtspunkten der leichten Bedienbarkeit und der möglichst effizienten Umsetzung der Windenergie in Geschwindigkeit hat sich auf mittelgroßen Yachten mit Recht seit Langem das Slup-Rigg durchgesetzt. Auf Langfahrt ist es bei einer Bootsgröße von mehr als 11 m zudem sinnvoll, das Rigg mit einer zweiten Vorsegel-Rollanlage zwischen Bug und Vordecksluk zu einem »Kutterrigg« zu erweitern, um so bei Schwerwetter statt der großen Genua eine kleine, kräftige,

besser stehende Fock an der inneren Rollanlage nutzen zu können.
Gibt es Wasserspuren an den Püttingen unter Deck oder Undichtigkeiten im Decksdurchbruch? Wie alt sind die Wanten und Stage, und wie viele Seemeilen haben sie auf der Logge? Nach etwa 10–15 Jahren bzw. etwa 50.000 Meilen sollten die Drähte in der Regel erneuert werden. Verlaufen alle Kabel im Mast innerhalb eines separaten Kabelkanals oder wurden Kabel nachgezogen und laufen parallel und eventuell verdrillt mit den Fallen (Scheuerschäden wahrscheinlich)?
Gibt es Anzeichen von elektrolytischer Zersetzung an Mast oder Baum, speziell an angenieteten Beschlägen? Sind die Stahldrähte nahe der Pressungen der Terminals alle einwandfrei (evtl. einzelne gebrochene Drähte)? Ist der Lümmelbeschlag noch fest vernietet und ohne Spuren von Überbelastung? Ist das laufende Gut noch in gutem Zustand? Gibt es Scheuerstellen?

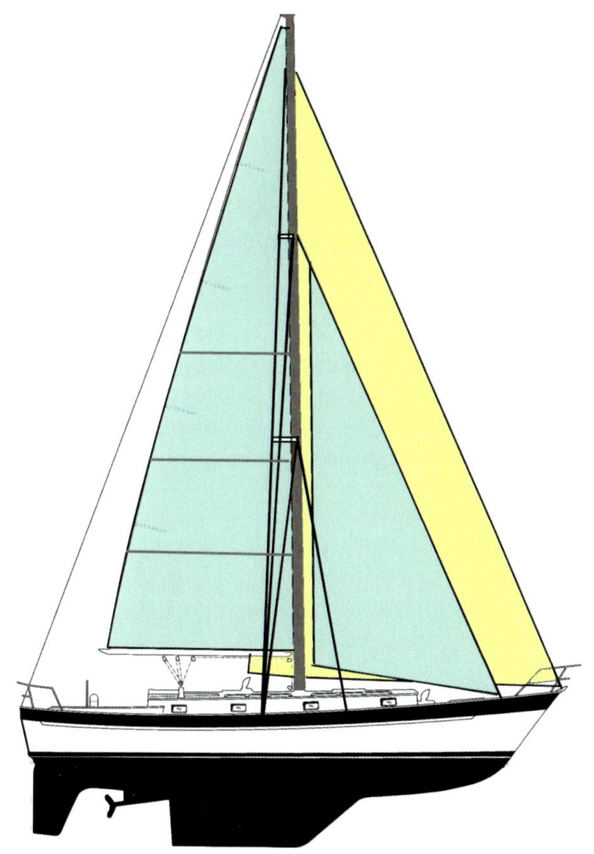

Lateralplan einer stäbigen Fahrtenyacht für das Blauwasser mit zwei Rollanlagen, 9/10-Rigg und leicht gepfeilten Salingen.

Segel

Auf Langfahrt, insbesondere in Revieren mit intensiver Sonneneinstrahlung, haben sich Laminatsegel bisher nicht über Jahre bewährt. Selbst bei gutem UV-Schutz im Hafen und vor Anker ist der Alterungsprozess von modernen Sandwichtüchern auf See gegenüber einem guten Dacrontuch deutlich beschleunigt. Delaminierungen treten in sonnenreichen Segelrevieren wie der Karibik und dem Mittelmeer manchmal schon nach kaum mehr als einem Jahr auf. Die meisten Fahrtenseg-

ler reisen darum verständlicherweise mit bewährt längerlebigen Dacronsegeln. Wer den Preis nicht scheut, wählt mit Dyneemafasern verstärktes Dacrongewebe namens »Hydranet« (nicht zu verwechseln mit Laminattüchern).
Das Großsegel sollte voll durchgelattet (full batten) und mit drei Reffreihen versehen sein. Es ist kein Zufall, dass die meisten Langfahrtsegler keine Rolleinrichtung für das Groß im Mast wollen, sondern das komplikationsarme klassische Bindereff bevorzugen (s. Kap. 3). Bei einem 7/8-Rigg sollte auf jeden Fall neben der größten Fock auch ein Gennaker für Raumschotskurse an Bord sein. Auf einer topgetakelten Yacht reicht raumschots hingegen auch eine große, ausgebaumte, leichter zu handhabende Genua, um beispielsweise im Passat den Wind maximal zu nutzen.
Abnutzungsspuren in den Segeln finden sich meist insbesondere an den Lieken und in den Reffbereichen. Hoch am Wind ist zu prüfen, ob das Profil noch ohne allzu auffällige Falten steht. Wie wurden die Segel gegen UV geschützt? Gibt es Reservesegel? Sind die Mastschlitten und -rutscher alle in gutem Zustand?

Motor

Da Elektromotoren derzeit noch nicht langfahrttauglich sind (s. a. Kap. 3 und 5), muss notgedrungen bei Flaute die »eiserne Genua« angeschlagen werden. Als Richtwert für die benötigte Motorleistung kann man etwa 3–4 kW pro Tonne Verdrängung als sinnvollen Wert ansetzen. Je nach Pflege und Gebrauch sollte der Motor einer gebraucht gekauften Yacht nicht mehr als etwa 5000 Stunden Laufzeit haben. Darüber ist oft eine Generalüberholung notwendig, die selten weniger als 3000 Euro kostet. Andererseits ist aber auch ein Motor suspekt, der zwar erst 1000 Stunden gelaufen hat, aber schon mehr als 20 Jahre alt ist. Denn Motoren können sich auch durch Rostbildung, Korrosion, chemisch aggressive Ablagerungen in den Brennräumen, an den Kolbenringen und den Ventilen »kaputtstehen«. Wer auf geringere Umweltbelastung wert legt, sollte keinen Motor akzeptieren, der älter als etwa 10 Jahre ist.
Wichtige Detailfragen: Gibt es mehrere Dieselfilter, die hintereinander in die Kraftstoffleitung gebaut sind? Gibt es Wartungs- und Reparaturnachweise? Sind Motorblock und Motorbilge sauber oder gibt es Spuren von Lecks? Welche Motor-Ersatzteile sind an Bord? Welchen Eindruck machen die Kabelanschlüsse, Schläuche und Seeventile im Motorraum?

Tanks

Wer auf längere Seereise gehen will, braucht große Tanks für Wasser und Diesel. Auf einer 12-m-Yacht mit 2 bis 4 Personen in der Crew sind je nach Törndauer mindestens 300, besser 400 Liter Wasser und ebenso viel Diesel wünschenswert. Und zwar möglichst jeweils auf zwei getrennte und separat absperrbare Tanks verteilt. Für das Toilettenabwasser sollte ein Fäkalientank vorhanden sein, der auch von Deck aus abgepumpt werden kann. Über Watermaker wurde schon in Kap. 3 nachgedacht. Bei mehr als 5000 Euro Anschaffungspreis und mehr als 10 A benötigtem Strom darf aber auch zweimal über die Anschaffung nachgedacht werden ...

Navigationsausrüstung

Sollte beim Gebrauchtbootskauf die Navigationsausrüstung veraltet oder unvollständig sein, ist das eher von Vorteil, denn der Käufer hat damit nicht nur ein weiteres Verhandlungsargument, sondern gleichzeitig die Möglichkeit, sich mit dem gesparten Geld eine neue Ausrüstung nach eigenen Prioritäten anzuschaffen.
Ein GPS ist selbstverständlich, aber es muss keineswegs unbedingt ein Plotter an Bord sein, schon gar nicht am Steuerstand (vgl. Kap. 3). Wer elektronische Navigation für unentbehrlich hält, dem wird ein mobiler, wasserdicht verpackter Tablet-Computer in den wenigen Situationen, in denen er eine sinnvolle Hilfe darstellt, gute Dienste leisten. Einem hochwertigen Magnet-Steuerkompass (groß und mit guter Dämpfung) sollte besonderes Augenmerk zukommen (zu Papierseekarten und Handbüchern s. Kap. 3.8).
Ob ein Radar an Bord sein sollte, muss vom Fahrtgebiet abhängig gemacht werden. In Nordsee, Ärmelkanal und Nordatlantik ist es wünschenswert, in subtropischen und tropischen Revieren eher überflüssig. Ein AIS-Transponder ersetzt zwar nicht das Radar, bringt aber dennoch in fast jedem Segelrevier kostengünstig einen Sicherheitsgewinn (vgl. Kap. 3).

Decksausrüstung

Hier gilt das Gleiche wie für die Navigationsausrüstung. Ankergeschirr, Tauwerk, Fender, MOB-Ausrüstung, Rettungsinsel, Badeleiter, Dinghy, Außenborder sind allesamt mehr oder weniger schnell alternde Gebrauchsgegenstände, deren Nicht-Vorhandensein oder Zustand in den Kaufverhandlungen in der Regel zum Vorteil des Käufers berücksichtigt werden kann.

Pantry

Neben allgemeiner Seetauglichkeit (Kochen bei bewegter See) sollte insbesondere die Gasanlage genauer geprüft werden: Entspricht sie den im Land der Bootszulassung geltenden Bestimmungen? Sind alle Schläuche und Leitungen in gutem Zustand? Gibt es Scheuerspuren? Oxydation? Welche Gasflaschen werden benutzt? Die blauen Campinggaz-Flaschen sind zwar weit verbreitet, aber dennoch die schlechteste Lösung: zu geringes Volumen, schnell korrodierende Druckminderer und relativ zum Volumen viel zu teuer.

Elektrische Ausrüstung

Aufschlussreich für den Allgemeinzustand der Elektrik ist meist ein Blick hinter den geöffneten Schaltkasten. Die Kabel sollten alle in ihrem Verlauf nachvollziehbar gekennzeichnet sein, und es sollten keine Spuren von amateurhafter Bastelei oder feuchtigkeitsbedingter Korrosion zu sehen sein.

Wichtige Fragen: Wie viel Batteriekapazität ist vorhanden? Minimal 300 Ah, besser 400 Ah und mehr für den Service-Bereich, neben der davon getrennten Startbatterie für den Motor, sind wünschenswert.
Gibt es einen Batteriemonitor, über den die Spannung sowie das Laden und Entladen kontrolliert werden kann?
Welche Batterie-Ladetechnik ist vorhanden? Solarpanels der neuesten Generation haben einen erheblich besseren Wirkungsgrad als ältere. Gleiches gilt für Windgeneratoren. Gibt es mehrere Lichtmaschinen am Motor? Eine montierte reicht, aber die zweite – nicht montiert als Ersatzteil in Reserve – kann auf Langfahrt Gold wert sein.
Ist der Kühlschrank gut genug isoliert, um den Stromverbrauch gering zu halten? In warmen Gewässern sollte er von Luftkühlung auf Wasserkühlung umgebaut werden, was den Stromverbrauch drastisch reduziert. Ferner: Gibt es eine Reservepumpe für das Druckwassersystem? Ist die Beleuchtungstechnik an Deck und unter Deck auf LED umgerüstet?

Selbststeuerung

Ein Autopilot ist bei kleiner Crew mehr als wünschenswert. Aber: Wie alt ist das eingebaute Gerät? Das Getriebe am Antriebsmotor unterliegt auf Langfahrt erheblichem Verschleiß, oft gibt es deshalb Totalausfälle. Sind die wichtigsten Ersatzteile (Reserve-Antriebsmotor, Keilriemen, Sicherungen etc.) an Bord? Elektrische Autopiloten kommen bei schlechtem Wetter mit viel Wind und grober See an ihre Leistungsgrenzen. Ganz abgesehen von ihrem dann exzessiven Stromverbrauch und Verschleiß. Darum ist der zusätzliche Anbau einer Wind-Selbststeue-

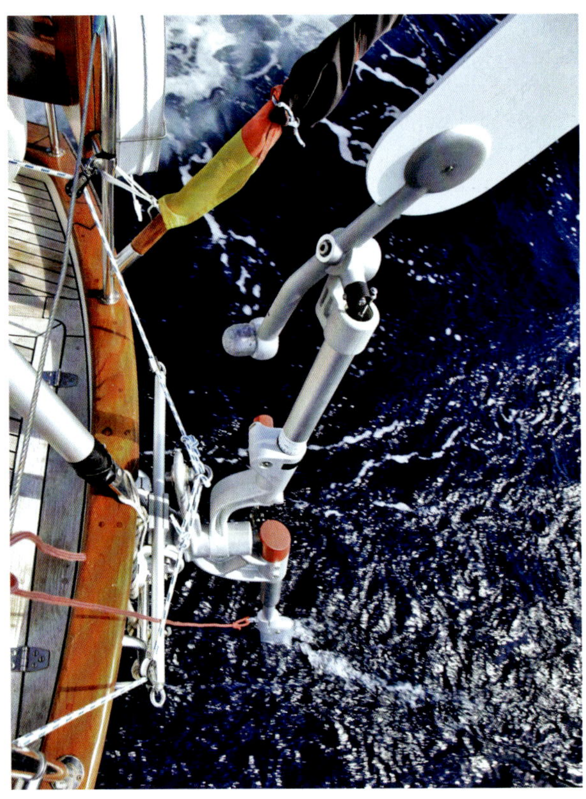

Wind-Selbststeuerungsanlage mit Servoruder und Windfahne.

rung auf Langfahrt unbedingt empfehlenswert. Drei Typen haben sich im Laufe der Jahre unter Fahrtenseglern dank ihrer Zuverlässigkeit durchgesetzt: Monitor (ex Aries), Hydrovane und Windpilot. Im Gegensatz zu elektrischen Piloten gilt bei Windsteuerungen: Je stärker der Wind weht, umso kräftiger arbeiten sie, denn sie holen sich die benötigte Energie aus dem Wind und aus der Fahrt durchs Wasser. Der Verschleiß ist – entsprechende Pflege vorausgesetzt – praktisch vernachlässigbar.

Kommunikation

Grundsätzlich darf durchaus die Frage gestellt werden, ob der Fahrtensegler wirklich immer und überall an jedem Ort der Welt überhaupt erreichbar sein muss oder will. Manch einer bejaht diese Frage mit Blick auf die Sicherheit. Während einer einjährigen Reise um den Nordatlantik zwischen Westeuropa, Kuba, den Bahamas, Bermuda, den Azoren und zurück gibt es während der Ozeanüberquerung summiert allerdings nur etwa 15 bis 20 Tage ohne Verbindung zum landgestützten Telefonnetz per normalem Mobiltelefon. Wer Sorge hat, eventuell einen Notruf absetzen zu müssen, dem sei versichert, dass es heutzutage selbst mitten auf dem Atlantik auf den üblichen Segelrouten praktisch keinen einzigen Tag gibt, an dem nicht mindestens ein anderes Fahrzeug, meist ein Tanker oder Frachter, auf dem AIS-Bildschirm auftaucht (s. Screenshot). Im Übrigen ist ja ohnehin die EPIRB-Rettungsboje an Bord.

Wer dennoch auf die allgegenwärtig mögliche Kontaktaufnahme mit dem Rest der Welt nicht verzichten will, der benutzte in der Vergangenheit (manche Segler noch heute) eine teure und nicht ganz einfach zu bedienende und einzubauende

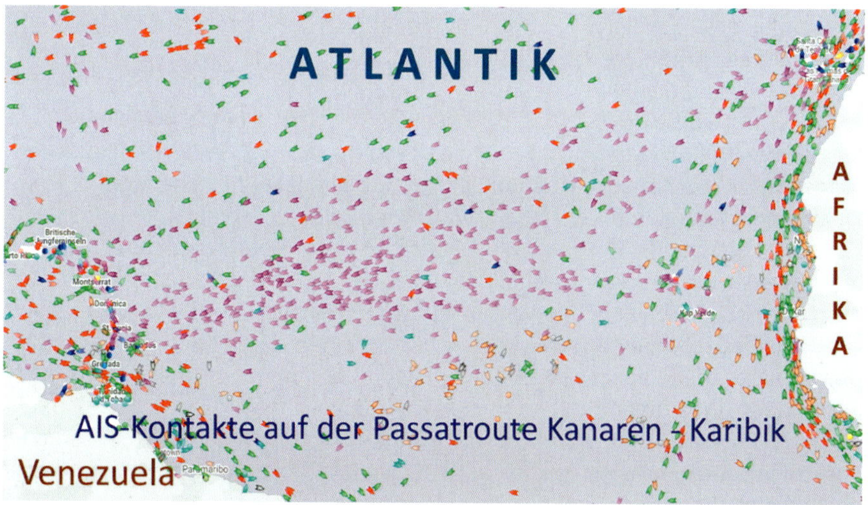

AIS-Screenshot: Yachten in der Passatzone auf dem Atlantik mit AIS-Transponder.

Kurzwellenanlage. Für die Sprach-Kommunikation mag dies zweckmäßig sein, für einen Internetzugang ist es nach wie vor unzureichend. Leider ist auch die technisch einfachere Alternative des Internetzugangs per Satellitentelefon in der für den Normalsegler bezahlbaren Variante genauso wenig geeignet, eine Website in akzeptabler Zeit herunterzuladen. Hingegen ist diese Technik gut geeignet für das Herunterladen von Grib Files für den Wetterbericht (geringe Datenmenge). Auch das Verschicken von Kurzmitteilungen (SMS) funktioniert schnell und ist bezahlbar.
Die Möglichkeiten, in Landnähe per WLAN ins Internet zu kommen, sind hinlänglich bekannt. Weniger bekannt sind die zwar in Europa nicht zugelassenen, aber im Rest der Welt auf Segelyachten sehr verbreiteten WIFI-Verstärkerantennen (in der Karibik als »Bad Boy« bekannt), mit deren Hilfe auch vom Ankerplatz aus problemlos selbst über 1–2 Seemeilen hinweg eine Verbindung zu einem offenen WLAN-Netz hergestellt werden kann.

In der Schwemme heutiger Kommunikationstechnik bleibt aber ohne Frage das gute, alte UKW-Seefunkgerät (VHF) das wichtigste Kommunikationsgerät an Bord, denn mit seiner Hilfe kann über mindestens 20 Seemeilen (auf offener See oft deutlich mehr) ein Gesprächskontakt hergestellt werden. Bei der heutzutage extremen Fahrzeugdichte auf den Ozeanen vergeht auf Langfahrt im Atlantik kaum ein Tag ohne die Möglichkeit, mit einem anderen Fahrzeug Kontakt aufzunehmen. Wer aber zur Beruhigung der an Land gebliebenen Familienmitglieder ständig die Möglichkeit haben will, eine SMS an eine frei zu wählende Rufnummer abzusetzen, aber ein teures Satellitentelefon nicht kaufen möchte, dem sei ein sehr preiswertes Gerät mit dem Namen SPOT empfohlen, gestützt auf das Satellitennetz Globalstar, das u. a. ganz Europa und den gesamten Atlantik abdeckt. Es wäre allerdings unseriös, dieses Gerät als Ersatz für die auf Langfahrt unabdingliche EPIRB-Seenotrettungsboje zu wählen.

Konkrete Beispiele empfehlenswerter älterer Fahrtenyachten

Elga und Ernst-Jürgen Koch segelten von 1964 bis 1967 mit ihrer nur 9,60 m langen KAIROS als durchaus sicherheitsbewusste Fahrtensegler ohne größere Probleme um die Welt (s. Literaturtipps). Andere wie Wilfried Erdmann, Bobby Schenk oder Rollo Gebhard haben ebenfalls schon vor einem halben Jahrhundert gezeigt, wie man auch mit kleineren Booten und schmalem Budget große Seereisen um den Globus erfolgreich segeln kann. Wenn es damals möglich war, die Welt auf einem knapp 10 Meter kleinen Boot verantwortungsbewusst zu zweit in Unabhängigkeit und mit viel Freude zu umrunden, warum sollte dies dann nicht auch heute möglich sein?

Natürlich sind unsere Komfortansprüche inzwischen erheblich gestiegen, aber es darf die Frage gestellt werden, ob das Fahrtensegeln auf einem komfortableren, hochtechnisierten 14-m-Schiff tatsächlich langfristig mehr Freude bringt als auf einem kleineren, einfacheren, weniger komplex technisierten Boot?

Unter dem Gesichtspunkt des nachhaltigen Umgangs mit Rohstoffen und Energie ist es ohnehin sinnvoll, ein in die Jahre gekommenes Boot zu pflegen, eventuell zu restaurieren und mit ihm noch viele weitere Jahre mit Freude zu segeln. Eine Yacht ist eben kein Wegwerfartikel ... Die Verdopplung der Lebens- und Nutzungsdauer einer Segelyacht entspricht praktisch einer Halbierung der Umweltbelastung in der Herstellung!
Im Folgenden sollen dem Leser beispielhaft einige ältere, bewährte Fahrtenyachten in vier Größenklassen vorgestellt werden, die solide und wertbeständig gebaut wurden und für den Reise-orientierten Segler mit schmalerem Budget auf dem Gebrauchtbootsmarkt von besonderem Interesse sind. Die dabei genannten Preise variieren je nach Zustand des Schiffes extrem stark.

Rumpflänge 9–10 m	
Nicholson 31 gemäßigter Langkieler mit klarem Blauwasserprofil trotz geringer Länge 9,30 m x 3,10 m x 1,5 m; Verdrängung 6,7 t Werft: Camper & Nicholsons (GB); Bauzeit: 1978-1982 Preis: 25.000 bis 35.000 Euro	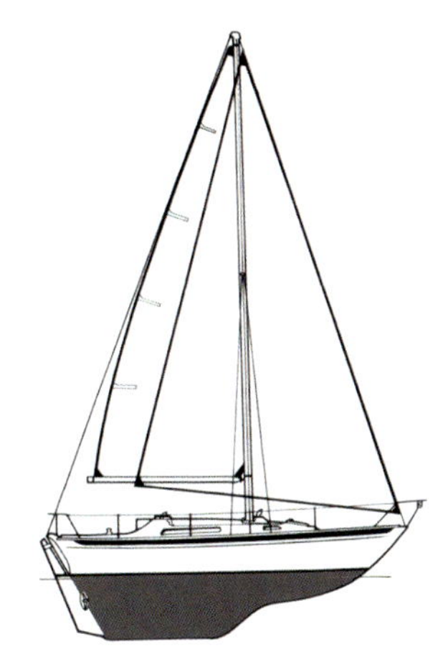
Gladiateur gemäßigter Kurzkieler mit anerkannt herausragenden Segeleigenschaften 10,00 m x 3,40 m x 1,95 m; Verdrängung 6,1 t Werft: Wauquiez (F); Bauzeit: 1977-1983 Preis: 25.000 bis 45.000 Euro	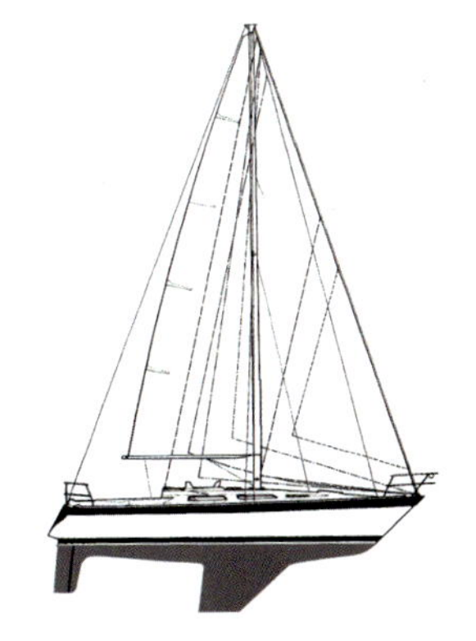

Vancouver 32 (später verlängert auf 34 Fuß) gemäßigter Langkieler mit hervorragenden Blauwasserqualitäten 9,80 m x 3,20 m x 1,4 m; Verdränung 6,6 t Werft: Northshore Yachts (GB); Bauzeit: 1986-1991 Preis: 35.000 bis 50.000 Euro	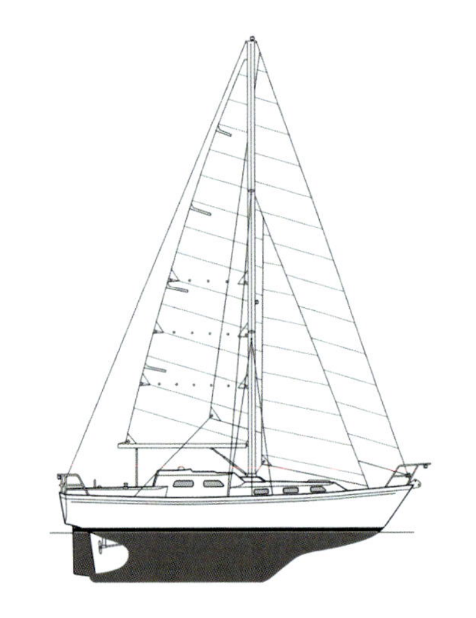
Contessa 32 gemäßigter Kurzkieler; eine der beliebtesten Hochseeyachten in GB in den 80er-Jahren; auf zahlreichen Ozeanüberquerungen bewährt 9,75 m x 2,90 m x 1,70 m; Verdrängung 5,1 t Werft: Contessa Yacht, Jeremy Rogers (GB); Bauzeit: 1976-1985 Preis: 20.000 bis 35.000 Euro Es gibt eine Vielzahl weiterer älterer Yachten, die es verdienen, hier in dieser Kategorie genannt zu werden, z. B.: ▸ Monsun 31 ▸ Jeanneau Mélody ▸ Barbican 30 ▸ Rustler 31 ▸ Hallberg-Rassy 312	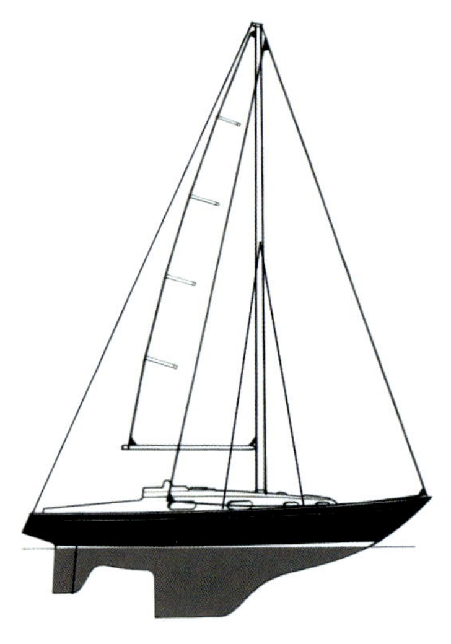

Rumpflänge 10–11 m	
Hallberg-Rassy 352 gelungener Kompromiss zwischen Kurz- und Langkiel; Mittelcockpit; stäbig; sehr gute Schwerwettereigenschaften 10,50 m x 3,40 m x 1,6m; Verdrängung 6,7 t Werft: Hallberg-Rassy (Schweden); Bauzeit: 1983–1991 Preis: 40.000 bis 75.000 Euro	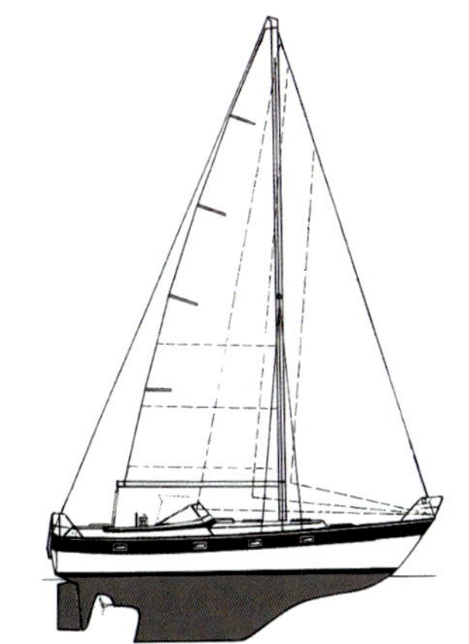
Breehorn 37 gemäßigter Kurzkieler in sehr solider Bauweise; hervorragende Segeleigenschaften bei wenig Wind genauso wie bei Starkwind 11,20 m x 3,50 m x 1,90 m; Verdrängung 7,8 t Werft: Breehorn (Niederlande); Bauzeit: 1980 bis heute Preis: 60.000 bis 180.000 Euro (neu)	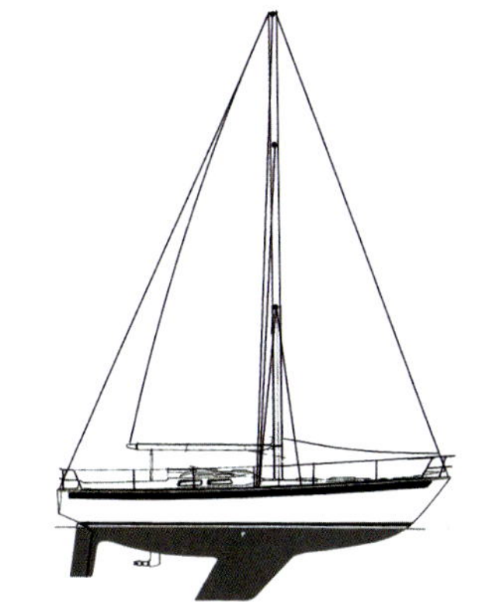
Rustler 36 gemäßigter Langkieler; bewährte Blauwasseryacht; Erfolgsyacht des Golden Globe Race 2018; extrem wertstabil, Wertsteigerung möglich 10,80 m x 3,40 m x 1,80 m; Verdrängung 7,7 t Werft: Rustler Yachts (GB); Bauzeit: 1980 bis heute Preis: 55.000 bis 180.000 Euro (neu)	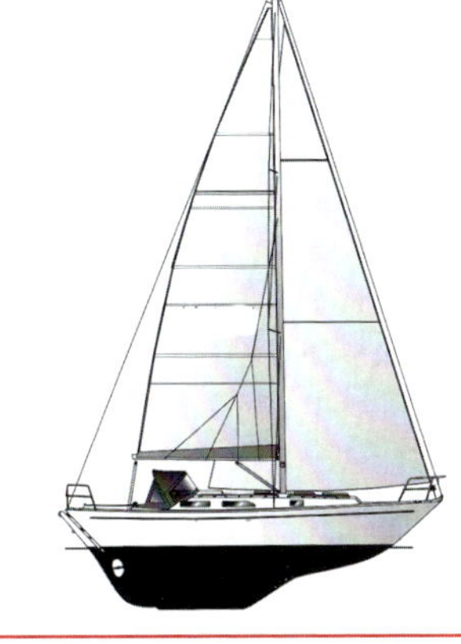

Moody 376
gelungener Kompromiss zwischen Kurz- und Langkiel; Mittelcockpit; guter Allrounder; ähnlich HR 352
11,00 m x 3,80 m x 1,70 m;
Verdrängung 7,3 t
Werft: Moody Yachts (GB);
Bauzeit: 1985-1991
Preis: 45.000 bis 65.000 Euro

Ebenso empfehlenswert sind in dieser Größenklasse beispielsweise auch folgende ältere Yachten:

- Hanseat 35
- Victoria 34
- Nicholson 35
- Contessa 35
- Rival 36
- Najad 360

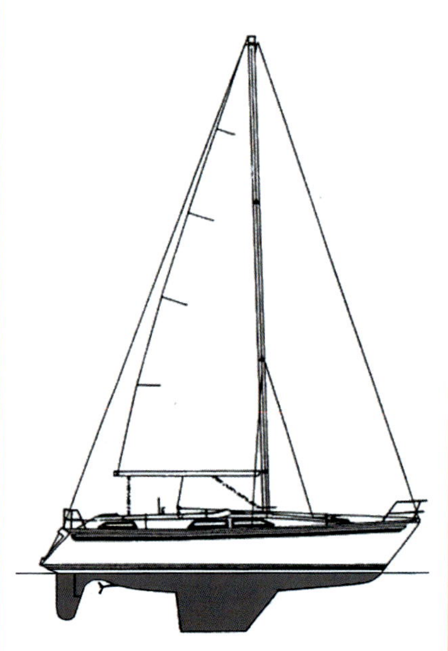

Rumpflänge 11-12 m

Tayana 37
gemäßigter Langkieler; klassische Blauwasseryacht; Spitzgatter; Kutterrigg
11,60 m x 3,50 m x 1,70 m;
Verdrängung 10,5 t
Werft: Ta Yang (Taiwan / USA);
Bauzeit: 1976-1986
Preis: 35.000 bis 60.000 Euro

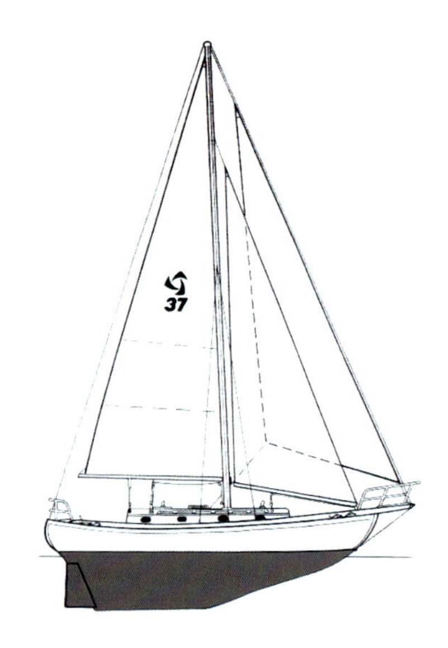

Hallberg-Rassy 382
gelungener Kompromiss zwischen Kurz- und Langkiel; Mittelcockpit; größere Schwester der HR 352; sehr gute Schwerwettereigenschaften
11,60 m x 3,60 m x 1,8 m;
Verdrängung 9,0 t
Werft: Hallberg-Rassy (Schweden);
Bauzeit: 1984–1992
Preis: 65.000 bis 95.000 Euro

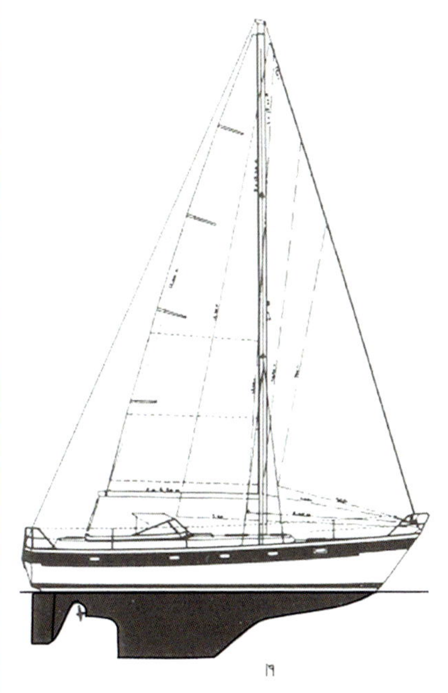

Contessa 38
gemäßigter Kurzkieler mit Skeg-geschütztem Ruder; große Schwester der Contessa 32 mit deutlich mehr Komfort; hervorragende Segeleigenschaften bei wenig Wind genauso wie bei Starkwind
11,70 m x 3,50 m x 2,0 m;
Verdrängung 7,8 t
Werft: Contessa Yachts, Jeremy Rogers (GB);
Bauzeit: 1981–1990
Preis: 45.000 bis 75.000 Euro

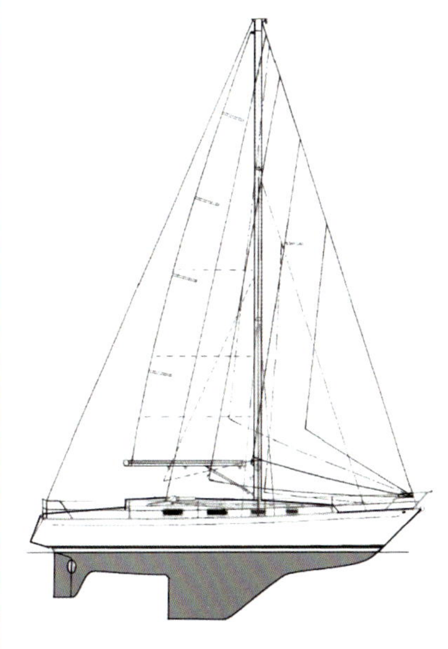

Contest 38 S
gemäßigter Kurzkieler mit Skeggeschütztem Ruder; stäbige, sehr solide gebaute Blauwasseryacht
11,40 m x 3,70 m x 2,0 m;
Verdrängung 8,5 t
Werft: Conyplex (NL);
Bauzeit: 1980-1992
Preis: 55.000 bis 70.000 Euro

In dieser sehr beliebten Größenklasse gibt es eine besonders große Anzahl von empfehlenswerten älteren Yachten, die auch für eine große Seereise gut geeignet sind:

- Rival 38
- Malö 38
- Najad 390
- Sweden Yachts 38
- Island Packet 38
- Morgan 384

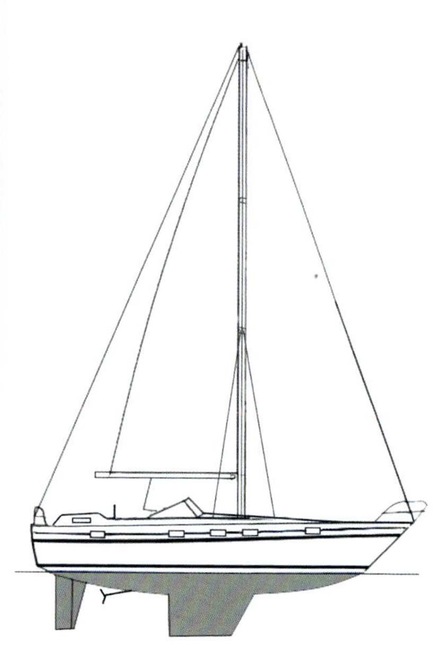

Rumpflänge 12–13 m

Bowman 40
gelungener Kompromiss zwischen Kurz- und Langkiel; Achtercockpit
12,40 m x 3,80 m x 1,6 m;
Verdrängung 9,1 t
Werft: Bowman Yachts (GB);
Bauzeit: 1987-1992
Preis: 60.000 bis 100.000 Euro

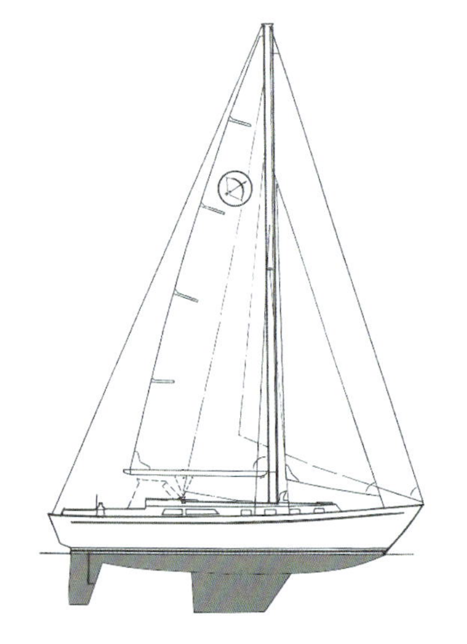

Amel Sharki gelungener Kompromiss zwischen Kurz- und Langkiel; Ketchrigg; Mittelcockpit 11,70 m x 3,65 m x 1,85 m; Verdrängung 9,7 t Werft: Amel (F); Bauzeit: 1980–1987 Preis: 55.000 bis 90.000 Euro	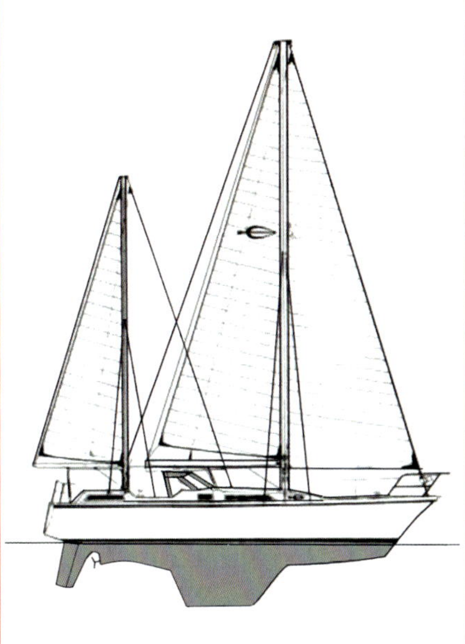
Westerly Oceanlord 41 gelungener Kompromiss zwischen Kurz- und Langkiel; Mittelcockpit 12,30 m x 4,10 m x 1,7 m; Verdrängung 9,5 t Werft: Westerly Yachts (GB); Bauzeit: 1990–1995 Preis: 55.000 bis 95.000 Euro	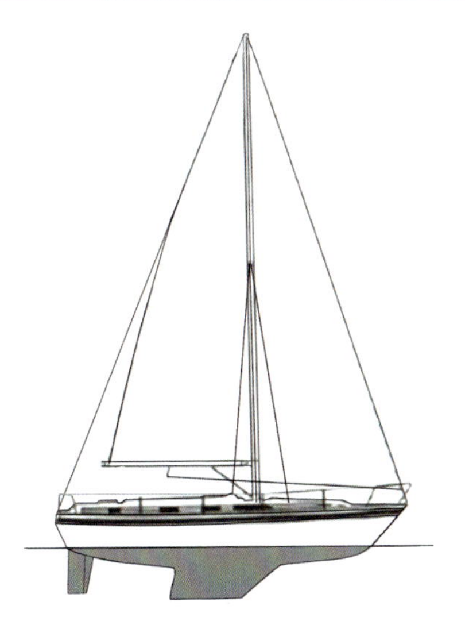

Hallberg-Rassy 42 E
gelungener Kompromiss zwischen Kurz- und Langkiel; Mittelcockpit; komfortable, sichere Langfahrtyacht; Rigg wahlweise als Ketch oder Slup
12,90 m x 3,80 m x 2,10 m;
Verdrängung 11,5 t
Werft: Hallberg-Rassy (Schweden);
Bauzeit: 1981-1992
Preis: 75.000 bis 110.000 Euro

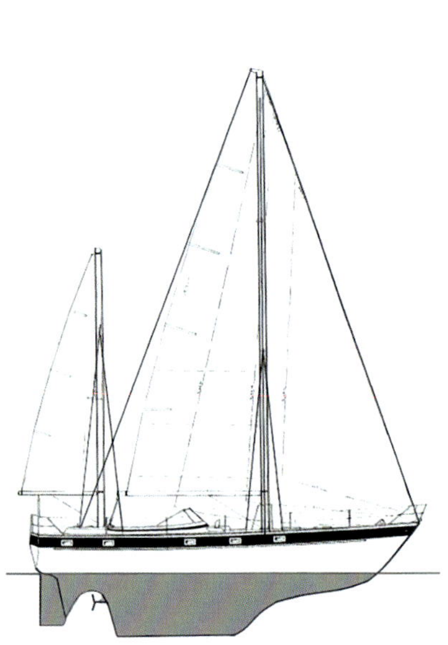

Auch in dieser Größenklasse verdienen es einige weitere Yachten, besonders herausgehoben zu werden:

- Feltz Skorpion II
- Contest 42
- Hanseat 40 / 42
- Centurion 42
- Cheoy Lee 41
- Sun Legend 41
- Hanseat 40
- Nicholson 40
- Contest 43
- Moody 42
- Trintella 42
- Tayana-Vancouver 42

Um detailliertere technische Daten, Fotos und Zeichnungen über die o. g. Yachten zu finden, ist beispielsweise die Website www.sailboatdata.com sehr hilfreich.

Aspekte der Reisevorbereitung

Eine längere Ozeanreise erfordert eine lange, oft vieljährige Vorbereitung, sowohl im Hinblick auf die eigenen Fähigkeiten als auch im Hinblick auf das geeignete Schiff. Um diese Vorbereitungszeit zu verkürzen, entscheiden sich einige Segler mit Transatlantikplänen für die Teilnahme an der recht bekannten ARC (Atlantic Rally for Cruisers), bei der durch komprimierte Vorbereitungsseminare und professionelle Sicherheitschecks auch dem weniger erfahrenen Skipper ein Gefühl von »behütet sein« vermittelt wird - was aber auch kostenintensiv ist. So manch ein gutbetuchter Yachteigner engagiert für die Ozeanüberquerung dazu noch einen Profiskipper, der die perfekt ausgerüstete, oft neuwertige und meist auch recht große Yacht möglichst schnell über den Atlantik bringt. Heutzutage wird dabei auch auf Fahrtenyachten immer häufiger zusätzlich ein Profimeteorologe engagiert, der über Satellitentelefon täglich den zu segelnden Kurs an Bord schickt. Ob diese Tendenz zu immer mehr Abhängigkeit von professionellen Fremddienstleistern allerdings den Segelgenuss vergrößert oder eher verringert, sei dahingestellt ...

Skipperkompetenzen

Auch wenn es in unserer schnelllebigen Welt nicht gern gehört wird: Eine längere Seereise auf eigenem Kiel in weitgehender Unabhängigkeit erfordert sehr viel Vorbereitungszeit, nicht selten mehrere Jahre.

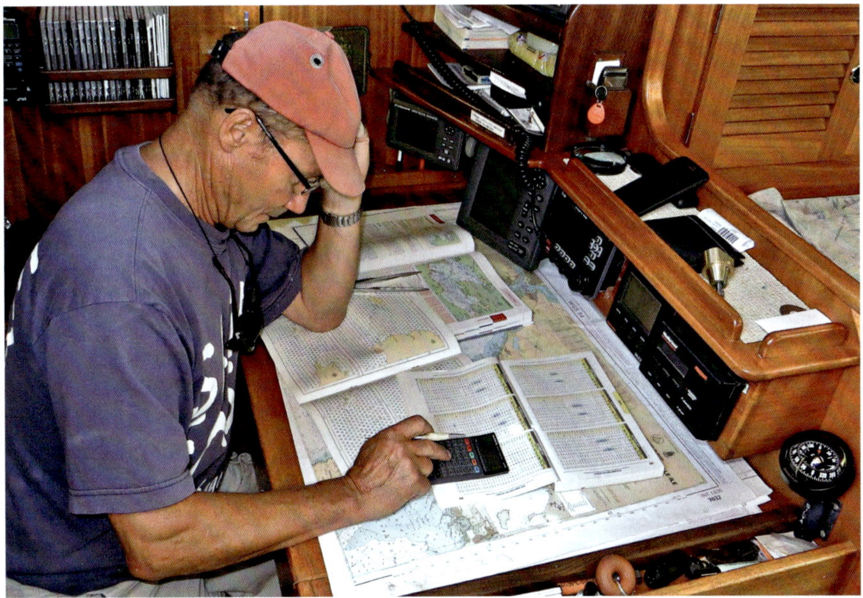

Skipper am Kartentisch.

Es muss viel gelesen, in Häfen und in Bootsläden herumgestöbert und schließlich an Bord viel handwerkliche und seemannschaftliche Arbeit erledigt (und ggf. auch erlernt) werden. Sinnvoll ist es, parallel zur Lektüre von Fachliteratur über Bootsbau und -reparatur, Segel- und Motorentechnik, Meteorologie und Ozeanografie (s. Literaturanhang), einige Küstentörns mit erfahreneren Segelfreunden auf einem langfahrterprobten Schiff zu machen. Während dieser Törns kann der informationshungrige Segler in Ruhe den erfahreneren Skipper mit Fragen löchern, um sich dessen Erfahrungsschatz nutzbar zu machen.

Um später auf der eigenen Reise möglichst unabhängig von Fremdhilfe zu sein, die vielerorts ohnehin nur schwer zu finden ist, sollte sich der vorausschauende Skipper früh genug auf die handwerklichen Herausforderungen einstellen:

Grundkenntnisse in Elektrik sind mit Sicherheit von großem Nutzen. Die Einarbeitung in dieses ungeliebte Thema ist lange nicht so schwierig, wie viele es befürchten. Wer die Begriffe Spannung (Volt), Stromstärke (Ampere) und Widerstand (Ohm) verstanden hat und diese auch messtechnisch mit einem sogenannten Multimeter im Griff hat, wird in der Lage sein, mehr als die Hälfte aller elektrischen Probleme an Bord ohne Fremdhilfe selbst zu lösen. Zur Einarbeitung gibt es speziell für Segler geschriebene, gut verständliche Fachbücher (s. Literaturliste). Auf einem GFK-Boot sollte man sich ferner mit der Verarbeitung von Polyester und Epoxy vertraut machen, während auf einem Stahlschiff Schweißkenntnisse sicherlich von Vorteil sind. In jedem Fall sollte der Skipper zumindest Grundfertigkeiten in der Bearbeitung von Metall, Kunststoff und Holz besitzen bzw. erwerben, denn es wird sicherlich während einer längeren Reise Einiges zu verbessern oder zu reparieren geben.

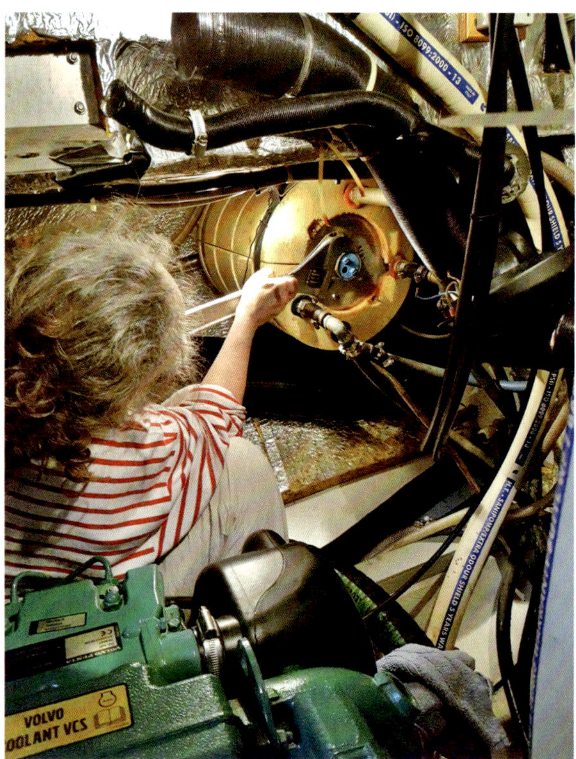

Reparatur am Warmwasserboiler im Motorraum.

Bleibt noch das von vielen ungeliebte Thema Motorenkunde: Grundlegende Arbeiten wie Wechsel des Motoröls, der Diesel- und Wasserfilter, des Keilriemens und des Kühlwasserimpellers sollte der Skipper möglichst auch ohne Fremdhilfe selbst durchführen können. Um sich damit vertraut zu machen, sind im Literaturanhang leicht verständlich geschriebene Fachbücher genannt.
Manch eine länger angesetzte Seereise scheitert allerdings nicht an technischen oder reiseorganisatorischen Problemen, sondern an menschlichen Zerwürfnissen innerhalb der Crew. Die Tatsache, dass man während einer Ozeanüberquerung mehrere Wochen lang auf vielleicht nur 12 m Bootslänge miteinander ausharren muss, dabei manchmal auch schlechtes Wetter, anstrengende Bootsbewegungen, Schlafmangel und unregelmäßige Ernährung ertragen muss, führt so manch eine Crew an die nervliche Belastungsgrenze – und manchmal auch darüber hinaus. Dem Skipper muss genauso wie der Mannschaft klar sein, dass die Reise nur gelingen kann, wenn bereits in den Monaten vor dem Start eine offene und umfassende Aussprache über alle Risikofaktoren stattfindet. Manch ein Skipper beginnt die Reise zwar mit einem topfitten Boot, doch die menschlichen Aspekte werden bisweilen ausgeblendet.

Reiserouten

Wohin soll die Reise gehen? Die »Freiheit des Seglers« ist auf den ausgetretenen Pfaden inzwischen doch recht stark eingeschränkt: Ankerverbote, kostenpflichtige Befahrenslizenzen sowie überzogene Einreise- und Aufenthaltssteuern. In manch einer Bananenrepublik gibt es zudem Willkür und Korruption beim Ein- oder Ausklarieren. Es ist eine Konsequenz aus der insbesondere im letzten Jahrzehnt enorm zugenommenen Zahl an Yachten auf Langfahrt.
Aber muss es denn unbedingt die Karibik sein? Oft lohnt es sich, einfach antizyklisch zu planen und zu handeln, um den Massen zu entgehen. Wer zu Weihnachten in den Grenadinen segelt, im Frühjahr nach Madeira geht oder im Hochsommer an die Côte d'Azur, darf sich nicht wundern, wenn Häfen und Ankerbuchten teuer und überfüllt sind. Warum nicht mal im Sommer in den Bottnischen Meerbusen oder im Winter nach Süditalien oder Kreta oder auf Langfahrt in den Pazifik via Magellanstrasse statt durch den Panama-Kanal? Manchmal braucht man dann vielleicht eine Heizung an Bord. Aber die Belohnung ist dafür umso großartiger.

Versicherungen

Zwar wird in vielen Ländern und fast allen Häfen der Nachweis einer Haftpflichtversicherung für die Yacht und den Skipper verlangt, doch die oft recht teure Kaskoversicherung bleibt freiwillig. Je nach befahrenem Seegebiet und angelaufenen Buchten und Häfen kann das Diebstahlrisiko deutlich höher sein als in Europa, sodass eine solche Versicherung durchaus sinnvoll sein kann. Meist wird der Totalverlust – hervorgerufen zum Beispiel durch Strandung oder Hurrikans – gleich mitversichert, doch darf dem kostenbewussten Skipper beruhigend gesagt

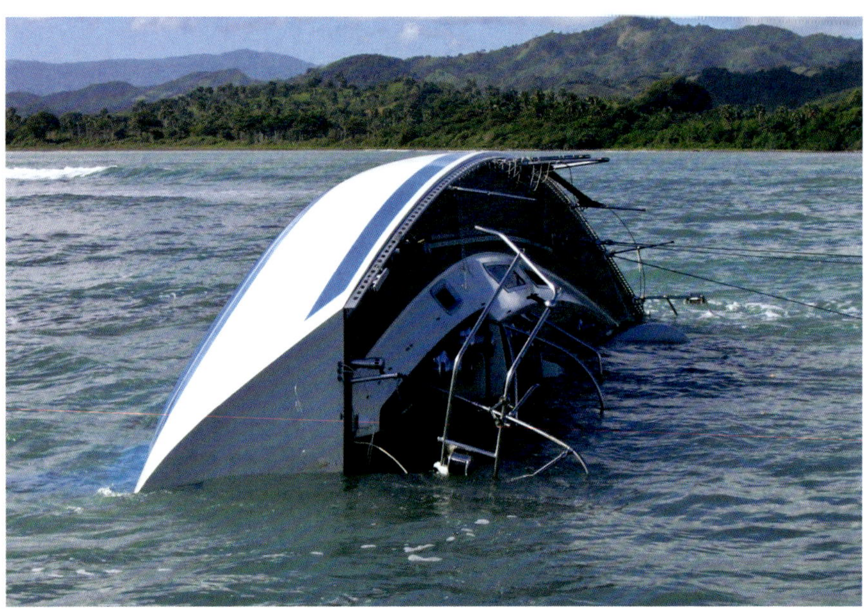

Versicherungsschaden mit Totalverlust (Foto mit Genehmigung der Firma Pantaenius).

werden, dass der Anteil an Totalverlusten hochgerechnet auf die Zahl der aktiven Langfahrtsegler vernachlässigbar klein ist. Bei sorgfältiger Navigation, guter Seemannschaft und Vermeidung des Segelns zur falschen Jahreszeit in Hurrikangefährdeten Seegebieten, ist die Kosten-Nutzen-Rechnung für eine solche Versicherung gegen Totalverlust in der Regel sehr ungünstig. Einbruch ist hingegen leider wahrscheinlicher.

Im Hinblick auf eine Krankenversicherung ist es erfreulich, dass Auslands-Krankenversicherungen für Langfahrtsegler ausgesprochen preiswert sind. Was leicht verständlich ist, denn erstens erkranken Langfahrtsegler seltener als gleich alte »Landratten«, und zweitens ist das Preisniveau für Arztbehandlung und Krankenhaus in vielen Ländern, die für Segler interessant sind, deutlich niedriger als in Mitteleuropa. In der Regel sind bei diesen Versicherungen sogar einige Wochen »Heimaturlaub« pauschal über die reguläre Prämie mitversichert.

Ernährung

Vor einigen Jahren konnte ich auf Belle-Ile in der Bretagne die Bekanntschaft eines jungen Mannes machen, der gerade dabei war, seine schon etwas in die Jahre gekommene 11-m-Stahlyacht zum Ablegen für die große Reise auszurüsten. Im Hinblick auf die Lebensmittel machte er mich voller Stolz auf einige große Säcke unter Deck aufmerksam: »Alles voll mit Reis, Zucker und Mehl. Damit kann ich monatelang überleben.«

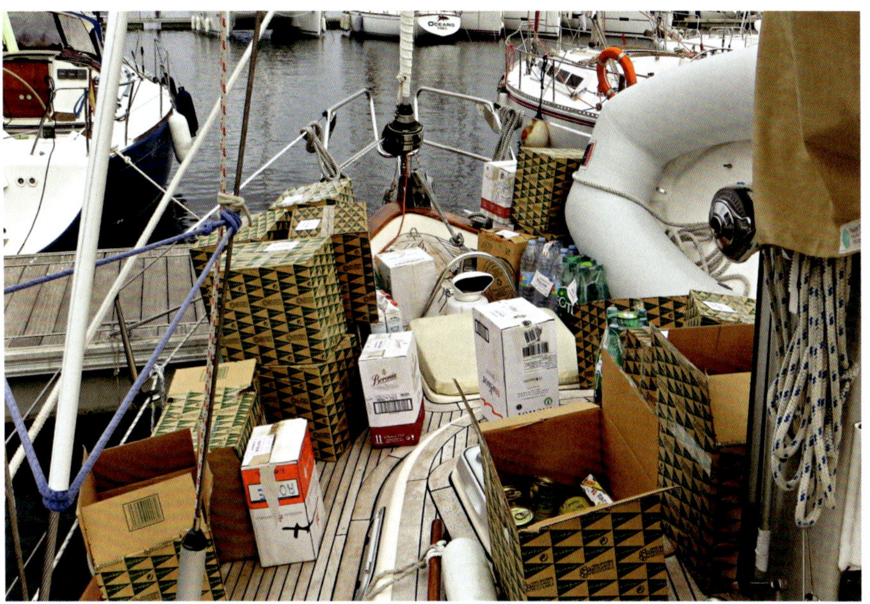

Großeinkauf vor der Transatlantikfahrt, zwischengelagert an Deck.

Nun, auch bei betont kostengünstiger Ernährung wird sich wohl kaum jemand heutzutage wie die Besatzungen von Columbus oder Magellan verpflegen wollen. Bei geschicktem Einkauf vor einem langen Schlag über See kann man auf vielen einheimischen Märkten rund um die Welt preiswert frisches Obst und Gemüse einkaufen, das die Vitaminversorgung für mindestens 1–2 Wochen sichert. Manch ein Weltumsegler hat seine Vitaminversorgung monatelang mit Zwiebeln gesichert. Wichtig ist eine geschickte Lagerung, aber die braucht Platz. Womit wir wieder bei der Bootsgröße sind. Um mehrere Wochen lang auch lebensmitteltechnisch autark zu sein, muss viel trockener und gut belüfteter Stauraum zur Verfügung stehen. Selbst bei kleiner Crew mit nur zwei bis drei Leuten an Bord wird es sehr schwierig, auf weniger als 10 m Bootslänge neben der technischen Ausrüstung auch genügend frische Lebensmittel mitzunehmen. Hinzu kommt der Gesichtspunkt, dass man dort, wo man günstig einkaufen kann, auch gern viel davon in Reserve einkaufen würde. Nur muss dafür dann auch der notwendige Stauraum zur Verfügung stehen. Bei einer zwei- bis dreiköpfigen Crew heißt das: Benötigt wird ein 11-12-m-Boot, dessen Verdrängung groß genug sein muss, um auch viel Zuladung vertragen zu können, ohne seine guten Segeleigenschaften zu verlieren. Die in England recht bekannte Langfahrtseglerin Annie Hill hat gemeinsam mit ihrem Mann Trevor Robertson jahrzehntelang alle Ozeane dieser Welt besegelt und insbesondere im Hinblick auf die Ernährung an Bord ein sehr informatives Buch geschrieben: Voyaging on a small income (s. Literaturverzeichnis).

Sauberkeit an Bord

Das ist ein Thema für sich. Jeder weitgereiste Segler kennt Horrorgeschichten von Yachten mit unerwünschten Mitbewohnern: Kakerlaken! Man muss nicht bis Jamaika segeln, um sich diese ekelhaften Viecher an Bord zu holen. Auch auf den Kanaren gibt es einige Häfen, die dafür bekannt sind, dass dort mit hoher Wahrscheinlichkeit diese extrem überlebensfähigen Insekten auf unerkannten Pfaden zahlreich und oft auch schwanger an Bord kommen. Akribisches Aussortieren von suspektem Verpackungsmaterial nach dem Einkauf noch auf dem Steg (Kartons sind beliebte Kakerlakennester) und peinliche Sauberkeit an Bord (nur gut gewaschenes Obst und Gemüse) sind wichtige Präventivmaßnahmen. Wenn die Tiere erst einmal an Bord sind, hilft nur noch Gift. Ein Boot hat einfach so viele kaum oder gar nicht erreichbare Ecken und Winkel, dass eine hundertprozentige Reinigung von Hand unmöglich ist. Fressgift als Lockmittel in kleinen Häufchen in möglichst vielen dunklen Ecken verteilt, insbesondere dort, wo es feucht ist, ist die einzig wirksame Abhilfe. Es erfordert dennoch meist mehrere Wochen, bis auch die zweite oder dritte Generation von zwischenzeitlich geschlüpften Kakerlaken vernichtet ist.

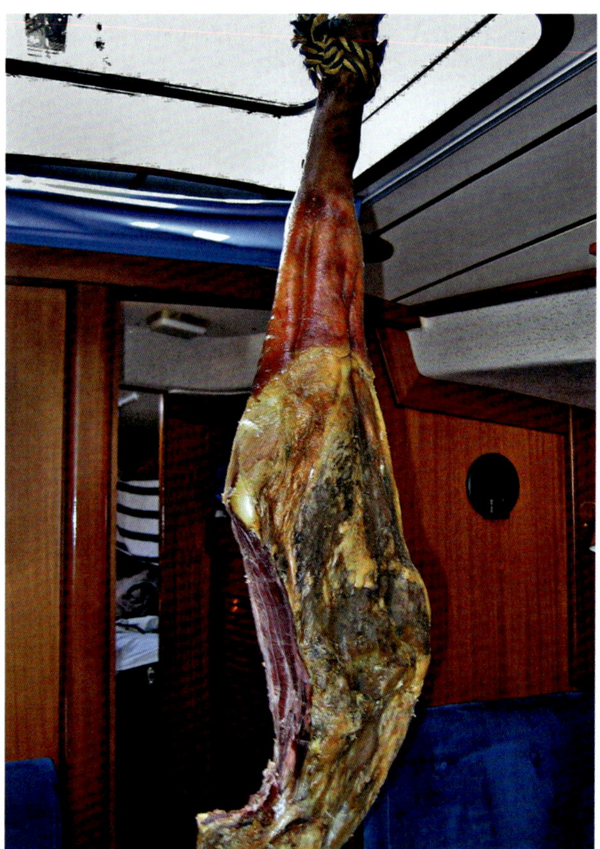

Es darf auch mal etwas rustikaler zugehen ...

Doch auch ohne mitsegelnde Viecher ist natürlich ein trockenes, sauberes Boot eine Grundvoraussetzung dafür, sich an Bord wohl zu fühlen und gesund zu bleiben.

Einige Blauwassersegler, deren Kielwasser Geschichte geschrieben hat

Dieses Buch darf nicht enden, ohne einige »Salzbuckel« zu nennen, deren Berichte von großer Fahrt mit kleinem Geld auf einfachen Booten auch heute noch - trotz gesellschaftlich, kulturell und ökonomisch deutlich veränderter Rahmenbedingungen - dem zukünftigen Langfahrtsegler nicht nur Stoff zum Träumen bieten, sondern darüber hinaus auch wertvolle Informationen und Hilfen zur Bootsausrüstung und Reisevorbereitung geben.

Joshua Slocum war der Blauwasser-Segelpionier schlechthin. Im Jahre 1892 kaufte der ehemalige Kapitän aus Boston das Wrack eines alten 11 m langen Austernfischers, restaurierte es drei Jahre lang in mühsamer Eigenarbeit und segelte diese Yawl namens SPRAY von 1895 bis 1898 als erster Einhandsegler rund um die Welt. Seine abenteuerliche Fahrt durch die Magellanstrasse war einer der Höhepunkte der Reise. In 14 Sprachen wurde sein Buch übersetzt: Sailing alone around the world, Joshua Slocum, Boston 1900.

Susan und Eric Hiscock, für ihre bedeutenden Ozeanreisen auf kleinen Booten von der englischen Königin ausgezeichnetes britisches Seglerpaar, das insbesondere durch ihre Weltumsegelung auf der 30-Fuß-Slup WANDERER III (1952 bis 1955) und das anschließend in London veröffentlichte Buch Around the World in WANDERER III berühmt wurde. Eric Hiscock hat darüber hinaus verschiedene eher Bootsbau- und segeltechnisch orientierte Bücher geschrieben, die nach wie vor lesenswert sind. Die WANDERER III ist seit vielen Jahren das Heim des norddeutschen Fotografen und Autors Thies Matzen, der gemeinsam mit seiner Lebenspartnerin Kicki Ericson auf dem berühmten Boot bevorzugt die hohen Breiten unserer Weltkugel bereist und darüber in Büchern und Artikeln berichtet.

Wilfried Erdmann verdiente seinen Lebensunterhalt als Matrose in der Handelsschifffahrt, bevor er sich 1965 in Alicante die damals schon recht alte, nur 7,60 m lange KATHENA kaufte und anschließend als erster Deutscher von 1966 bis 1967 einhand um die Welt segelte. Etliche andere Ozeanreisen segelte er, teils mit seiner Frau, teils einhand und veröffentlichte zahlreiche lesenswerte Bücher, u.a. : Mein Schicksal heißt KATHENA, Hamburg 1970, und Gegenwind im Paradies, Hamburg 1979, und Allein gegen den Wind, Hamburg 2002.

Rollo Gebhard, ehemaliger Fotograf und Schauspieler aus Oberbayern, umsegelte mit seiner SOLVEIG III, einer nur 7 m langen Condor 7 zwischen 1967 und 1979 zweimal einhand die Welt, unternahm dann später zahlreiche weitere Ozeanreisen bis in die hohen nördlichen Breiten und gründete 1991 die »Gesellschaft zur Rettung der Delphine«. Bücher u.a.: Ein Mann und sein Boot, 4 Jahre allein um die Welt, Bielefeld 2001.

Burkhard Pieske, Kapitän der Handelsmarine aus Lübeck, eine Zeit lang Lehrer, schließlich Abenteurer und Buchautor, baute sich in den 70er-Jahren seine SHANGRI-LA, einen 12-m-Katamaran, segelte damit 1977 bis 1987 um die Welt und

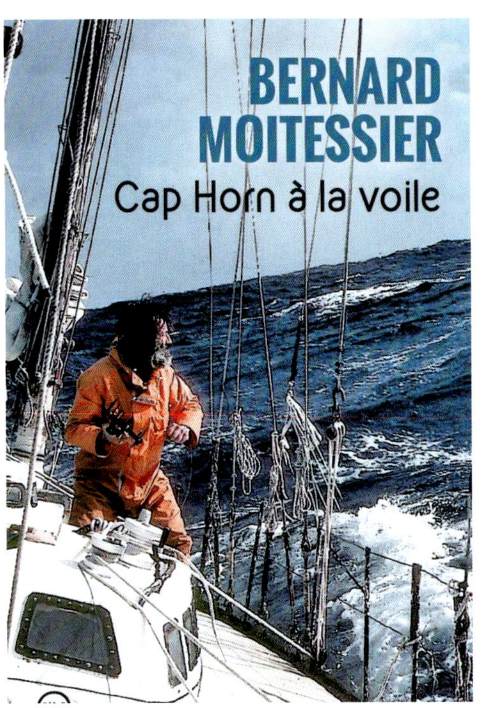

Bernard Moitessier an Bord seiner JOSHUA; Buchcover.

hat seitdem zahlreiche andere Ozeanreisen auf den abenteuerlichsten Booten bestritten. Bücher u. a.: Shangri-La, mit dem Wind um die Welt, Bielefeld 1985/1993.

Elga und Ernst-Jürgen Koch, das Hamburger Ehepaar, segelte von 1964 bis 1967 mit dem nur 9,60 m langen Kielschwertkreuzer KAIROS als erstes deutsches Paar um die Welt und veröffentlichten anschließend ihre faszinierenden Bücher: Hundeleben in Herrlichkeit, Hamburg 1968 und Das Logbuch der Kairos, Bielefeld 1971. E.-J. Koch malte später zahlreiche Szenen dieser Reisen in Öl. Die Bilder sind auf der Kanareninsel La Palma immer wieder auf Ausstellungen zu sehen.

Bernard Moitessier ist der wohl bekannteste aller französischen Langfahrtsegler. 1925 in Hanoi geboren, kaufte er sich dort als junger Mann eine Djunke und erlernte die Segelei im Südchinesischen Meer durch »learning by doing«. Nach zahlreichen Höhen und Tiefen des Einhandsegelns, inklusive Totalverlusten, entschloss er sich, mit seiner selbstgebauten JOSHUA, einer 12-m-Stahlketch, im Jahre 1968 am berühmt-berüchtigten Sunday Times Golden Globe Race teilzunehmen. Doch statt nach drei Vierteln der Weltumsegelung und siegversprechender Position am Kap Hoorn den Kurs auf Plymouth, den Start- und Zielhafen, zu richten, segelte er einfach weiter nach Osten, weitere 9000 Meilen bis Polynesien, denn er wollte (Zitat) »seine Seele nicht für einen goldenen Globus verkaufen«. Die 40 abenteuerlichen Jahre eines kreativen Freigeistes auf zeitlich unbegrenzter Langfahrt lassen sich in seinen vier Büchern nachlesen. Leider wurde sein erstes Buch Un Vagabond des Mers du Sud, Paris 1960, nicht auf Deutsch übersetzt. Die drei anderen, übersetzten Bücher sind: Cap Horn, der logische Weg, Bielefeld 1993, Der verschenkte Sieg, Bielefeld 2016, und Tamata, Bielefeld 2015.

Anhang

Literaturhinweise

Blauwassersegeln

- Blauwassersegeln kompakt, S. Roever, Delius Klasing 2015; rund um das Langfahrtsegeln: Navigation, Sicherheit, Schiff, Rigg, Segel, Ausrüstung, Energie, Kommunikation, Versicherungen, Versorgung, Proviantierung
- Segelrouten der Welt, J. Cornell, Edition Maritim 2015; Beschreibung der weltumspannenden Wetter-, Wind- und Strömungssysteme sowie deren optimale Nutzung bei Ozeanreisen
- Cornell's Atlas der Ozeane, J. und Y. Cornell, Cornell-Sailing 2018; Karten der Wind- und Strömungssysteme aller Ozeane mit wertvollen Windstatistiken der einzelnen Monate, unabdingliche Planungsgrundlage für alle Blauwassersegler
- The Voyager's Handbook – The Essential Guide to Blue Water Cruising, Beth A. Leonard, Imray 2006
- Bordversorgung heute, C. Kirchberger, CIPP 2016; Ernährung und Proviantierung an Bord
- Voyaging on a small income, A. Hill, Selbstverlag 2001; viele wertvolle Tipps zu Fragen des Blauwassersegelns in weitestgehender Unabhängigkeit, insbesondere auch zu Lebensmitteln und Ernährung
- Get Real, Get Gone, J. Tuta und R. Page, Selbstverlag 2015; Zitat: »Wie man zum Seenomaden wird und für immer davonsegelt ...«
- Sailing for Future – Mit Low-Tech und Low-Budget um die Welt, Corentin de Chatelperron, Delius Klasing 2020
- Medizin auf See, M. Kohfahl, DSV-Verlag 2014; Prävention und pragmatische Notfallhilfe, inkl. Hintergrundwissen, Neuangaben Delius Klasing 2021

Bootstechnik und Reparaturen

- Die Yacht-Werkstatt, H. Schmidt / L. Bolle, Delius Klasing 2015; detaillierte Anleitungen zur Wartung und Reparatur einer Yacht
- Reparaturtipps für Skipper, M. Naujok, Delius Klasing 2010; pragmatisch-konkrete Erklärung der an Bord häufig anfallenden handwerklichen Arbeiten
- Der große Boots-Check – Leitfaden für Käufer und Eigner, D. Pike, Delius Klasing 2016; Ausführlicher Berater zur Prüfung gebrauchter Yachten vor dem Kauf
- Theorie und Praxis der Bordelektrik, J. Feddern, Delius Klasing 2018; pragmatische, leicht verständliche Einführung in die Bord-Elektrik

- Watt, Volt und andere Schikanen, A. Worms, Delius Klasing 2013, insbesondere für technisch kaum vorgebildete Segler die Hilfe bei Elektroproblemen
- Dieselmotoren auf Yachten, H. Donat, Delius Klasing 2004; Pflege, Wartung und Reparatur des Diesels, gut erklärt, zahlreiche Abbildungen

Meteorologie

- Seewetter, Bock / Brauner, DSV-Verlag 2009; umfangreiches Lehrbuch über alle Themen der Wetterkunde in Theorie und Segelpraxis
- Wetterkunde für Wassersportler, M. Sachweh, Delius Klasing 2019; betont pragmatisch auf die Anwendung an Bord bezogene Einführung, auch für Segelneulinge gut geeignet

Navigation

- Navigation Handbook, T. Bartlett, RYA (englisch) 2014; Grundlage in der Yachtmaster-Ausbildung, die englische Navigationsbibel
- Astronavigation, ohne Formeln - praxisnah, B. Schenk, Delius Klasing 1994; leicht verständliche Einführung in die Grundlagen der Astronavigation
- Der Sextant - Technik und Handhabung, D. Pike, Delius Klasing 2004; pragmatische Einführung in die Bauweise und Handhabung eines Sextanten
- Segeln in Gezeitengewässern - Theorie und Praxis der Tidennavigation, W. Krusekopf, Delius Klasing 2018
- We the Navigators - The ancient art of landfinding in the Pacific, D. Lewis, Hawaii 1994
- Reed's Nautical Almanac, Towler / Fishwick, A. Coles 2020; jährlich aktualisiert, das in Europa umfassendste Kompendium aller Informationen zu Häfen, Gezeiten, Tidenströmen, Betonnung, Leuchtfeuern, Wetterinfos, Wetterberichten zwischen Skagen und Gibraltar

Informative Websites

- www.noonsite.com; weltweit gestreute Infos aller Art für Langfahrtsegler
- www.freecruisingguides.com; kostenlose Segel-Revierführer in den Tropen
- www.yachtworld.com; weltweit angebotene Gebrauchtboote
- www.boatshop24.de; große europäische Gebrauchtbootbörse
- www.sy-moya.de / blauwasser; wertvolle Praxistipps für Blauwassersegler
- www.sailboatdata.com; technische Daten der allermeisten in Europa und Amerika gebauten Yachten von 1970 bis heute

Stichwortregister

Folgende Bücher von Wilfried Krusekopf sind bislang im Delius Klasing Verlag erschienen:

Praxiswissen für Chartersegler
Der Yachtskipper
Segeln in Gezeitengewässern

Bibliografische Information der Deutschen Nationalbibliothek
Die Deutsche Nationalbibliothek verzeichnet diese Publikation in der Deutschen Nationalbibliografie; detaillierte bibliografische Daten sind im Internet über http://dnb.dnb.de abrufbar.

1. Auflage
ISBN 978-3-667-11969-8

Lektorat: Felix Wagner
Fotos (inkl. Titel) + Illustrationen: Wilfried Krusekopf
Umschlaggestaltung: Felix Kempf, www.fx68.de
Layout: Gabriele Engel
Lithografie: Mohn Media, Gütersloh
Druck: Himmer AG, Augsburg
Printed in Germany 2021

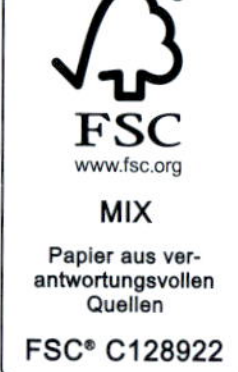

Alle in diesem Buch enthaltenen Angaben und Daten wurden von dem Autor nach bestem Wissen erstellt und von ihm sowie vom Verlag mit der gebotenen Sorgfalt überprüft. Gleichwohl können wir keinerlei Gewähr oder Haftung für die Richtigkeit, Vollständigkeit und Aktualität der bereitgestellten Informationen übernehmen.

Delius Klasing Verlag, Siekerwall 21, D - 33602 Bielefeld
Tel.: 0521/559-0, Fax: 0521/559-115
E-Mail: info@delius-klasing.de
www.delius-klasing.de

EXPERTENTIPPS ...

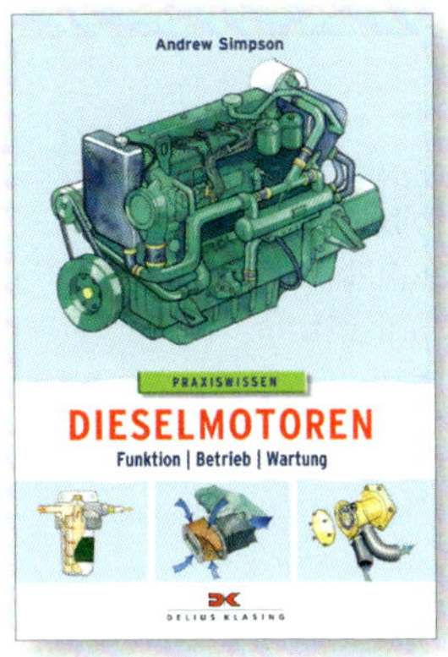

Andrew Simpson
Dieselmotoren
Funktion - Betrieb - Wartung
ISBN 978-3-667-10397-0

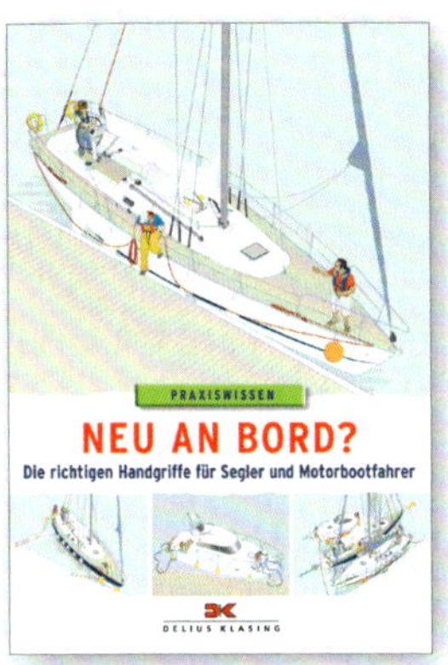

Neu an Bord?
Die richtigen Handgriffe für Segler und Motorbootfahrer
ISBN 978-3-667-10172-3

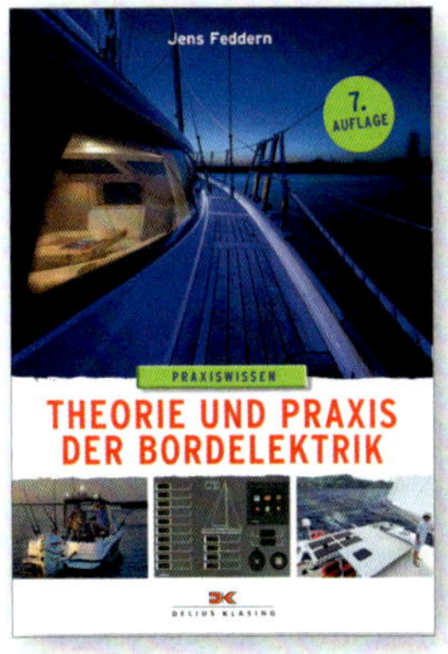

Jens Feddern
Theorie und Praxis der Bordelektrik
ISBN 978-3-667-11172-2

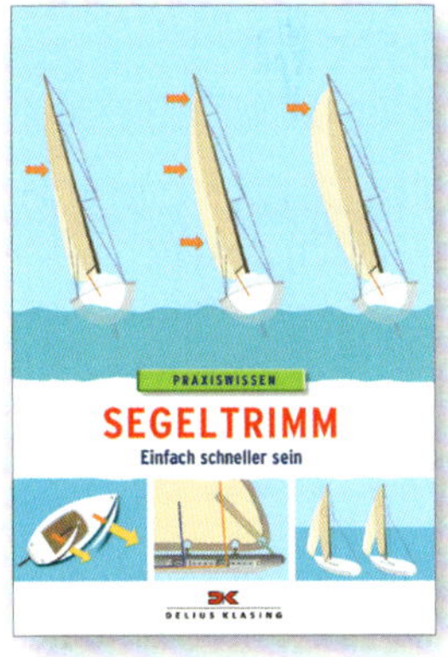

Segeltrimm
Einfach schneller sein
ISBN 978-3-667-11209-5

ALLES KLAR AN BORD!

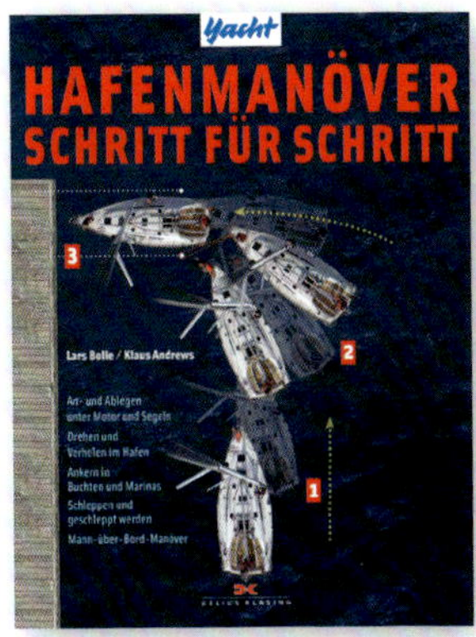

Klaus Andrews | Lars Bolle
Hafenmanöver Schritt für Schritt
ISBN 978-3-7688-3256-4

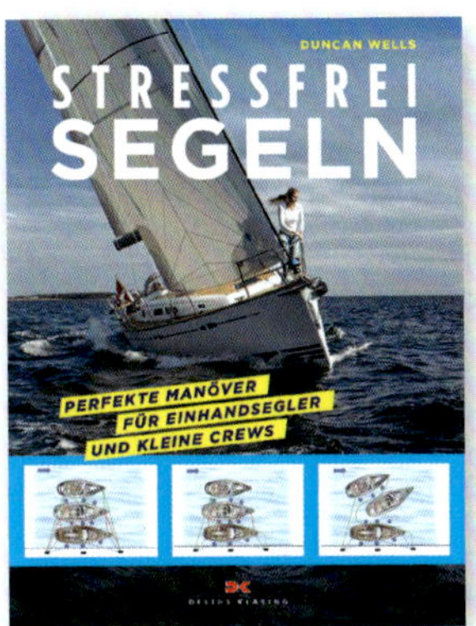

Duncan Wells
Stressfrei segeln
Perfekte Manöver für Einhandsegler und kleine Crews
ISBN 978-3-667-10390-1

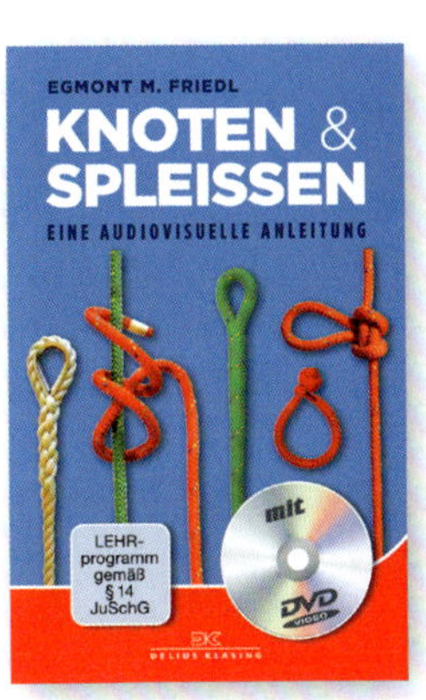

Egmont M. Friedl
Knoten & Spleissen
Eine audiovisuelle Anleitung (mit DVD)
ISBN 978-3-667-11384-9

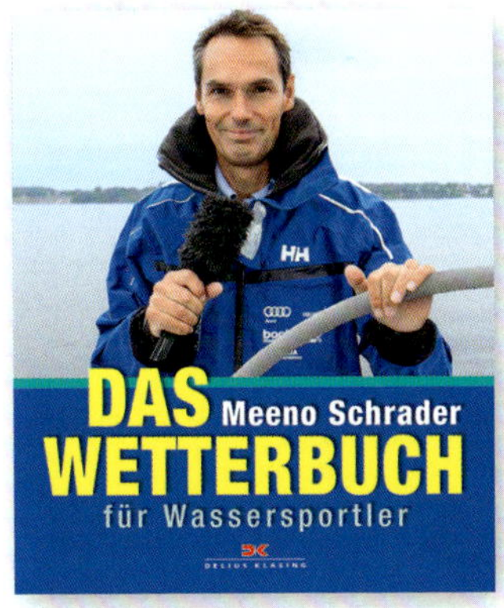

Meeno Schrader
Das Wetterbuch
für Wassersportler
ISBN 978-3-667-11364-1